AF608683

WIE ES UNS GEFÄLLT

WIE ES UNS GEFÄLLT

Kostbarkeiten aus der Sammlung Rudolf-August Oetker im Museum Huelsmann

HERAUSGEGEBEN VON

Monika Bachtler

MIT BEITRÄGEN VON

Monika Bachtler, Andreas Beyer, Johannes Grave, Holger Jacob-Friesen, Dedo von Kerssenbrock-Krosigk, Andreas Plackinger, Astrid Reuter, Tim Schroder, Lorenz Seelig, Andreas Stolzenburg, Dirk Syndram, Max Tillmann, Christoph Martin Vogtherr, Ulrike Weinhold, Hildegard Wiewelhove und Samuel Wittwer

HIRMER VERLAG

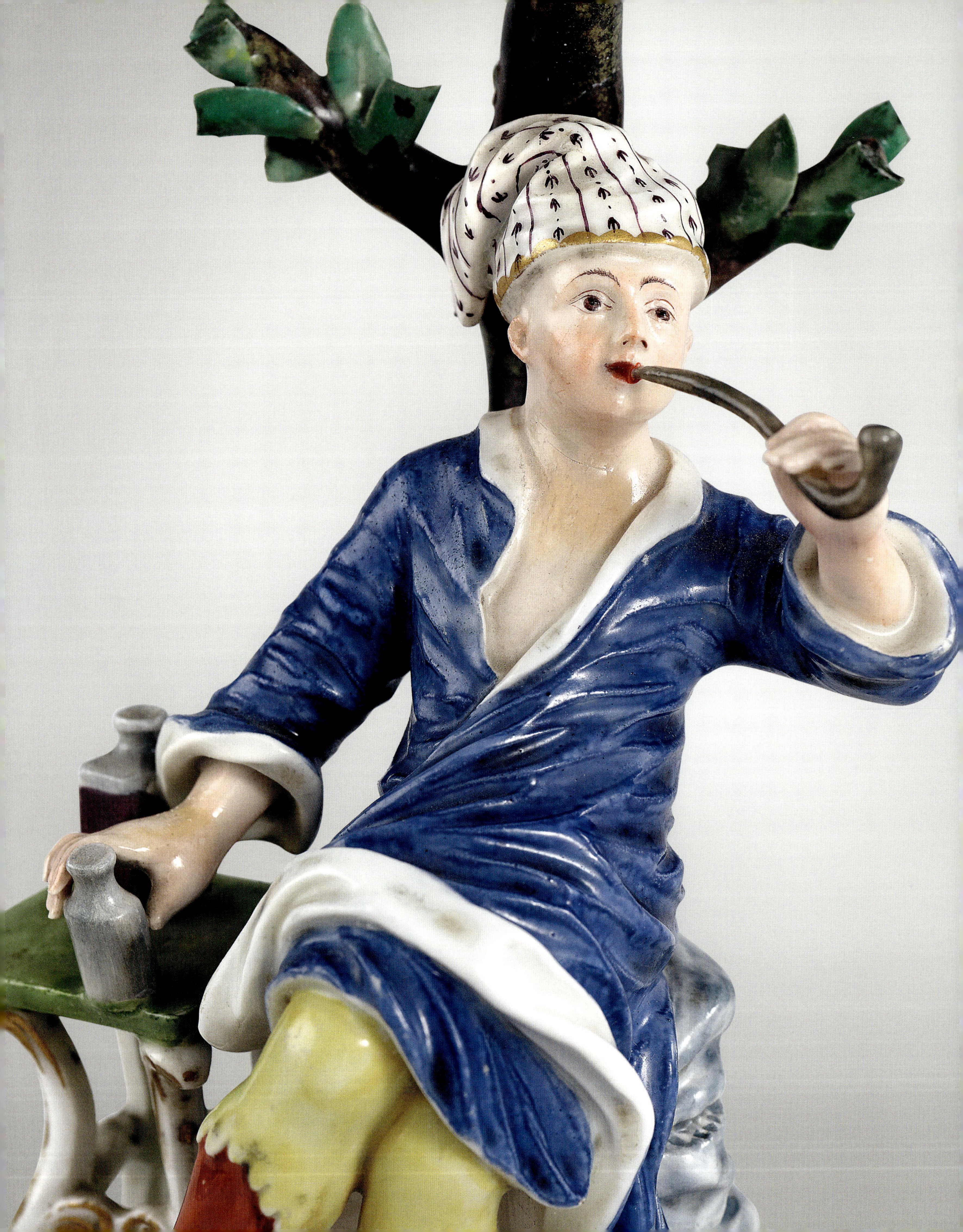

Inhalt

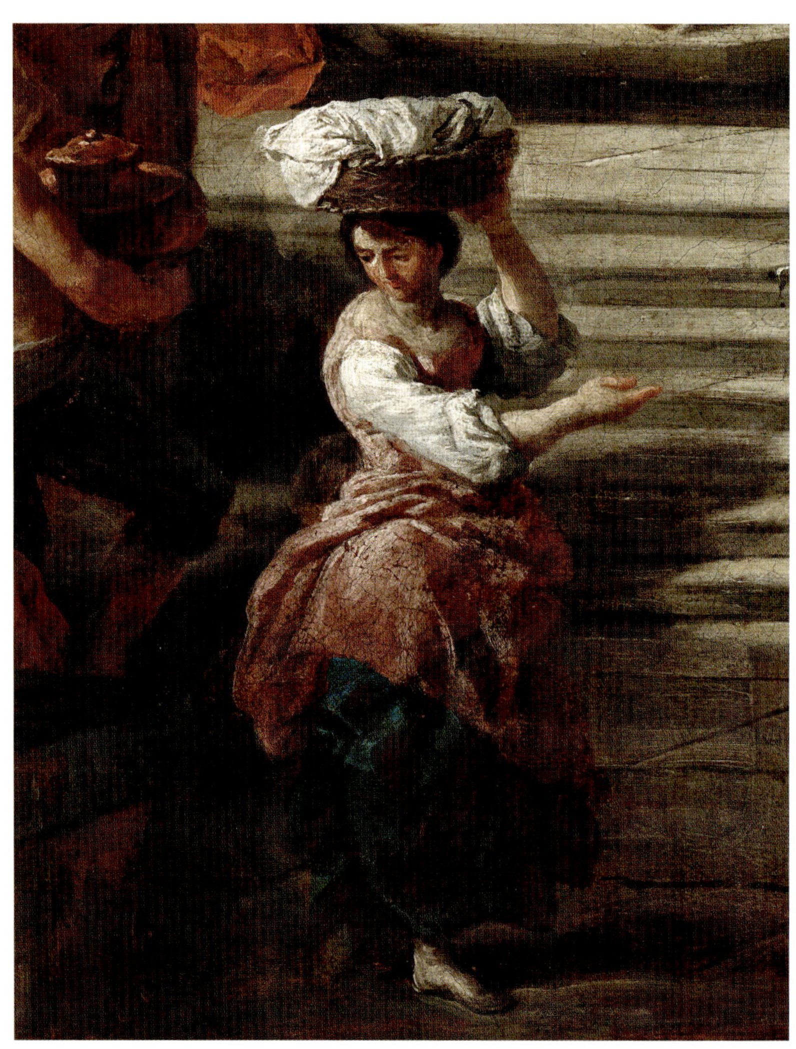

Dank

Das Museum Huelsmann ist dem Kuratorium der Kunstsammlung Rudolf-August Oetker GmbH und seiner Vorsitzenden Frau Maja Oetker zu großem Dank verpflichtet, da sie sich bereit erklärt haben, im Rahmen des Stadtjubiläums eine Ausstellung mit kostbaren Exponaten aus den verschiedensten Bereichen der Sammlung Rudolf-August Oetker zu realisieren. Gemäß der Leitidee »Bielefeld sammelt – wir zeigen's euch!« soll zum einen die hauptsächlich von bürgerlichen Traditionen geprägte Stadtkultur beleuchtet werden, zum anderen stehen innovative und alternative Formen des Sammelns im Mittelpunkt der Betrachtung.

Monika Bachtler, Kuratorin der Kunstsammlung Rudolf-August Oetker, gebührt das große Verdienst, die Ausstellung in Abstimmung mit Frau Oetker vorgeschlagen, konzipiert und realisiert zu haben. Das gilt ebenso für den Ausstellungskatalog. Für das Ausstellungsdesign zeichnet das Büro Designposition, München, in Person Michael Strobel, für die Bauleitung im Museum und alle restauratorischen Belange Jochen Winkelbach, Bielefeld, verantwortlich. Allen Autoren und Autorinnen gilt unser Dank, die mit ihren Beiträgen Einblick gewähren in die Epoche der Aufklärung und somit zum Gelingen von Katalog und Ausstellung beigetragen haben. Ohne die großzügige finanzielle Unterstützung der Rudolf-August Oetker Kunstsammlung GmbH wären Ausstellung und Katalog nicht vorstellbar gewesen.

Den interessierten Besucher erwarten Gemälde und Zeichnungen namhafter Künstler des 18. und frühen 19. Jahrhunderts, ferner einzigartige Werke der Goldschmiede- und Porzellankunst sowie Preziosen fürstlicher Schatzkunst. Die Ausstellung bietet Einblick in die Epoche der Aufklärung, mithin in die Diskussionen der Zeit über Kunstgeschmack, Wertewandel und Soziales. Die Ausstellung bietet darüber hinaus die Möglichkeit, Schätze der Bielefelder Privatsammlung aus nächster Nähe zu bewundern und dabei dem Sammler Rudolf-August Oetker über die Schulter schauen zu können.

Hildegard Wiewelhove

Vorwort

In diesem Jahr begeht Bielefeld seinen 800sten Geburtstag. Aus diesem Anlaß hat sich das Kuratorium der Kunstsammlung Rudolf-August-Oetker GmbH mit seiner Vorsitzenden Frau Maja Oetker gern bereit erklärt, die Ausstellung *Wie es uns gefällt. Kostbarkeiten aus der Sammlung Rudolf-August Oetker* im Museum Huelsmann zu zeigen. Dieses Museum lag Rudolf-August Oetker stets besonders am Herzen.

So haben wir dem Wunsch der Leiterin des Museums Huelsmann, Hildegard Wiewelhove, gerne entsprochen, auch in Bielefeld eine Ausstellung mit Kunstwerken aus den unterschiedlichen Bereichen der Sammlung Rudolf-August Oetker zu realisieren, nachdem Dresden und München bereits zuvor die Goldschmiedekunst des 16. und 17. Jahrhunderts aus diesem facettenreichen Bestand präsentierten.

Wie es uns gefällt – haben wir die Bielefelder Ausstellung genannt. Im Jubiläumsjahr von William Shakespeare sei eine Anlehnung an den großen englischen Dichter und Dramatiker erlaubt, doch soll der Titel der Ausstellung auf die Sammelleidenschaft von Rudolf-August Oetker hinweisen. Sie zeigt 50 Kunstwerke aus dem 18. Jahrhundert, darunter wunderbare Porzellane, Silberobjekte und Gemälde. Begleitet wird die Ausstellung von einem umfangreichen Katalog. Die Autoren, die aus Freundschaft zur Kunstsammlung und zur Rudolf-August Oetker Stiftung teilweise unentgeltlich an dem Katalog mitwirkten, konnten einige Ausstellungsstücke sogar einer neuen wissenschaftlichen Bewertung unterziehen.

Es gebührt somit jenen großer Dank, die am Zustandekommen der Ausstellung und am Katalog beteiligt waren. Die Verwirklichung dieser Ausstellung wäre nicht möglich gewesen ohne das Zutun des Museums Huelsmann und seiner freien Mitarbeiter sowie des Designerteams aus München. Es hat sich der Aufgabe, die nicht einfach zu gestaltenden Räume des klassizistischen Museumsgebäudes für die Ausstellung zu nutzen, mit viel Einfühlungsvermögen und Enthusiasmus gestellt.

Für die Realisierung und Gestaltung des Kataloges danken wir ganz besonders dem Hirmer Verlag München, seinem ausgezeichneten, bewährten Team, das uns mit Rat und Tat zur Seite stand, und dem Fotografen Johannes von Mallinckrodt.

Schließlich gilt unser Dank auch dem Kuratorium der Kunstsammlung Rudolf-August Oetker GmbH, ohne dessen Zustimmung – auch in finanzieller Hinsicht – diese Ausstellung nicht hätte realisiert werden können.

Wir würden uns sehr freuen, wenn sich unsere Begeisterung für die Kunst des 18. Jahrhunderts auch auf die Besucher der Ausstellung übertragen ließe und das Museum Huelsmann für die Weiterentwicklung des Hauses die Chancen nutzt, die ihm durch das Engagement der Kunstsammlung Rudolf-August Oetker eröffnet worden sind.

Maja Oetker *Monika Bachtler*

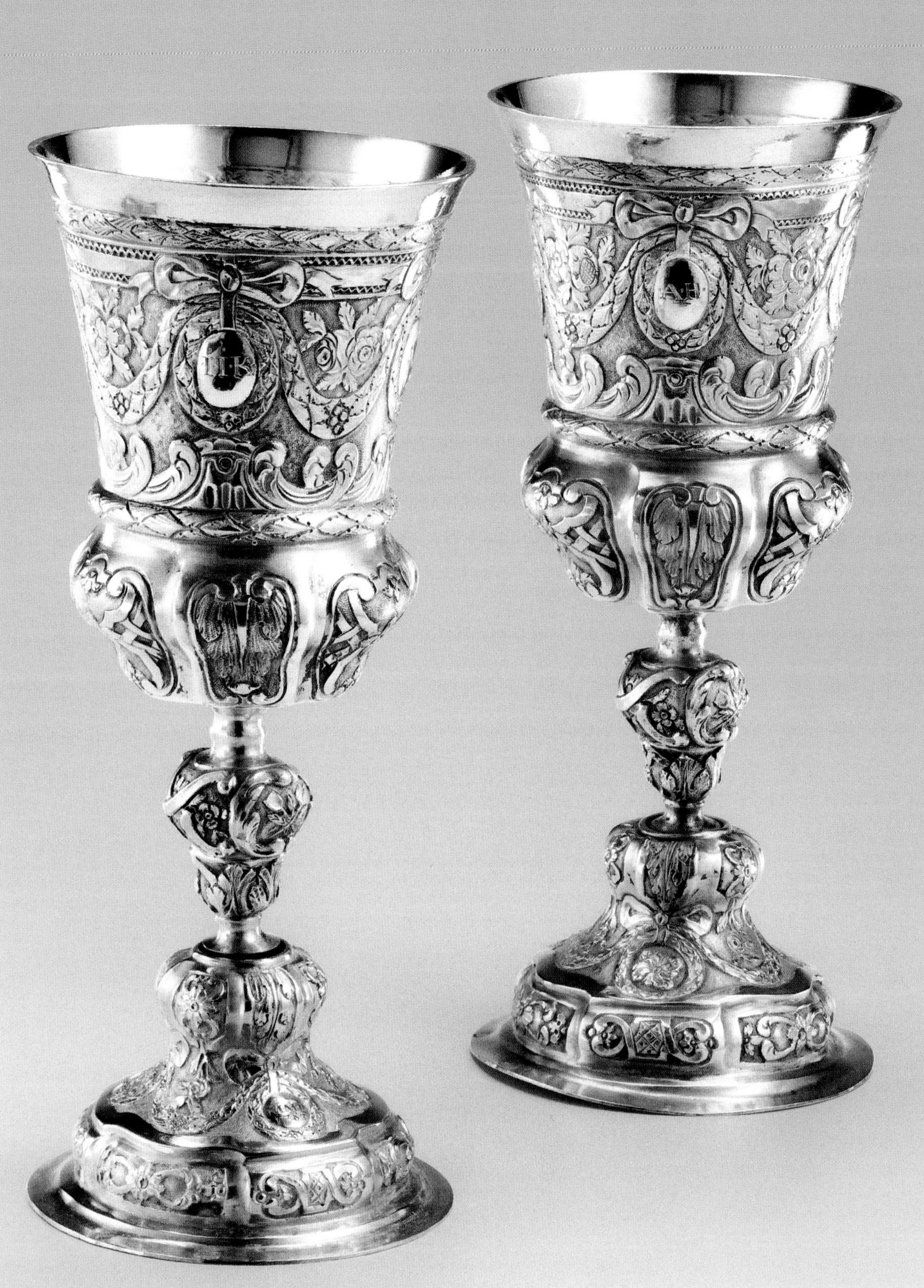

MONIKA BACHTLER

Rudolf-August Oetker als Sammler

Vieles wurde schon über den Unternehmer, Sammler und Mäzen Rudolf-August Oetker geschrieben,[1] doch was ihn letztlich veranlaßte zu sammeln, blieb selbst der Autorin, die den Kunstliebhaber mehr als 30 Jahre begleiten durfte, verborgen. Dem Unternehmer war es nie wichtig, in der Öffentlichkeit als Sammler bekannt zu werden, ja, er kokettierte sogar damit, kein Sammler zu sein. Dennoch ließ er es 2003 erstmals zu – wenn auch widerstrebend –, seine facettenreiche Sammlung in ihrem Nebeneinander verschiedenster Künstler und Themen in einer Ausstellung zu präsentieren. Seine Bedingung der zu wahrenden Anonymität konnte naturgemäß nicht erfüllt werden, denn es wurde rasch bekannt, daß die in Münster gezeigten Exponate aus der Sammlung Oetker in Bielefeld stammten. Dabei war es zu Lebzeiten Rudolf-August Oetkers – und ist es auch heute noch – durchaus üblich, Museen im In- und Ausland Leihgaben unter der Auflage strikter Besitzeranonymität zur Verfügung zu stellen.

Vieles aus der Oetker-Sammlung ist nach wie vor unbekannt. Um den Sammler zu verstehen, ist es wichtig zu wissen, daß Rudolf-August Oetker immer nur das erworben hat, was ihm gefiel, nicht aber die Dinge, die seine Berater eventuell aus kunst- oder kulturhistorischen Gesichtspunkten als besonders wichtig erachteten. So ist in etwa 50 Jahren eine thematisch vielseitige, unorthodoxe Sammlung entstanden, bei der die individuelle Sicht auf das einzelne Werk im Vordergrund steht, ganz wie es das 18. Jahrhundert vorgemacht hat. Rudolf-August Oetker hat das gesammelt, was sein eigenes Lebensgefühl widerspiegelte. Ausschlaggebend waren sein Geschmack, sein Stilempfinden und sein Sinn für Schönheit. So hat sich der Sammler Rudolf-August Oetker nie den Moden und dem Zeitgeist unterworfen und seiner Sammlung eine Idee mitgegeben, die den Kunsttheorien des 18. und 19. Jahrhunderts verpflichtet ist, in der das Schöne nichts anderes ist als das Versprechen des Glücks – *La beauté n'est que la promesse du bonheur.*[2] Dies kommt auch in den Lebenserinnerungen des Bielefelder Unternehmers *Vom Glück verwöhnt* zum Ausdruck.[3]

Nicht außer acht gelassen werden sollte aber auch ein anderer Gesichtspunkt, den der Sammler stets beachtet wissen wollte: Wir als Erben des wunderbaren Kulturgutes sind nur eine Durchgangsstation, die uns verpflichtet, das uns Anvertraute zu pflegen, es für die Nachwelt zu erhalten und der Öffentlichkeit zugänglich zu machen. Mit dieser Ansicht steht der Sammler nicht allein. Schon die aufgeklärten Fürsten des 18. Jahrhunderts legitimierten ihre Sammlungen mit dem Gedanken der Förderung des Gemeinwohls und öffneten sie – wie im Übrigen auch ihre Parkanlagen – an bestimmten Tagen für das Publikum.

War die Ausstellung in Münster mit zögerlicher Zustimmung des Sammlers gezeigt worden, konnte posthum in Dresden und München anläßlich des 95. Geburts-

Abb. 1
Maximilian Ulrich Daumann,
Ein Paar Zunftpokale der Münchner Brauer, München, 1783, Bielefeld, Kunstsammlung Oetker

Abb. 2
Georg Müllner, Esaias zur Linden, Zwei große Schiffspokale, Nürnberg, um 1624–1629 und 1609–1629, Bielefeld, Kunstsammlung Oetker

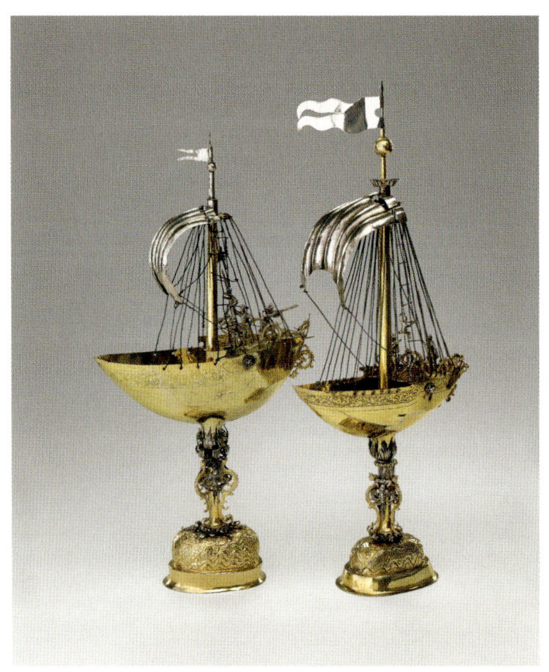

tages die Sammelleidenschaft des Rudolf-August Oetker für die deutsche Goldschmiedekunst der Renaissance und des Barock, wie sie auch die an den Ausstellungsorten beheimateten Wettiner und Wittelsbacher pflegten, präsentiert werden. Auch in Bielefeld lassen sich Brücken schlagen, jedoch sind sie hier völlig anderer Natur. Dennoch verbindet den Sammler mit dem Museum Huelsmann Vieles.

Friedrich Karl August Huelsmann (1904–1979) war für Rudolf-August Oetker kein Unbekannter, denn der renommierte Kunst- und Antiquitätenhändler war auch lange sein »merchant de luxe«.[4] Der gebürtige Bielefelder zählte in den 1950er bis 1970er Jahren zu den bedeutendsten Kunsthändlern in Deutschland, so daß es nicht verwundert, auch Objekte mit der Provenienz »F. K. A. Huelsmann« in der Sammlung Oetker zu finden. Dazu gehören unter anderem zwei Zunftpokale der Münchner Bierbrauer von 1737 (Abb. 1) sowie zwei große Nürnberger Schiffspokale von 1609–1629 und 1624–1629 (Abb. 2). Selbst an der Entstehung des Museums Huelsmann hat Rudolf-August Oetker großen Anteil. Es war der Wunsch des Kunsthändlerehepaares, seine der Stadt Bielefeld vermachte Sammlung in einem Museum ausgestellt zu wissen. Und das gelang dank der großzügigen Unterstützung der Firma Dr. August Oetker KG und dem großen Einsatz von Frau Maja Oetker während der Bauphase. So konnte das Museum Huelsmann in der Direktorenvilla im Ravensberger Park endlich 1995 eröffnet werden.

Nach Huelsmanns Tod wurden Teile seiner im Privatbesitz verbliebenen Sammlung versteigert. Auch solche Objekte gelangten in die Sammlung von Rudolf-August Oetker, die heute in der Ausstellung *Wie es uns gefällt* zu sehen sind. Der goldene Kugelfußbecher von Peter Boy von 1694 (Kat. 2), die beiden originellen Zucker-

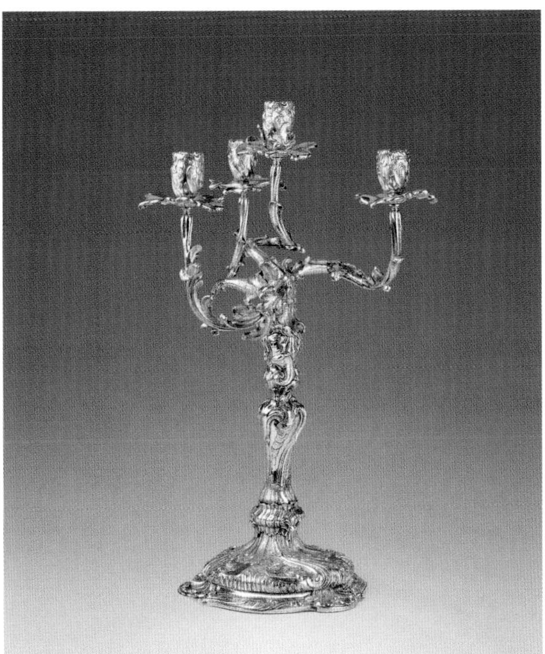

Abb. 3
Christian Heinrich Ingermann, Girandole, Dresden, um 1745–1747, Bielefeld, Museum Huelsmann

streuer des Augsburger Goldschmieds Bernhard Weyhe von 1761–63 (Kat. 39) und nicht zu vergessen die beiden Girandolen des Dresdener Goldschmieds Christian Heinrich Ingermann aus der Zeit um 1745–47 (Kat. 20), von dem auch das Museum Huelsmann eine sein Eigen nennt (Abb. 3), gehören dazu.

Wir freuen uns sehr, daß eine Ausstellung mit Kostbarkeiten aus der Sammlung Rudolf-August Oetker zum ersten Mal in seiner Heimatstadt Bielefeld zu sehen ist und zu Gast in der Direktorenvilla sein kann und daß dies mit dem 800jährigen Jubiläum der Stadt zusammenfällt. Rudolf-August Oetker hätte das bei aller Bescheidenheit bestimmt gefallen.

1 Münster 2003, S. 8; Dresden 2011, S. 9 ff.
2 Stendhal 1857, Kapitel XVII, S. 34, Anm. 1.
3 Oetker/Thomas 2006, S. 168–198.
4 Sargentson 1996.

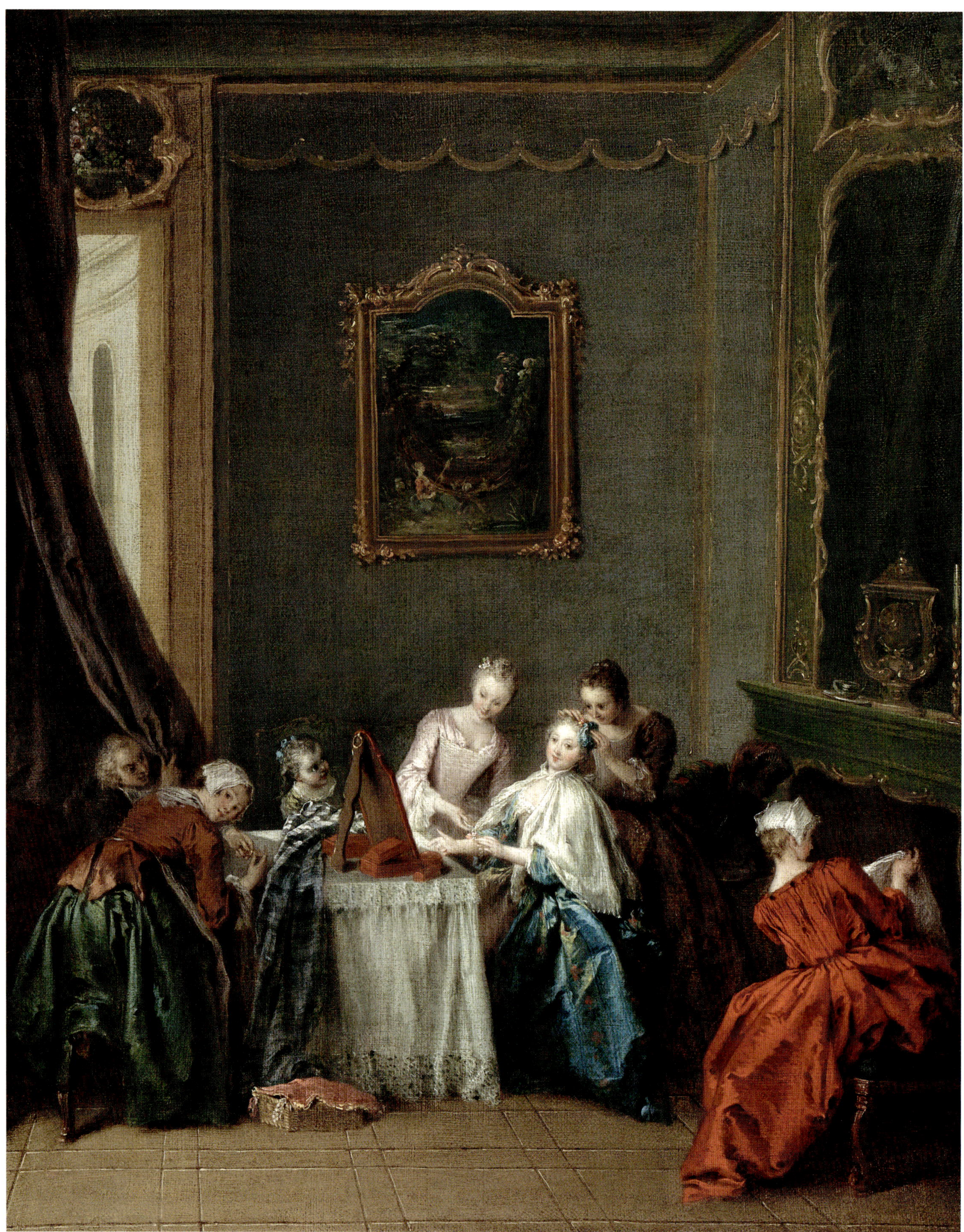

JOHANNES GRAVE

Das Jahrhundert des Geschmacks – Zur Kultur des Sinnlichen im Zeitalter der Aufklärung

I. Gefallen und Geschmack

Wie kaum eine andere Epoche kann das 18. Jahrhundert als eine Zeit gelten, die nicht nur eine hochentwickelte, hochdifferenzierte ästhetische Kultur ausgebildet, sondern zugleich über die Sinne und die Sinnlichkeit in erhöhtem Maße reflektiert hat. Wie nachhaltig das Zeitalter der Aufklärung die Theorie und Praxis der Kunst geprägt hat, zeigt sich bereits in dem Umstand, daß sowohl die moderne Kunstkritik als auch die philosophische Ästhetik auf Gründungsschriften zurückgeführt werden können, die um 1750 erschienen sind: Étienne La Font de Saint-Yenne veröffentliche seine kunstkritischen Überlegungen zur neuesten Malerei, die *Réflexions sur quelques causes de l'état présent de la peinture en France*, im Jahr 1747;[1] und nur drei Jahre später, 1750, legte Alexander Gottlieb Baumgarten den ersten Band seiner *Aesthetica* vor, mit der er eine neue philosophische Disziplin gleichen Namens begründen sollte.[2] Die Kultur des Sinnlichen, durch die sich das 18. Jahrhundert auszeichnet, beschränkt sich aber nicht allein auf Theorien und Diskurse, sondern ist maßgeblich dadurch gekennzeichnet, daß ästhetisch geformte Objekte selbstverständlicher Teil der alltäglichen Lebenswelt wohlhabender Kreise waren und auf vielfältige Weise in das soziale Leben eingebunden wurden.

Die Gemälde, Skulpturen, kunsthandwerklichen Objekte und Porzellane des 18. Jahrhunderts, die heute oftmals als Einzelstücke in Museen und Sammlungen verwahrt werden, sind ohne ihren ursprünglichen Kontext kaum angemessen zu verstehen. Auf welche Weise sie in das Lebensumfeld integriert wurden, kann das Gemälde *Le désir de plaire* (Kat. 11) vor Augen führen, das vermutlich von einem Maler in der unmittelbaren Nachfolge Jean-Baptiste Paters geschaffen wurde.[3] Das Bild bietet einen Einblick in das Boudoir einer jungen Dame, die durch ihre Bediensteten gerade frisiert und angekleidet wird. Schon der vergleichsweise kleine Ausschnitt des geschmackvoll eingerichteten Ankleidezimmers läßt ahnen, wie gezielt Bilder und andere Kunstgegenstände zur Entstehungszeit des Gemäldes, mithin um die Mitte des 18. Jahrhunderts, in Interieurs integriert wurden. Sie erscheinen nicht als vereinzelte Fremdkörper, sondern fügen sich gleichsam organisch in die Raumausstattung. Vor die textile Wandbespannung ist ein elegant gerahmtes Gemälde gehängt, das mit seinem Hochformat die Proportionen des Wandfeldes in idealer Weise aufnimmt. In Motiv und Gestaltung gibt sich dieses Bild im Bild, auf dem eine sitzende Frau in einer Landschaft zu sehen ist, als ein typisches Rokoko-Gemälde zu erkennen, das in der Tradition der *fêtes galantes* von Antoine Watteau steht. Über dem Durchgang, der links durch einen schweren Vorhang verdeckt wird, sind noch Teile einer Supraporte

Abb. 1
Jean Baptiste Pater (oder Umkreis?), Le désir de plaire, Öl auf Leinwand, 42,5 × 35 cm, vgl. S. 52

erkennbar, die ein Blumenstilleben präsentiert. Und auch über dem großen, mit einer feinen, vegetabilen Rahmenleiste gezierten Spiegel an der rechten Kaminwand scheint ein weiteres Gemälde passenden Formats angebracht zu sein. Vor dem Spiegel wiederum ziehen kunsthandwerkliche Objekte den Blick auf sich: In der Mitte paßt sich eine Uhr in das Arrangement der Kaminwand ein, neben ihr stehen ein Leuchter sowie eine Tasse. Alle Ausstattungsstücke scheinen sich – soweit das auf dem Gemälde erkennbar ist – durch hohe Qualität und zeitgemäße Gestaltung auszuzeichnen. Zugleich fügen sie sich bestens in ein Interieur, das jeden überladenen Prunk meidet, aber die vergleichsweise wenigen Ausstattungsstücke durch ein durchdachtes Arrangement zur Geltung bringt.

Der *désir de plaire*, jenes Verlangen, anderen zu gefallen, auf das der Bildtitel anspielt, bezieht sich in erster Linie nicht auf die Gestaltung des Interieurs, sondern auf die junge Frau, die mit einigem Aufwand und unter Beteiligung vieler Hände und Blicke zurechtgemacht wird. Sie zieht die Aufmerksamkeit aller, nicht zuletzt des Betrachters, auf sich. Der Rezipient vor dem Gemälde rückt damit in eine ähnliche Rolle wie der Mann, der links im Bild den Vorhang zur Seite rafft, um der Toilette der jungen Dame zusehen zu können. Daß unser ebenso neugieriger Blick nicht unbeachtet bleibt, zeigt sich an der vorgebeugten Magd, die für einen Moment von ihren Näharbeiten abläßt, um aus dem Bild heraus zum Betrachter zu blicken. Bei näherem Hinsehen erweist sich die vermeintlich beiläufig gezeigte Alltagsszene somit als eine Choreographie von Blicken, in die der Betrachter gezielt eingebunden, ja verstrickt wird. Der jungen Frau, aber auch dem Gemälde ist ein *désir de plaire* eigen: So wie die Dame will auch das Bild mit Reizen die Blicke auf sich ziehen und Gefallen wecken.

Was Gefallen finden will, setzt Geschmack voraus. Wenn ein Kunstwerk oder das Kleid einer Dame gefallen soll, muß es selbst bereits mit Geschmack ausgewählt, arrangiert oder geschaffen worden sein, damit es den Geschmack anderer ansprechen kann. Das »Jahrhundert des Geschmacks«[4] hat daher *plaisir* und *goût*, Gefallen und Geschmack, in denkbar enger Verknüpfung gesehen. So schreibt etwa der Philosoph und Theologe Gotthilf Samuel Steinbart 1786: »Man nennet fast in allen abendländischen Sprachen das Vermögen unsrer Seele das Schöne mit *Wohlgefallen* und das Häßliche mit Widrigkeit zu empfinden, den *Geschmack*.«[5] Und in Immanuel Kants Vorlesungen zur Anthropologie heißt es bündig: »Was nach *Geschmack* seyn soll, muß allgemein *gefallen*«.[6] Wenn aber der Begriff der Schönheit und das ästhetische Gefallen unmittelbar an die Kategorie des Geschmacks gekoppelt sind, werden alte, hergebrachte Bestimmungen dessen, was gefällt und schön ist, fraglich. Der Geschmack, so zeigt sich im Verlauf der ästhetischen Debatten des Zeitalters der Aufklärung, kann eine zutiefst subjektive Angelegenheit sein und läßt sich kaum mehr problemlos mit allgemeingültigen Bestimmungen festlegen. Es ist daher die Konjunktur des Geschmacksbegriffs im 18. Jahrhundert, die sowohl im Feld der ästhetischen Theorie als auch in der Praxis bemerkenswerte Eigendynamiken anstößt. Mit dem Aufstieg der Kategorie des Geschmacks schwindet die Bedeutung älterer normativer Definitionen des Schönen und es eröffnen sich neue Freiräume für Diskussionen darüber, was aus welchen Gründen Gefallen findet.

Wenn im Folgenden versucht wird, einige Stationen des Nachdenkens über den Geschmack schlaglichtartig zu beleuchten, so kann es lediglich darum gehen, einen Ausschnitt jenes weiten und zugleich stark ausdifferenzierten kulturellen Kontextes zu skizzieren, in den die Kunstwerke und kunsthandwerklichen Objekte des 18. Jahrhunderts ursprünglich eingebettet waren. Der Blick in ein Kapitel der Begriffs- und Theoriegeschichte kann dabei nicht mehr leisten, als einen ausgewählten Aspekt vorzustellen, dem viele weitere an die Seite zu stellen wären. Immerhin mag so aber plausibel werden, daß es sich lohnt, über Geschmack zu sprechen, auch wenn sich über ihn angeblich nicht streiten läßt.

II. Geschmack und Empfindung: Jean-Baptiste Dubos

Daß die Kategorie des Geschmacks im 18. Jahrhundert eine zentrale Bedeutung erlangen konnte,[7] verdankt sich nicht zuletzt den *Réflexions critiques sur la poésie et sur la peinture* (1719) des Abbé Dubos. Dieses Schlüsselwerk einer sensualistischen und wirkungsästhetischen Neubestimmung der Kunsttheorie scheint dem Begriff des Geschmacks, dem *goût*, zunächst kein besonderes Interesse entgegenzubringen; es hebt indes das *sentiment*, die Empfindung, als zentrale Instanz des Umgangs mit Kunst und Literatur hervor. Doch indem Dubos nicht mehr allein das Kunstwerk, sondern vor allem das empfindende Subjekt und dessen Kunsterleben in den Fokus der Aufmerksamkeit rückte, schuf er die Voraussetzungen dafür, daß der Geschmack im Verlauf des 18. Jahrhunderts in einer Vielzahl von Traktaten zu einem Leitbegriff aufsteigen konnte, mit dem sich eine Eigengesetzlichkeit von Kunst und Kunstrezeption jenseits rein rationaler Erwägungen behaupten ließ.[8] Zu Recht sind die *Réflexions* von Dubos daher als »eine revolutionäre Neufundierung von Kunst und Literatur auf der Grundlage des Gefühls«[9] bezeichnet worden. Ihre nachhaltige Wirkung läßt sich schon an den zahlreichen Neuauflagen sowie an den Übersetzungen ins Englische, Holländische und Deutsche ermessen, die ihnen im 18. Jahrhundert gewidmet worden sind.[10]

Während die klassizistische Kunsttheorie an einem allgemeingültigen Schönheitsbegriff und normativen Vorgaben festzuhalten versuchte, die man gleichsam mit der Präzision eines Geometers erschließen wollte, plädiert Dubos dafür, die Empfindung von allen rationalen Überlegungen freizuhalten. Der erste Endzweck eines Kunstwerks oder Gedichtes sei es, zu gefallen und zu rühren. Ob ein Werk dieser Zweckbestimmung gerecht werde, lasse sich jedoch nicht nach objektiven Kriterien bestimmen, sondern zeige sich in der unmittelbaren Wirkung auf die Empfindung eines Betrachters oder Lesers.[11] Gemälde oder literarische Werke rufen, so Dubos, sogleich eine spontane emotionale Reaktion, eine Rührung, hervor, »ehe noch die Vernunft Zeit hat, zu handeln und zu untersuchen«.[12] So erkläre sich auch, daß das Publikum, obgleich es nicht um die Regelwerke der Theoretiker wisse, Kunstwerke durchaus angemessen beurteilen könne. Zwar möge es für die Arbeit an einem guten Bild oder einem gelungenen Gedicht wichtig sein, bestimmte Regeln zu kennen und ihnen zu folgen. Das Publikum aber könne »vermöge eines innern Gefühles, ohne die Regeln der Kunst zu wissen, wahrnehmen, was an den Werken der Kunst gut oder schlecht ist«.[13]

Dubos nutzt die unmittelbare etymologische Verwandtschaft der Wörter *goûter* und *goût*, Schmecken und Geschmack, um ein besonders anschauliches Beispiel dafür zu geben, daß das Geschmacksurteil nicht auf komplizierten rationalen Erwägungen oder dem Abgleich mit objektiven Kriterienkatalogen beruht: »Untersucht man wohl nach logikalischen Gründen, ob ein Ragout einen guten oder schlechten Geschmack habe? Wer hat sich jemals, um einen Ragout zu beurtheilen, in den Sinn kommen lassen, erst metaphysische Grundsätze über den Geschmack festzusetzen, darauf eine Erklärung von den Eigenschaften aller zu einen Ragout gehörigen Ingredienzien zu geben, endlich das bey der Vermischung derselben beobachtete Verhältniß zu untersuchen, und nun daraus das Urtheil abzufassen, ob der Ragout gut oder schlecht sey? Es geschieht nichts von allen dem. Wir haben einen Sinn, welcher fähig ist zu unterscheiden, ob der Koch nach den Regeln seiner Kunst verfahren hat. Man kostet den Ragout, ohne einmal diese Regeln zu wissen, und so wird man innen, ob er gut schmeckt. So ist es gewisser maassen auch mit den Werken des Geistes und mit Gemählden, als deren Endzweck es ist, uns zu rühren und zu gefallen.«[14]

Als zentrale Instanz des Geschmacksurteils gilt Dubos das *sentiment*, ein eigenes Vermögen der Empfindung, das er als sechsten Sinn den fünf bekannten Sinnen hinzufügt. So vage und widersprüchlich die Bestimmung dieses sechsten Sinnes bei Dubos auch bleibt,[15] so unmißverständlich und entschieden verankert er das Urteil über gute oder schlechte Kunst in einem Vermögen, über das jeder Mensch verfügt. Um Werke der Kunst und der Literatur zu bewerten, bedarf es nicht zwangsläufig eines durch Bildung und Erziehung geschulten Zusammenspiels von Sinnen, Verstand und Vernunft, sondern allein des *sentiment*, das sich den Wirkungen der Werke aussetzt.

Und doch legt Dubos Wert darauf, daß diese Empfindung nicht mit den unmittelbaren schieren Emotionen gleichgesetzt werden darf. Das *sentiment* kann und soll daher durchaus kultiviert werden, um genauerer Unterscheidungen fähig zu sein. Wenn Dubos näher beschreibt, wie sich das ästhetische Urteilsvermögen schärfen läßt, greift er auf den Begriff des Geschmacks zurück, indem er einen *goût de comparaison*, mithin einen durch Vergleiche verfeinerten Geschmack einführt. Wem bereits in der Jugend das Privileg zuteil werde, in Ruhe und ungestört von äußeren Einflüssen eine Vielzahl exzellenter Gemälde betrachten zu können, erwerbe sich einen Vergleichsmaßstab, der ihn später für ein angemessenes Urteil über andere Werke sensibilisiere.[16] Die Kultivierung, die der Betrachter durch die wiederholte Beschäftigung mit Meisterwerken erfährt, zielt aber gerade nicht darauf, ihn zum Experten oder Pedanten werden zu lassen, der nur nach bestimmten Prinzipien urteilt. Die Schärfung des sinnlichen Differenzierungsvermögens läßt sich daher nicht mit dem Erwerb von Wissen vergleichen, das mechanisch angewandt werden könnte. Ganz in diesem Sinne versucht Dubos die Berechtigung einer Frage zu verteidigen, die auf den ersten Blick abwegig erscheinen muß: »also ist man um so viel fähiger, über Poesien und

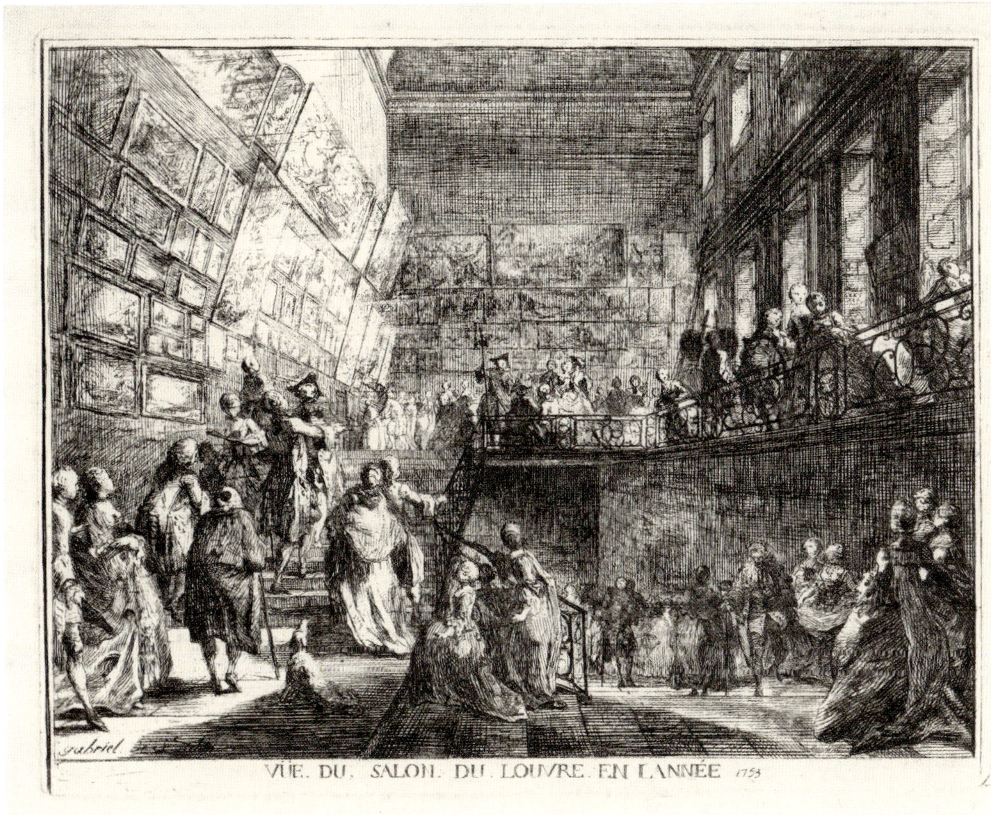

Abb. 2
Gabriel de Saint-Aubin, Vue du Salon du Louvre en l'année 1753, 1753, Radierung, 14,8 × 18,1 cm

Gemählde zu urteilen, ie weniger man von der Dichtkunst und Mahlerey versteht?«[17] Die Hypothese, die sich in dieser Frage verbirgt, erscheint Dubos bedenkenswert. Während nämlich der einfache Betrachter ohne spezifisches Vorwissen ganz unbefangen und ohne eigene Interessen auf ein Bild schaue, sei der Blick eines Malers durch einseitige Vorlieben und eine falsche Beschränkung auf technische Aspekte verzerrt.

Doch stellt sich angesichts der Distanzierung von jedem professionellen Wissen, die Dubos vornimmt, um so nachdrücklicher die Frage, wie sich vermeiden läßt, daß das Geschmacksurteil einer vollkommen subjektiven Beliebigkeit unterliegt und willkürlich wird. Anders gefragt: Wie findet man zu jener Auswahl vorbildlicher Werke, an der ein Betrachter bzw. Leser nach und nach seinen *goût de comparaison* ausbilden kann? Für Dubos ist es offenkundig der ständige Austausch innerhalb einer Elite kultivierter Laien, in dem sich ein Konsens herauskristallisieren kann, der über subjektive Meinungen hinausgeht und Allgemeingültigkeit beanspruchen darf. Diese Instanz, bei Dubos als *le public* bezeichnet, wird ebenso von den Künstlern wie von der Menge des einfachen Volkes abgegrenzt, der jede Sensibilität fehle. Entscheidend ist, daß das Gespräch der kultivierten Laien nicht als prinzipiengeleiteter Streit um wahre oder falsche Urteile verstanden wird und nicht den Regeln einer streng rationalen Argumentation folgen soll. Dubos scheint vielmehr darauf zu setzen, daß sich einzelne Fehlurteile im Austausch der individuellen Empfindungen gleichsam von selbst neutralisieren. Damit aber rückt das Gespräch über Kunst und Literatur in das Zentrum seiner Überlegungen. Was gute Kunst ausmacht, entscheidet sich nicht in der Beschäftigung eines einzelnen Kenners mit einem einzelnen Meisterwerk, sondern in der vielstimmigen Konversation über Kunst.

Die nachhaltige Wirkung der *Réflexions* von Dubos dürfte nicht zuletzt darauf zurückzuführen sein, daß sie pointiert für Formen des Umgangs mit Kunst votierten, die ohnehin bereits seit einiger Zeit an Bedeutung gewannen. Im Zuge der *Querelle des anciens et des modernes*, eines Streits, der die französischen Intellektuellen in den Jahrzehnten um 1700 stark beschäftigte, zeichnete sich bereits ab, daß der Anspruch auf einen allgemeingültigen, überzeitlichen Begriff der Schönheit zunehmend unter Druck geriet.[18] Mit Dubos' Begriff des *sentiment* verlagerte sich nicht nur die Aufmerksamkeit der Kunsttheoretiker von den Werken hin zu deren Wirkungen auf den Rezipienten, vielmehr spiegelt sich in dieser Kategorie eine »Individualisierung des Geschmacksbegriffes«,[19] die sich auch in der Praxis der Kunstliebhaber unübersehbar Geltung verschaffte. Eine sich langsam formierende Öffentlichkeit, die u. a. in Journalen ihren Ausdruck fand, sowie namentlich die seit 1737 wieder regelmäßig organisierten Salons, die zentralen Ausstellungen zeitgenössischer französischer Kunst im Louvre (Abb. 2), boten neue Möglichkeiten, sich an Debatten über Kunst und Geschmack zu beteiligen. Wie sehr dabei das Laienurteil an Bedeutung gewann, zeigt nicht zuletzt die bemerkenswerte Öffnung der Académie royale de peinture et sculpture, die das Monopol der Meinungsführerschaft *in aestheticis* zu verlieren drohte. War die Mitgliedschaft in der Akademie zuvor nur Künstlern und wenigen *membres honoraires* aus deren unmittelbaren Umfeld vorbehalten, so wurden ab 1747 auch Amateure der Akademie assoziiert, die – wie etwa der Comte de Caylus – über eine eigene Expertise verfügten, ohne doch selbst professionelle Künstler zu sein.[20] Die Akademie versuchte auf diese Weise einige jener kultivierten Laien zu integrieren, deren Anspruch auf ein eigenes, begründetes Urteil ihr zunehmend Konkurrenz machte. Diente dieser Schritt dazu, den Anspruch der Akademie zu verteidigen, so ist er zugleich Symptom dafür, daß sich zunehmend mehr Kunstinteressierte unter Berufung auf ihr *sentiment* und ihren *goût* am öffentlichen Gespräch über Kunst und Literatur beteiligen konnten.

III. Der Maßstab des Geschmacks: David Hume

In England entwickelte sich in der ersten Hälfte des 18. Jahrhunderts ebenfalls eine lebhafte Debatte über die Wirkungen von Kunst, in deren Zentrum schon früh der Geschmack (*taste*) stand. Als David Hume 1757 diesem Begriff einen eigenen Essay widmete, konnte er u. a. wichtige Anregungen von Shaftesbury und Francis Hutcheson aufgreifen. Unverkennbar sind aber auch die zahlreichen Fragestellungen, Beobachtungen und Gedanken, die er den *Réflexions* des Abbé Dubos verdankt.[21] Humes Überlegungen konnten daher auf einen sehr entwickelten, ausdifferenzierten Diskussionsstand aufbauen. Der vergleichsweise kurze und unprätentiös anmutende Essay *Of the Standard of Taste* bündelt in eindrucksvoller Weise die Potentiale, aber auch Probleme, die sich mit dem Leitbegriff des Geschmacks verbinden. Zu Recht wurde er als einer der Höhepunkte des Nachdenkens über den Geschmack bezeichnet.[22]

Wie Dubos geht Hume davon aus, daß sich Schönheit nicht an der Einhaltung objektiv gegebener, allgemeingültiger Prinzipien bemißt, sondern allein in der Wirkung eines Gegenstands auf ein empfindendes Subjekt begründet liegt: »Schönheit ist keine Eigenschaft, die den Dingen an ihnen selbst zukommt; sie existiert lediglich im Geiste dessen, der die Dinge betrachtet.«[23] Ohne daß sich ein Gefühl des Wohlgefallens im Subjekt einstellt, gibt es keine Veranlassung, etwas als schön zu bezeichnen; mit diesem Gefühl aber ist bereits eine erste Entscheidung über die Qualität des jeweiligen Objekts gefällt, noch bevor eine objektivierende Betrachtung anhand vorgegebener Kriterien zum Zuge kommen kann. Implizit grenzt mithin auch Hume den Geschmack als eine vorrangig affektive Instanz von den rein kognitiven Vermögen ab. Daß der im Subjekt verankerte Geschmack dennoch nicht völlig beliebig urteilt, zeigt sich für Hume in dem faktischen Konsens, den er in Geschmacksfragen beobachten zu können meint. Denn es sei durchaus möglich, ja gängig, über die Plausibilität von Geschmacksurteilen zu sprechen; und für stark abweichende Wertungen ließen sich oftmals nachvollziehbare Ursachen anführen, die in der Person des Kritikers begründet seien.[24] Wenngleich sich Hume gegen den Versuch wendet, Kunstregeln a priori festzusetzen oder rational abzuleiten,[25] sieht er in einer menschlichen Naturanlage zum Geschmack eine hinreichend verläßliche Grundlage dafür, daß die Billigung oder Mißbilligung von Kunstwerken kein willkürlicher Akt ist: »Es zeigt sich also, daß es bei aller Verschiedenheit und Launenhaftigkeit des Geschmacks bestimmte allgemeine Gesetze gibt, auf denen Billigung oder Tadel beruhen und deren Wirksamkeit eine sorgfältige Beobachtung in allen geistigen Vorgängen aufspüren kann. Es gibt bestimmte Formen und Qualitäten, die gemäß der natürlichen geistigen Verfassung des Menschen dazu bestimmt sind, zu gefallen, andere dazu, Mißfallen zu erregen. Und wenn diese Wirkung im Einzelfall nicht eintritt, dann liegt das ganz offensichtlich an einem Defekt oder an einer Unvollkommenheit des Organs.«[26] Da verschiedene Rezipienten oftmals darin übereinstimmen, ein und dasselbe Werk als schön und gelungen zu empfinden, liegt für Hume der Schluß nahe, daß diese Einschätzung an bestimmte Qualitäten des jeweiligen Werkes geknüpft ist. Welche »Formen und Qualitäten« den Geschmack in besonderer Weise ansprechen, läßt sich seines Erachtens jedoch nicht normativ dekretieren oder wissenschaftlich bestimmen, sondern nur aus Erfahrungen ableiten.[27]

Hume fragt daher auch nicht danach, welche Eigenschaften Kunstwerke und Dichtungen aufweisen müssen, um zu gefallen, sondern untersucht die Voraussetzungen, die der Rezipient für ein angemessenes Urteil zu erfüllen habe. Seines Erachtens reicht es nicht, daß die Sinne, d.h. die Augen, die Ohren oder der Geschmackssinn, frei von Mängeln sind. Vielmehr bedarf es auch einer anhaltenden Übung und Kultivierung des Geschmacks, um zu differenzierten, klaren und deutlichen Empfindungen zu gelangen. Es sei daher von besonderer Bedeutung, »daß wir, bevor wir ein Urteil über

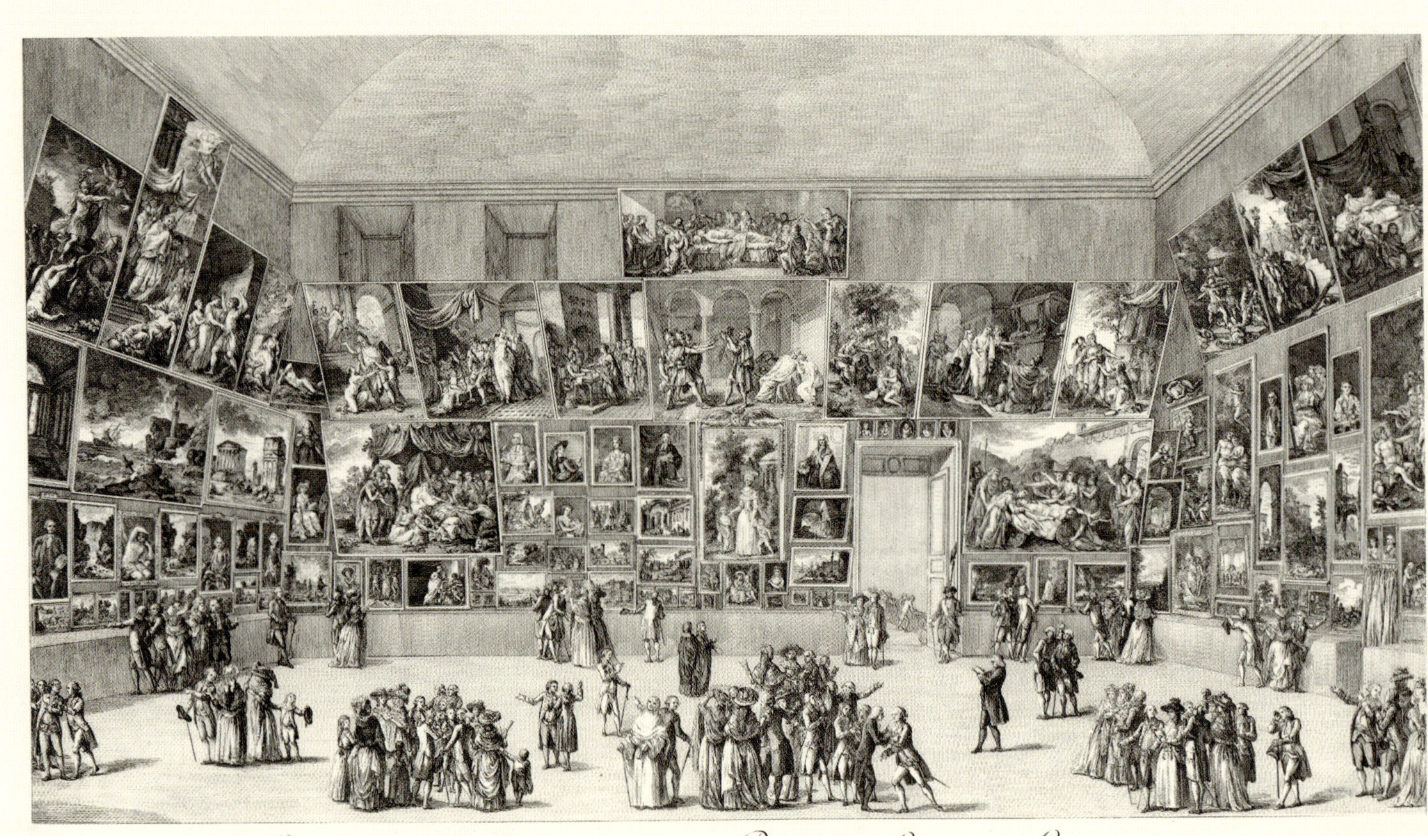

Abb. 3
Pietro Antonio Martini, Coup d'œil exact de l'arrangement des peintures au Salon du Louvre, en 1785, 1785, Radierung, 34,7 × 51,1 cm

irgendein bedeutendes Kunstwerk abgeben können, unbedingt eben dieses Werk mehr als einmal sorgsam geprüft und, aufmerksam erwägend, in verschiedener Beleuchtung betrachtet haben müssen.«[28] An den *goût de comparaison* von Dubos erinnert Humes Ermahnung, daß die Verfeinerung des Geschmacks nicht ohne vielfache Vergleiche zwischen verschiedenen Werken denkbar sei.[29] Zudem müsse ein guter Kunstrichter ein Bewußtsein für den spezifischen Standpunkt und den historischen Kontext entwickeln, in dem ein Werk entstanden sei.[30] Humes Zusammenfassung all dieser Voraussetzungen läßt ahnen, wie hoch seine Ansprüche an gute Kritiker sind: »Klarer Verstand, verknüpft mit feiner Empfindung, durch Übung verbessert, durch Vergleiche vervollkommnet und befreit von allem Vorurteil – das allein macht den wahren Kunstrichter aus.«[31] Damit ist klargestellt, daß der gute Geschmack nicht allein auf das Gefühl rekurriert, sondern sich auch der Reflexion bedient.[32] Aus den hohen Anforderungen an den Kritiker erklärt sich aber auch, warum, »obwohl die Gesetze, nach denen der Geschmack arbeitet, universell gelten und bei allen Menschen fast, ja vielleicht ganz dieselben sind, doch nur wenige qualifiziert sind, über ein Kunstwerk zu urteilen oder ihr Empfinden zum Maßstab der Schönheit zu machen.«[33]

Die Arbeit der Kultivierung und Sensibilisierung des Geschmacks, die Hume in seinem Essay *Of the Standard of Taste* als Anspruch an jeden einzelnen Kunstliebhaber beschreibt, hatte er 1742 bereits als Aufgabe der gesamten Gesellschaft charakterisiert. In seinem Essay *Of the Rise and Progress of the Arts and Sciences* legt er dar, auf welche Weise die Geschmacksbildung einer ganzen Nation befördert werden könne.[34] Schon in diesem Aufsatz äußert sich das Anliegen, die Regeln des guten Geschmacks nicht normativ zu setzen, sondern nach den Voraussetzungen angemessener Geschmacksurteile zu fragen. Drei Faktoren scheinen Hume dabei besonders relevant zu sein: Zum einen sei eine freie Regierung vonnöten, zum anderen befördere ein reger politischer, wirtschaftlicher und kultureller Austausch mit Nachbarstaaten die Ausbildung des Geschmacks. Zudem setze dessen Kultivierung insbesondere die Pflege einer Gesprächskultur, der »arts of conversation«,[35] voraus. Die Kunst der höflichen und galanten Konversation trage erheblich zur Verfeinerung des gesellschaftlichen Umgangs, aber auch zur Kultivierung der Empfindungen bei.

Eine kultivierte Gesellschaft, in der gebildete Kunstrichter das unvoreingenommene Gespräch pflegen, scheint für Hume die besten Bedingungen zu bieten, um den Geschmack zu bilden und verläßlich die vollkommenen von den schlechteren Werken zu unterscheiden. Da sich die Bestimmung des Schönen nicht an allgemeingültigen objektiven Kriterien festmachen läßt, sondern nur aus der Erfahrung über die Wirkungen konkreter Kunstwerke auf viele Betrachter erschlossen werden kann, wird das Gespräch der »wahren« Kunstrichter zur eigentlich maßstabsetzenden Instanz: »das vereinte Urteil solcher Kritiker, wo immer sie zu finden sein mögen, ist der wahre Maßstab für Geschmack und Schönheit.«[36] Hume zielt mithin weder auf eine völlige »Demokratisierung« des Geschmacks, die zu willkürlichen und beliebigen Urteilen zu führen droht, noch auf die Einsetzung einiger weniger Autoritäten, die ihre individuelle Sicht verabsolutieren. Die kultivierte Gesellschaft ist vielmehr der Ort, an dem nicht nur der Umgang mit Kunst praktiziert, sondern auch der gute

Geschmack herausgebildet werden soll. In ihr bieten sich dem Kunstliebhaber zahlreiche Gelegenheiten, um Kunstwerke immer wieder neu, unter wechselnden Bedingungen zu betrachten, die eigene Wahrnehmung zu schärfen, aufschlußreiche Vergleiche zu ziehen und mit anderen in einen Austausch über die eigenen Empfindungen zu treten.

Hume beschränkt dieses Gespräch unter den »wahren« Kunstrichtern nicht allein auf die Konversation zwischen Zeitgenossen, sondern bezieht gezielt auch frühere Kunsturteile mit ein. Daß sich gerade in bezug auf Meisterwerke eine bemerkenswerte Konstanz der Bewertungen beobachten lasse, gilt ihm als eines der stärksten Argumente für seine Überzeugung, der gute Geschmack sei keineswegs beliebig: »Derselbe Homer, der schon vor zweitausend Jahren in Athen und Rom gefallen hat, wird auch heute noch in Paris und London bewundert. Keine Veränderung des Klimas, der Regierungsform, der Religion und der Sprache haben es vermocht, seinen Ruhm zu verdunkeln.«[37] Die Zusammenschau aller Beobachtungen und Urteile von »wahren« Kunstrichtern vermag daher die beste Orientierung in Geschmacksfragen zu geben. Treffend hat Astrid von der Lühe Humes Vorgehen bei der Bestimmung von Geschmack und Schönheit als eine »geschichtlich-beschreibende Methode der ästhetischen Kritik«[38] charakterisiert. Nicht in der akribischen Untersuchung von Kunstwerken, sondern in der Beobachtung kultivierter Betrachter, also einer Art Beobachtung zweiter Ordnung, gewinnt der Begriff des Geschmacks an Konturen.

Ähnlich wie die *Réflexions* des Abbé Dubos berührt sich auch Humes Essay *Of the Standard of Taste* auf vielfältige Weise mit der Kultur seiner Zeit. Mit der Etablierung der Kunstkritik in der zweiten Hälfte des 18. Jahrhunderts entspann sich in der Öffentlichkeit ein vielstimmiges, lebhaftes Gespräch unter Kunstrichtern – das freilich nicht immer so höflich-galant geführt wurde, wie es Hume vorschwebte, sondern namentlich anläßlich der Pariser Salons bisweilen burlesk und derb werden konnte.[39] Zugleich zeichnete sich ab, daß auch das Laienurteil zunehmend einer Professionalisierung unterlag, wenn etwa sogenannte *amateurs* als regelmäßige Autoren kunstkritischer Texte oder als Verantwortliche in Institutionen wie Akademien und fürstlichen Sammlungen an Einfluß und Geltung gewannen. Dem von Hume skizzierten Prozeß der Geschmacksbildung (durch wiederholte Beschäftigung mit Werken von hoher Qualität, durch Vergleiche und durch den Austausch mit anderen Kennern) entspricht die Intensität und Ernsthaftigkeit, mit der im späteren 18. Jahrhundert über die Kultivierung des Publikums diskutiert wurde. Angesichts der zahlreichen Bemühungen, den Blick der Betrachter zu schärfen und immer neue Differenzierungen zwischen verschiedenen Formen oder Qualitäten zu vermitteln, kann für das Zeitalter der Aufklärung von einer gezielten Bildung der Sinne und der Sinnlichkeit gesprochen werden. Diese Bemühungen scheinen nicht ohne Wirkung geblieben zu sein. Hält man sich vor Augen, welch feinabgestufte Nuancierungen in einzelnen Kunstgattungen – zum Beispiel in monochromen Sepia-Zeichnungen oder Aquatinta-Radierungen – angestrebt und erzielt wurden,[40] so liegt die Vermutung nahe, daß nicht nur die Künstler, sondern auch die Kunstliebhaber des späten 18. Jahrhunderts oftmals über

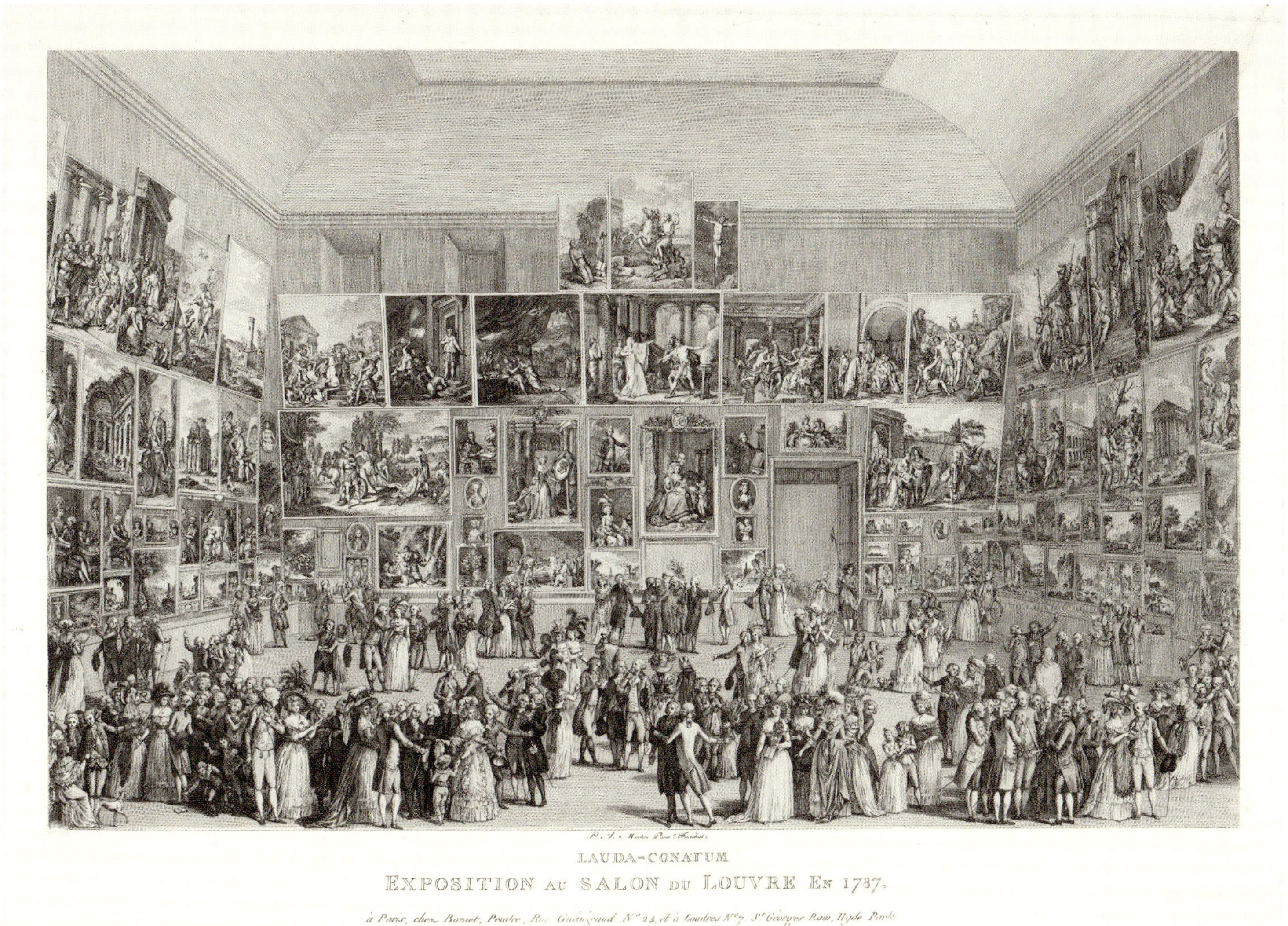

ein differenzierteres Wahrnehmungsvermögen verfügten als die meisten Betrachter des frühen 21. Jahrhunderts.

Daß der Begriff des Geschmacks selbst zum Gegenstand von Diskussionen werden konnte und nicht lediglich als unreflektierter Maßstab konkreter Werturteile diente, scheint bei aller Verunsicherung im Verlauf der 18. Jahrhunderts eine eigene, produktive Dynamik freigesetzt zu haben. Da sich nicht mehr verbindlich in Form von Normen und Regeln fixieren ließ, was als guter Geschmack gelten sollte, konnte das öffentliche Gespräch zum Laboratorium des Geschmacks werden. Es ist genau diese Situation, die jeden einzelnen Betrachter dazu herausforderte, durch eine nachhaltige Geschmacksbildung den steigenden Ansprüchen und der zunehmenden Ausdifferenzierung der Diskussion über Kunst gerecht zu werden.[41]

Abb. 4
Pietro Antonio Martini, Exposition au Salon du Louvre en 1787, 1787, Radierung, 38,7 × 52,7 cm

IV. Das geschmacksbildende Gespräch in der Sammlung: Johann Wolfgang Goethe

Was Theoretiker wie Dubos oder Hume in Traktaten und Essays entwickelt haben, fand im späteren 18. Jahrhundert auch in anderen Textformen seinen Niederschlag: Wenn das vielstimmige Gespräch des Publikums nun wesentlich für die Herausbildung des Geschmacks und angemessener Urteile über Kunstwerke wurde, so ist es nur folgerichtig, daß sich die Kunstkritik vermehrt dialogischer Formen bediente. In vielen der Texte, die den Pariser Salons (Abb. 3, 4) gewidmet wurden, sind die Prozesse der Urteilsbildung performativ in der literarischen Form nachgebildet worden, so daß nicht nur die Bewertungen, sondern auch ihre Kriterien und Urheber zum Gegenstand der Reflexion werden konnten. Vor allem in den 1770er und 1780er Jahren wurden die dialogischen Texte zudem um fiktionale Momente bereichert, die sich in Form von »karnevalesken« und absurden Erzählungen verselbständigen konnten, wenn etwa Tote, Blinde oder Tiere über ihren Besuch des Salons berichteten.[42] Die Offenheit der *dialogues, entretiens* und *lettres*, in denen sich die Kunstkritiker austauschten, erlaubte es, individuelle Meinungen zu artikulieren, ohne sie auf verbindliche Kriterien zurückzuführen, die Ansprüchen auf allgemeine Gültigkeit hätten entsprechen müssen. Exemplarisch, aber keineswegs singulär ist der Einsatz dialogischer Formen in den Salonbesprechungen, die Denis Diderot ab 1759 für die *Correspondance littéraire* von Friedrich Melchior von Grimm verfaßt hat. Diderot zeigt sich hier durchweg nicht meinungsscheu, nutzt aber immer wieder dialogische Textabschnitte, um andere, teils gegensätzliche Stimmen in seine Kritik zu integrieren. Auf diese Weise vermittelt er nicht allein sein eigenes Urteil; vielmehr macht er so auch auf den Prozeß der Kritik und damit auf die Bedingungen und Grenzen eines jeden Urteils aufmerksam.[43]

Noch Goethes Briefnovelle *Der Sammler und die Seinigen* aus dem Jahr 1799, die er gemeinsam mit Schiller »in einigen Abenden«[44] konzipierte, scheint stark der Idee verpflichtet zu sein, daß sich das Kunsturteil im Gespräch mit anderen Betrachtern ausbilden und bewähren sollte. Zwar ist bei Goethe kaum mehr vom Geschmack die Rede,[45] doch führt der Text in seinem Verlauf exemplarisch vor, wie aus dem scheinbar zufälligen Gespräch sehr unterschiedlicher Kunstbetrachter der Versuch einer Bestimmung von »wahrer« Kunst hervorgeht. In acht Briefen, die ein Kreis von Kunstliebhabern um einen Arzt an die Herausgeber der Zeitschrift *Propyläen* richtet, wird von verschiedenen Gesprächen über Kunst erzählt, zu denen die Sammlung des Arztes Anlaß gegeben hat. Das spielerische Nachdenken über Kunst und Kunstliebhaber steht ganz im Zeichen eines offenen Dialogs, der es erlaubt, auch Einseitigkeiten und Idiosynkrasien zum Ausdruck zu bringen. Mehr und mehr gehen dabei die Verfasser der Briefe dazu über, sich selbst und anderen beim Umgang mit Kunst zuzuschauen, um sich in die Rolle eines Beobachters zweiter Ordnung zu versetzen. Halb ironisch, halb ernst erarbeitet der Kreis um den sammelnden Arzt eine tabellarische Übersicht von Künstlern und Kunstliebhabern sowie deren einseitigen Vorlieben. Die »Nachahmer«, die auf die getreue Wiedergabe der Natur Wert legen, oder die »Undulisten«, die sich an gefälligen, anmutigen Formen erfreuen, finden hier ebenso ihren Platz wie die »Skizzisten«, die sich für die ersten, noch unausgearbeiteten Entwürfe und Ideen begeistern. Angeleitet durch einen jungen Philosophen, stellt man schließlich insgesamt sechs Kategorien paarweise einander gegenüber, um festzustellen, daß in der Mitte zwischen zwei jeweils einander entgegengesetzten Einseitigkeiten die wahre Kunst zu suchen sei. Im harmonischen Ausgleich von »Nachahmern« und »Phantomisten«, von »Charakteristikern« und »Undulisten« sowie von »Kleinkünstlern« und »Skizzisten« sollen die Begriffe »Kunstwahrheit», »Schönheit» und »Vollendung« endlich ihre Bestimmung im »Gespräch« finden können.[46]

Das Vorgehen der Protagonisten in Goethes kleiner Erzählung erinnert ein wenig an Humes Idee, durch eine Besinnung auf die langfristige Rezeptionsgeschichte die Meisterwerke der Kunst und Literatur zu identifizieren, die dem guten Geschmack zur Orientierung dienen. In beiden Fällen wird nicht vorrangig danach gefragt, wie ein Künstler oder Dichter ein möglichst vollkommenes Werk zu schaffen vermag; das Interesse gilt vielmehr den Rezipienten und deren Urteil. Zudem sind es bei Hume wie bei Goethe weder normativ festgelegte Regeln noch wissenschaftlich abgeleitete Kriterien, die beim Umgang mit Kunst als Leitfaden herangezogen werden, sondern die genaue Beobachtung vieler Betrachter und ihrer individuellen Reaktionen. Anders als bei Hume läßt am Schluß der Erzählung *Der Sammler und die Seinigen* allerdings niemand erkennen, daß er aufgrund der gemeinsamen Einsicht in den wahren Begriff von Kunst seine eigenen Idiosynkrasien überwinden wolle. Das Verständnis für andere Blicke auf Kunst ist geschärft, aber die jeweils eigene Perspektive scheint nicht aufgegeben zu werden. Um so mehr zeigt sich, daß die Ausbildung eines fundierten, ausgewogenen Kunsturteils nicht die Sache eines einzelnen Kenners sein muß, sondern im Austausch mit anderen Kunstliebhabern erfolgt.

Die Kultur des Sinnlichen, die am Ende des Jahrhunderts des Geschmacks auch noch die Weimarer Klassik prägt,[47] ist daher zugleich eine Kultur des Gesprächs und des gesellschaftlichen Umgangs. Goethes Text zeigt aber auch, welcher soziale Ort auf ideale Weise Raum für einen offenen Austausch bietet, in dem das Urteil über Kunst geschärft werden kann: Neben Ausstellungen, namentlich den Pariser Salons, die das Aufkommen der Kunstkritik so nachhaltig gefördert haben, sind es vor allem Sammlungen, in denen das Gespräch über Kunst gepflegt werden kann.[48] Der Sammler – so deutet sich an – kann geschmacksbildend wirken, wenn er sein Kabinett öffnet und in einen Dialog mit anderen Kunstliebhabern eintritt. Mit einer Fülle an Anschauungsmaterial fordert die Sammlung dazu auf, verschiedene Werke, aber auch unterschiedliche Vorlieben der Betrachter zu vergleichen und immer neue Differenzierungen und feinere Nuancierungen zu erfassen. Für den von Dubos geforderten *goût de comparaison* oder den von Hume angestrebten *standard of taste* dürften Sammlungen daher von besonderer Bedeutung gewesen sein. Neben dem Kenner und dem Kunstkritiker ist er die heimliche Hauptfigur im Jahrhundert des Geschmacks.

Die Wurzeln eines solchen ästhetisch motivierten Sammelns reichen deutlich weiter zurück. Doch hat das 18. Jahrhundert die Passion der Sammler besonders nachhaltig zu einer öffentlichen Sache gemacht. Sammlungen öffneten sich für auswärtige Gäste und sie wurden zugleich zu einem Gegenstand von Berichten in Journalen, Zeitschriften und Korrespondenzen. Diese Öffnung der Sammlungen gegenüber der sich langsam herausbildenden Öffentlichkeit ist nur folgerichtig. Denn erst wenn die Sammlung zum Ort des Gesprächs und Austausches wird, kann sie ihre Qualitäten zur Geltung bringen und jene Diskussionen anstoßen, von denen sich Dubos, Hume und andere Theoretiker des 18. Jahrhunderts eine langfristige Ausbildung des Geschmacks erhofften.

Goethe hat diesen Gedanken nicht nur mit seiner Erzählung *Der Sammler und die Seinigen* aufgegriffen, sondern auch in seinen *Skizzen zu einer Schilderung Winckelmanns* gefordert, Sammlungen als lebendige Orte zu verstehen: »Traurig ist es, wenn man das Vorhandne als fertig und abgeschlossen ansehen muß. Rüstkammern, Galerien und Museen, zu denen nichts hinzugefügt wird, haben etwas Grab- und Gespensterartiges; man beschränkt seinen Sinn in einem so beschränkten Kunstkreis, man gewöhnt sich solche Sammlungen als ein Ganzes anzusehen, anstatt daß man durch immer neuen Zuwachs erinnert werden sollte, daß in der Kunst, wie im Leben, kein Abgeschlossenes beharre, sondern ein Unendliches in Bewegung sei.«[49] Sammlungen brauchen ihre eigene Dynamik; sie müssen in Bewegung bleiben, um immer wieder neue Konstellationen von Werken vor Augen stellen zu können. Ein »Unendliches in Bewegung« werden sie aber vor allem durch ihre Betrachter. Denn indem die Rezipienten die aus der Vergangenheit überlieferten Werke in das Zentrum einer gegenwärtigen ästhetischen Erfahrung stellen, verlebendigen sie gleichsam, was zunächst wie ein altes Relikt anmuten kann. So sehr das Erlebnis der Werke auch von historischem Wissen begleitet sein mag, vollzieht sich die sinnliche Wahrnehmung ihrer ästhetischen Qualitäten doch im Hier und Jetzt.

Mit ihrer Auswahl an Kunstwerken und kunsthandwerklichen Objekten des 18. Jahrhunderts bietet die Rudolf-August Oetker Sammlung Gelegenheit zu gleich zwei besonderen Erfahrungen: Sie eröffnet Einblicke in das »Jahrhundert des Geschmacks« und läßt am Beispiel ausgewählter Objekte ahnen, welche ausdifferenzierte ästhetische Kultur das Zeitalter der Aufklärung ausgebildet hat. Über diese historische Erkenntnis hinaus lädt die Sammlung aber auch dazu ein, sich selbst von der sinnlichen Gegenwart der Werke ansprechen oder gar irritieren zu lassen. Zu einer Herausforderung für unsere eigene Wahrnehmung und unser Differenzierungsvermögen werden die Werke erst, wenn wir sie nicht darauf reduzieren, als Belege für bestimmte historische Phänomene zu dienen. In diesem Sinne ist der Sammlung zu wünschen, daß sie in der Ausstellung, aber auch darüber hinaus zu einem Ort des lebendigen Austausches werden kann.

1 La Font de Saint-Yenne / Jollet 2001 – Vgl. Dresdner 2001, S. 222–242, sowie Kluge 2009.
2 Vgl. Alexander Gottlieb Baumgarten, Ästhetik. Lateinisch-deutsch, hrsg. und übers. von Dagmar Mirbach, 2 Bde., Hamburg 2007. – Für anregende Gedanken zur Aktualität der von Baumgarten angestoßenen Ästhetiken des späteren 18. Jahrhunderts vgl. Christoph Menke, Kraft. Ein Grundbegriff ästhetischer Anthropologie, Frankfurt a. M. 2008.
3 Vgl. dazu den Beitrag von Christoph Martin Vogtherr im vorliegenden Katalog (S. 52).
4 Zu diesem Epitheton des 18. Jahrhunderts, vgl. Markwardt 1958, S. 556–569, bes. S. 558, und Dickie, 1996.
5 (Hervorh. durch den Verf.) Steinbart 1786, S. 17.
6 (Hervorh. durch den Verf.) Kant / Brandt / Stark 1997, S. 179 (Nachschrift der Vorlesung von Georg Ludwig Collins 1772/73).
7 Vgl. Knabe 1972, S. 239–279, sowie Cassirer 1932 (1988), S. 397–417.
8 Vgl. etwa Klein 1967, Bormann 1974.
8 Dirscherl 1994, S. 383–413, hier S. 401.
10 Vgl. Kernbauer 2011, S. 88; zur Rezeption der Réflexions vgl. noch immer Lombard 1913, S. 313–385.
11 Vgl. Dubos 1719 (1967), S. 339f.
12 Dubos / Funk 1760, Bd. 2, S. 305; vgl. Dubos 1719 (1967), Bd. 2, S. 343.
13 Dubos / Funk 1760, Bd. 2, S. 309, vgl. Dubos 1719 (1967), Bd. 2, S. 348.
14 Dubos / Funk 1760, Bd. 2, S. 309; vgl. Dubos 1719 (1967), Bd. 2, S. 341: »Raisonne t'on, pour sçavoir si le ragoût est bon ou s'il est mauvais, & s'avisa-t'on jamais, après avoir posé des principes géométriques sur la saveur, & défini les qualités de chaque ingrédient qui entre dans la composition de ce mets, de discuter la proportion gardée dans le mélange, pour décider si le ragoût est bon? On n'en fait rien. Il est en nous un sens fait pour connoître si le Cuisinier a opéré suivant les regles de son art. On goûte le ragoût, & même sans sçavoir ces regles, on connoît s'il est bon. Il en est de même en quelque maniere des ouvrages d'esprit & des tableaux faits pour nous plaire en nous touchant.«
15 Zu den Widersprüchen in Dubos' Bestimmung des *sentiment* vgl. etwa Becq 1994, S. 243–265, sowie Dumouchel 2012, S. 15–35, bes. S. 29–35.
16 Vgl. Dubos 1719 (1967), Bd. 2, S. 423.
17 Dubos / Funk 1760, Bd. 2, S. 341; vgl. Dubos 1719 (1967), Bd. 2, S. 384.
18 Vgl. Jauß 1964, S. 8–64.
19 Büttner 1999, S. 341–349, hier S. 342.
20 Vgl. Guichard 2008, sowie Guichard 2012, S. 519–547.
21 Vgl. Jones 1982, S. 93–106.
22 Dickie 1996, S. 3 – Vgl. auch Lühe 1996, bes. S. 207–235.
23 Hume / Kulenkampff 1990, S. 73-103, hier S. 78 – Engl. Ausgabe: Hume / Green / Grose 1882a, Bd. 1, S. 266–284.
24 Vgl. Hume / Kulenkampff 1990, S. 79.
25 Vgl. ebd., S. 79.
26 Vgl. ebd., S. 82f.
27 Ebd., S. 81: »Alle allgemeinen Kunstregeln gründen sich also auf nichts als auf Erfahrung und auf die Beobachtung der in der menschlichen Natur angelegten allgemeinen Empfindungen.«
28 Vgl. ebd., S. 88.
29 Vgl. ebd., S. 89.
30 Vgl. ebd., S. 90f.
31 Ebd., S. 94.
32 Vgl. Lühe 1996, S. 226f.
33 Hume / Kulenkampff 1990, S. 93 – Zur »Exemplarizität des Kritikers« bei Hume vgl. auch Kernbauer 2011, bes. S. 217f.
34 Vgl. Hume / Green / Grose 1882b, Bd. 1, S. 174–197, sowie Lühe 1996, S. 173–180.
35 Hume / Green / Grose 1882b, bes. S. 187.
36 Hume / Kulenkampff 1990, S. 94.
37 Ebd., S. 82.
38 Lühe 1996, S. 218.
39 Vgl. Crow 1985, Germer / Kohle 1991, S. 287–311, sowie Kernbauer 2011.
40 Vgl. Busch 2004, S. 17–39, hier S. 33f., sowie Busch 2008.
41 Vgl. auch Griener 2010.
42 Vgl. Fort 1989, S. 368–394.
43 Vgl. Grave / Söntgen 2012, S. 62–83.
44 Brief an Johann Heinrich Meyer, 27. November 1798.
45 Nur am Ende des dritten Briefes ist kurz von »Geschmack« die Rede; vgl. Goethe 1988, S. 76–130, S. 91.
46 Alle zitierten Begriffe finden sich im Schema am Ende des achten Briefes; ebd., S. 130.
47 Vgl. Weimar 2012.
48 Vgl. Grave 2006, bes. S. 355–362 u. S. 424–430.
49 Johann Wolfgang Goethe, Skizzen zu einer Schilderung Winkelmanns I, in: ders., Sämtliche Werke nach Epochen seines Schaffens. Münchner Ausgabe, Bd. 6.2: Weimarer Klassik 1798–1806, hrsg. von Victor Lange u. a., München 1988, S. 348–381, hier S. 368.

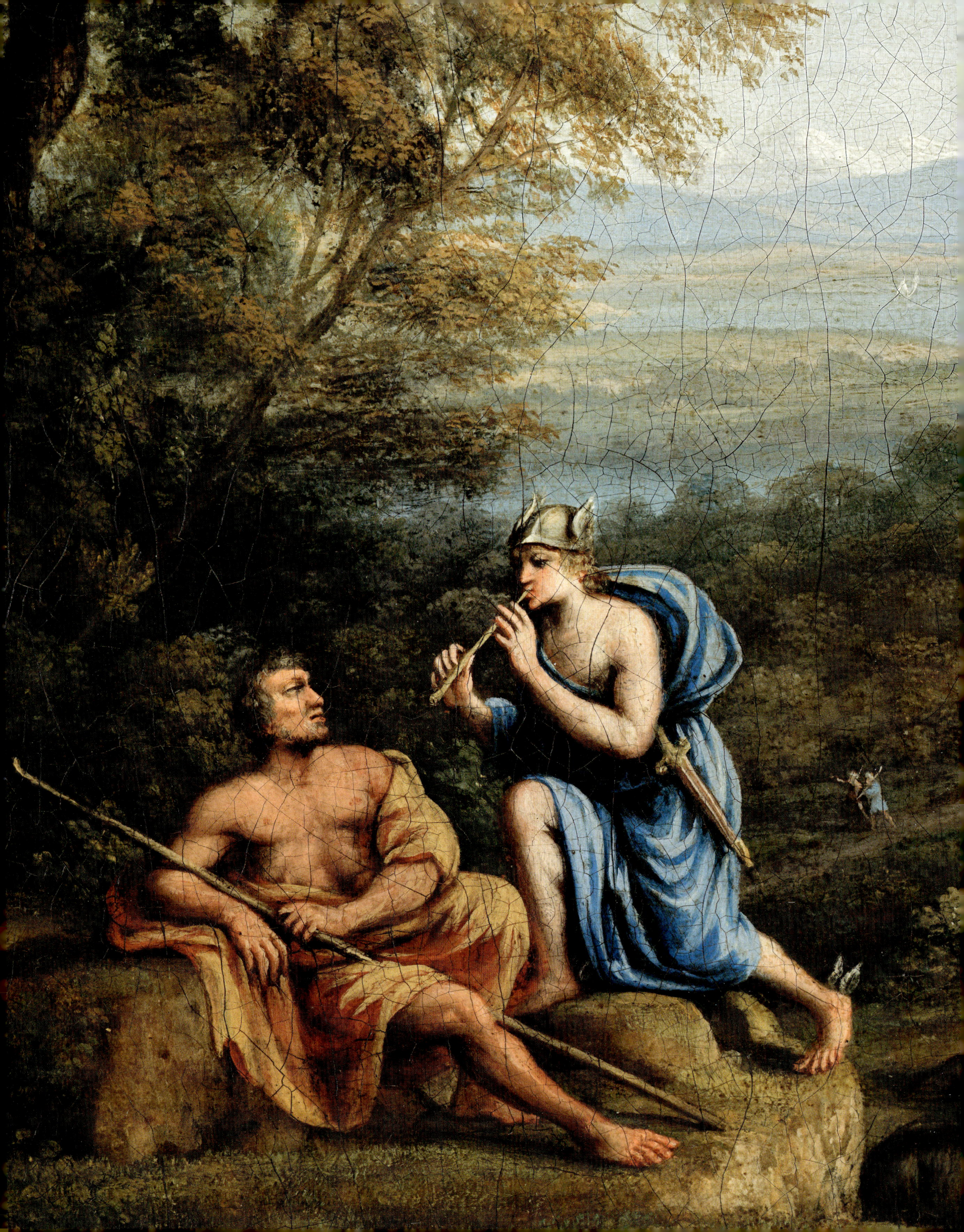

Katalog

AB	Andreas Beyer
AP	Andreas Plackinger
AR	Astrid Reuter
AS	Andreas Stolzenburg
CMV	Christoph Martin Vogtherr
DS	Dirk Syndram
DvK	Dedo von Kerssenbrock-Krosigk
HJ-F	Holger Jacob-Friesen
HW	Hildegard Wiewelhove
LS	Lorenz Seelig
MB	Monika Bachtler
MT	Max Tillmann
SW	Samuel Wittwer
TS	Tim Schroder
UW	Ulrike Weinhold

1 Claude Gellée, genannt le Lorrain

Landschaft mit Merkur und Argus

1659/1660

Öl auf Leinwand

60 × 75 cm

Signiert unten rechts: »L CLAVDE GELLEE ...«

Provenienz: Jean Gaillard de Gagny, Paris – Versteigerung Jean Gaillard de Gagny, Paris, 29. März 1762ff., lot 32 – Pierre Remy – Etienne-François, Duc de Choiseul-Stainville – Versteigerung Etienne-François, Duc de Choiseul-Stainville, Paris, 6.–10. April 1772, lot 125 – Louis-François-Jacques Boileau – Louis-François de Bourbon, Prince de Conti, Paris – Versteigerung Louis-François de Bourbon, Prince de Conti, Paris, 8. April – 6. Juni 1777, lot 544 – Jacques Langlier – Louis-Antoine-Auguste, duc de Rohan Chabot – Versteigerung Louis-Antoine-Auguste, duc de Rohan Chabot, Paris, 10.–15. Dezember 1787, lot 59 – Jean-Baptiste-Pierre Lebrun – Versteigerung Walsh Porter, Esq., London, Christie's, 22.–23. März 1803, lot 46 – Robert Heathcote – Versteigerung Robert Heathcote, London, Phillips, 5.–6. April 1805, lot 97 – Thomas Lister Parker, Browsholme, 1808 – William Wells, Redleaf, 1809 – Versteigerung William Wells, London, Christie's, 12. Mai 1848ff., lot. 113 – Charles Sackville Bale, 1849 – Versteigerung Charles Sackville Bale, London, Christie's, 14. Mai 1881, lot 271 – Versteigerung General J. E. B. Seely, London, 20. Juni 1930, lot 98 – Agnew's, London, 1930 – George Harwood, Südafrika, 1933 – Versteigerung Sotheby's, London, 27. März 1974, lot 63

Literatur: Röthlisberger 1961, Bd. 1, S. 351–354, Nr. LV 149–150; Bd. 2, Abb. 246–249 – Kitson 1978, S. 145, Nr. 149 u. 150, Abb. 149–150 – Münster 2003, S. 102f., Kat. Nr. 57 (Helge Siefert)

Claude Lorrain kam als junger Mann aus Lothringen nach Rom. In den späten 1620er und 1630er Jahren schuf er dort einen ganz eigenen Stil der südlichen Ideallandschaft mit sanften Übergängen zwischen den Ebenen in die Weite und atmosphärischen Lichteffekten, die das erste Mal vollgültig Morgen- und Abendstimmungen darstellten. Seine Landschaften beruhen auf der direkten Beobachtung und dem Studium der römischen Campagna, sind aber in den meisten Fällen aus realen Elementen zu Ideallandschaften verdichtet, die von Gestalten der antiken Mythologie und Geschichte bevölkert werden. Er schuf eine melancholische Vision der antiken Welt, mit der er die Umgebung des barocken Rom seiner Zeit in eine ideale Vorzeit zurückübersetzte. Diese imaginierte Welt und seine Meisterschaft der Lichteffekte blieb für Jahrhunderte vorbildlich und beeinflußte Künstler bis zu Turner und darüber hinaus.

Auf dem hier gezeigten Gemälde der Sammlung Oetker gleitet der Blick durch eine weite südliche Landschaft über eine Meeresbucht auf blaue Bergzüge in der Ferne. Im Vordergrund rahmen eine ionische Tempelruine links und Bäume rechts die Szene. Wie von Ovid in den Metamorphosen beschrieben (I, 678–688) spielt Merkur – im blauen Mantel – die Flöte, um den neben ihm sitzenden Argus einzuschläfern. Dieser bewacht die ihm von Juno anvertraute weiße Kuh, Jupiters zu ihrem Schutz verwandelte Geliebte Io, die Merkur ihrem Hüter in Kürze im Auftrag Jupiters entführen wird.

Die vorausgehende Szene (I, 622–624) war von Claude auf dem Gegenstück dargestellt worden, daß sich heute in der National Gallery of Ireland in Dublin befindet. Hier vertraut Juno die Io in Gestalt einer weißen Kuh dem Argus zur Bewachung an. Beide Gemälde entsprechen sich: In Dublin sind die Erzählung und die dunklen Massen der Komposition rechts konzentriert, der Blick öffnet sich links ins Weite. Auf dem Gemälde der Sammlung Oetker ist dies umgekehrt, so daß die Werke als Pendants ein ausgewogenes Paar ergeben. Ebenso ergänzen sich die Lichtverhältnisse: Morgenlicht auf dem Gemälde in Dublin, ein wärmeres Abendlicht im hier besprochenen Werk.

Die Zeichnung im *Liber Veritatis*, Claude Lorrains eigener Dokumentation seiner Werke, ist an zwei unterschiedlichen Stellen auf 1659 und 1660 datiert. Sie folgt dort der 1660 datierten Zeichnung nach dem Gegenstück in Dublin (Inv. Nr. LV149). Zwischen der Zeichnung im *Liber Veritatis* und dem Gemälde gibt es kleinere, nicht unübliche Abweichungen. 1662 fertigte Claude eine neue Zeichnung an, um eine Radierung vorzubereiten, die er im selben Jahr veröffentlichte.

Beide Gemälde wurden 1805 getrennt. Claudes Auftraggeber ließ sich bisher nicht identifizieren – die Beschriftung im *Liber Veritatis* für das Gemälde in Dublin ist unvollständig, für das Gemälde der Sammlung Oetker unleserlich und keinem bekannten Sammlernamen zuzuordnen. CMV

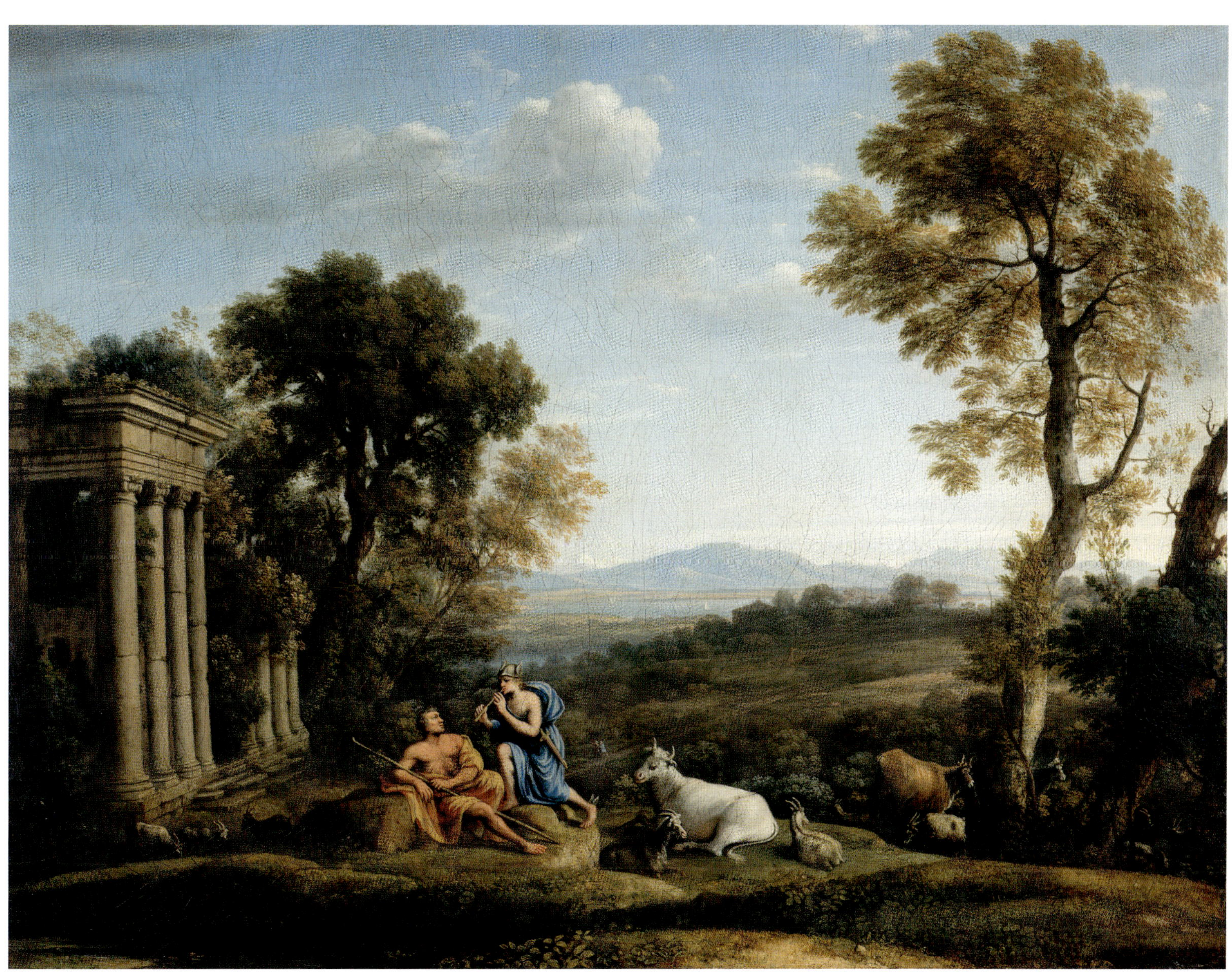

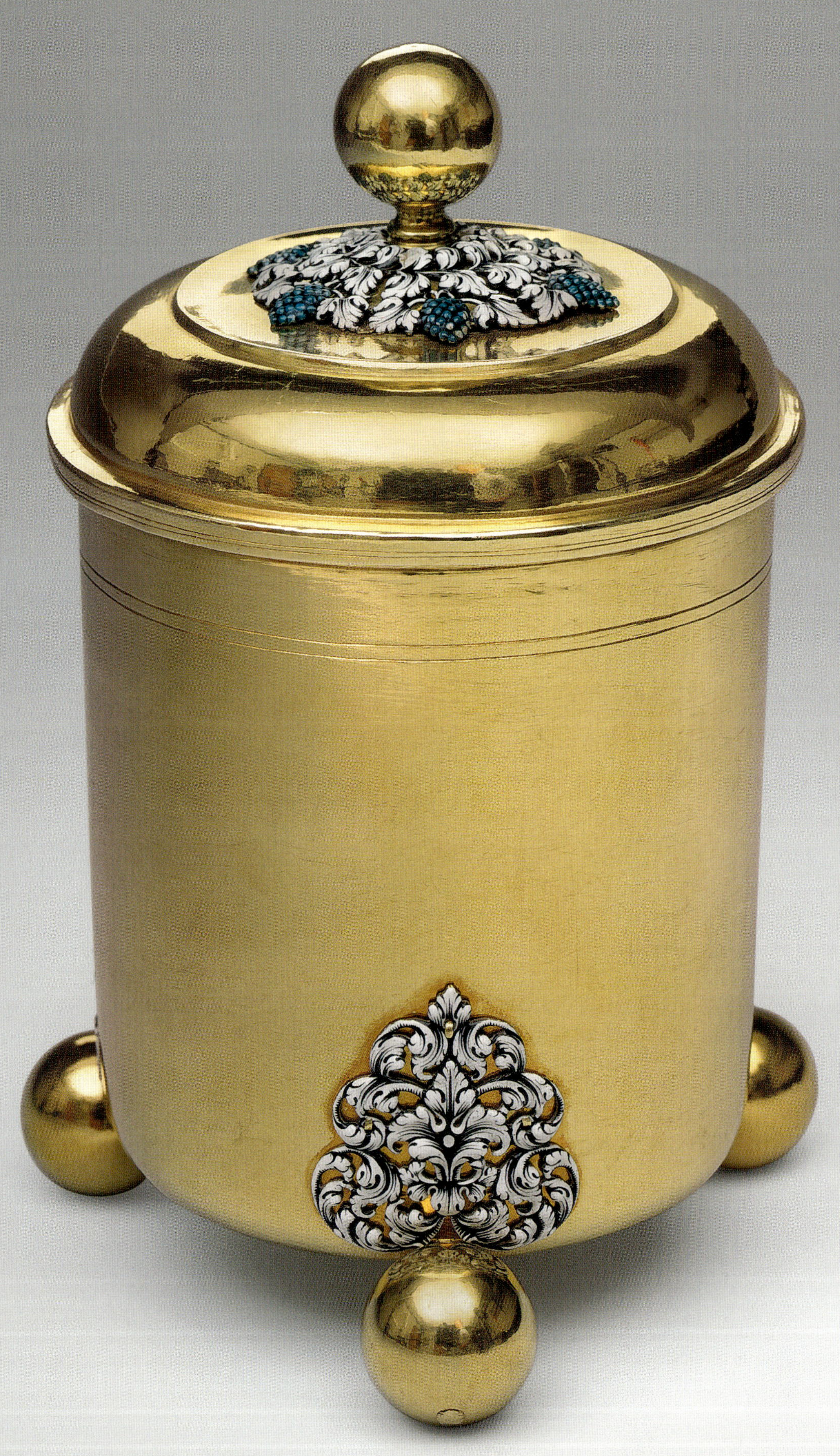

2 ## Deckelbecher auf Kugelfüßen

Peter Boy d. Ä.
Frankfurt am Main, 1694

Gold, getrieben, gegossen
Emailmalerei auf Gold

H. 16,4 cm

Provenienz: 1694 angekauft für den Kurfürsten und Erzbischof von Trier, Johann-Hugo von Orsbeck – Sammlung F. K. A. Huelsmann, Hamburg, bis 1979 – Margarete Mainx, Hamburg, bis 2005

Literatur: Trier 1984, S. 210f., Nr. 1698 – Clasen 1993, S. 37, 113f., Nr. 4, S. 215 – Kuhn 1996, S. 448f., – Aukt.-Kat. Sotheby's, London, 23. November 2004, Nr. 105 – Kuhn 2009, S. 251–268 – Dresden 2011, Kat. Nr. 26 (Thomas Richter)

Der massive Becher ruht auf drei Hohlkugeln, die jeweils über einem stumpfen Dorn mit dem Gefäßkörper verbunden sind. Darüber ist schwarz und weiß emailliertes Blattwerk appliziert. Den Deckelknauf – in Gestalt einer Kugel – umfängt grün emailliertes, mit Trauben durchsetztes Weinlaub. Nur zwei feine Gravurlinien zieren das schlichte, aber elegante Trinkgefäß. Nimmt man den Deckel jedoch ab, so erblickt man auf seiner Innenseite in äußerst delikater Emaillierung ein Wappen mit der Inschrift: »IO(h)AN(nes) · HVGO · D(ei) · G(ratia) · ARC(hiepiscopus) · TREV(irensis) · PR(inceps) · EL(ector) · EP(iscopus) · SP(irensis)«

Diese Inschrift deutet auf den Speyrer Bischof und Kurfürsten Johann Hugo von Orsbeck, Erzbischof von Trier, der den von ihm sehr geschätzten Emailkünstler Peter Boy stets mit Aufträgen versah. Zwischen 1692 und 1694 lieferte dieser acht sich mehr oder minder ähnelnde Becher nach Trier. Die Rechnung darüber wurde über die Hofkämmerei beglichen,[1] da diese auf Vorrat bestellten Gefäße als Ehrengeschenke des Bischofs an ausgewählte Persönlichkeiten gedacht waren. Entsprechend dem Anlaß wurden diese jeweils mit einer gravierten Inschrift oder mit einem Medaillon versehen, bevor sie als Geschenk den Besitzer wechselten.

Peter Boy zählt zu den bedeutendsten Vertretern der Emailmalerei im 17. Jahrhundert. Er kam aus Lübeck und war zunächst in Frankfurt als freier Handwerker tätig, bis er nach dem Tod des Trierer Kurfürsten zum Hofemailleur des Kurfürsten Johann Wilhelm von der Pfalz avancierte.[2] MB

1 Landeshauptarchiv Koblenz, LHA Best I C 5092, Nachweis bei Clasen 1993, S. 189 und 215 – Kuhn 1985, S. 212–229.
2 Dresden 2011, S. 125f.

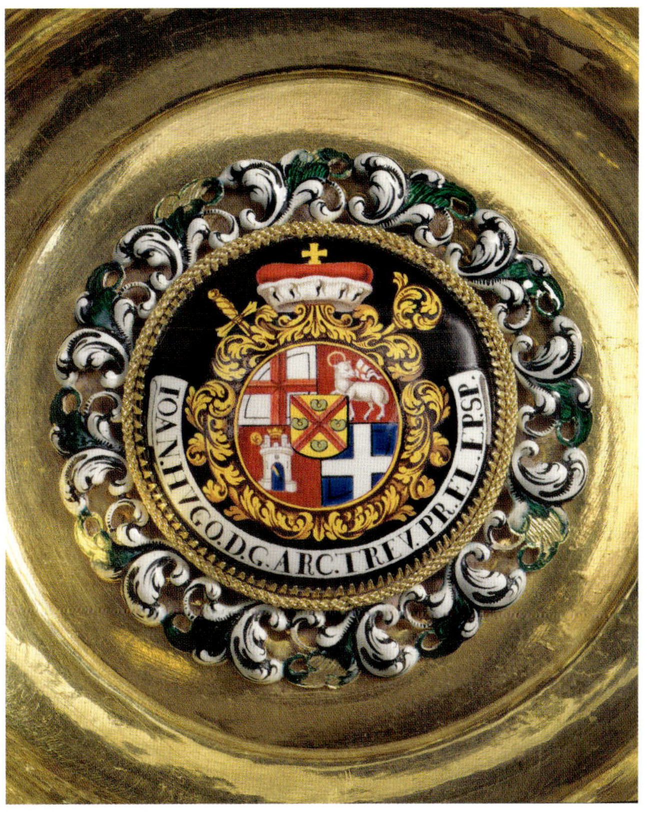

3 ## Ein Paar Pilgerflaschen

Tobias Baur
Augsburg, um 1698–1699

Silber, getrieben, gegossen, geschnitten, vergoldet
Goldrubinglas, durchgefärbt, optisch geblasen
Glas: wohl Süddeutschland, 1690er Jahre

Meistermarke: »TB« im Queroval für Tobias Baur (Seling 2007, III, Nr. 1809 n)
Beschauzeichen: Pyr für Augsburg (Seling 2007, III, Nr. 1150)

H. 38 cm

Provenienz: Bis 1975 offenbar im Besitz des Generalmajors Sir Harold A. Wernher, Luton

Literatur: Aukt.-Kat. Christie's, London, 25. Juni 1975, S. 20, Lot 88 mit Taf. 23 –Bachtler 1986, S. 214f., Nr. 97 – Münster 2003, S. 158, Kat. Nr. 99 (Lorenz Seelig) – Seling 2007, Nr. 1809 e – Kerssenbrock-Krosigk 2001, S. 229, Nr. 308 mit Taf. 9, 11 und 12 sowie S. 47–52 und 110–111 – Corning 2008, S. 270, Nr. 96

In Form und Gestaltung entsprechen diese Gefäße dem Typus der Pilgerflaschen – beutelförmige Behältnisse, ursprünglich wohl aus Leder, die dem Transport von Wasser bei der Pilgerschaft dienten. Aus Glas und mit den aufwendigen Silberapplikationen bilden diese imposanten Flaschen die ursprünglich bescheidene Funktion lediglich ab und repräsentieren vielmehr eindrucksvoll und typisch die Blütezeit von Goldrubinglas um 1700. Die Pracht, die solche leuchtend roten Akzente in einem barocken Silberensemble zu entfalten vermochten, läßt sich heute noch im Grünen Gewölbe in Dresden nachempfinden. Man betrachtete den Goldrubin nicht bloß als eine neue Glasfarbe, sondern ging mit den Erzeugnissen um wie mit seltenen und kostbaren Steinen. Durch die vergoldeten Silberfassungen erlangten diese Gläser besondere Geltung. Die Eigenschaft von Gold, in geringer Konzentration eine große Menge bestimmter Flüssigkeiten oder eben Glas tiefrot zu färben, hatte vor allem für die Alchemisten eine tiefere Bedeutung. Das Gold nahm hier gleichsam einen höheren und vollkommeneren Daseinszustand an. Zudem war Rot die Farbe, die seit den Anfängen der Alchemie dem Stein der Weisen zugeschrieben wurde.

Es ist nicht bekannt, wo diese Flaschen hergestellt wurden. Sie gehören zu einer größeren Gruppe von Goldrubinglas-Arbeiten, von denen viele in Augsburg und Nürnberg mit Silberfassungen versehen wurden. Das Glas mag in Süddeutschland oder in Böhmen hergestellt worden sein, wahrscheinlich in einer einzigen Glashütte, die wohl nur sehr kurze Zeit operierte und deshalb keine schriftlichen Zeugnisse hinterließ. DvK

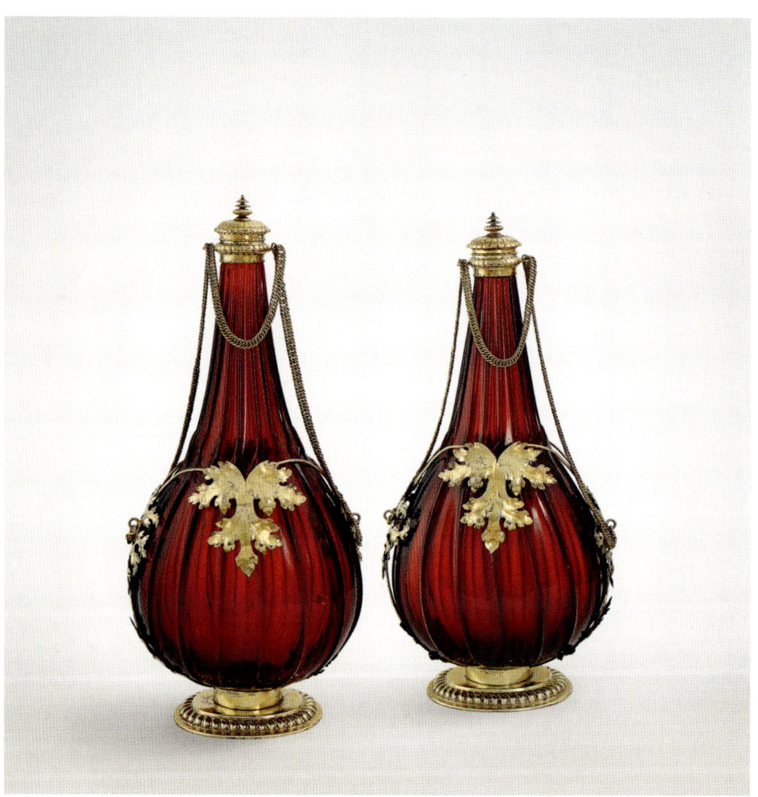

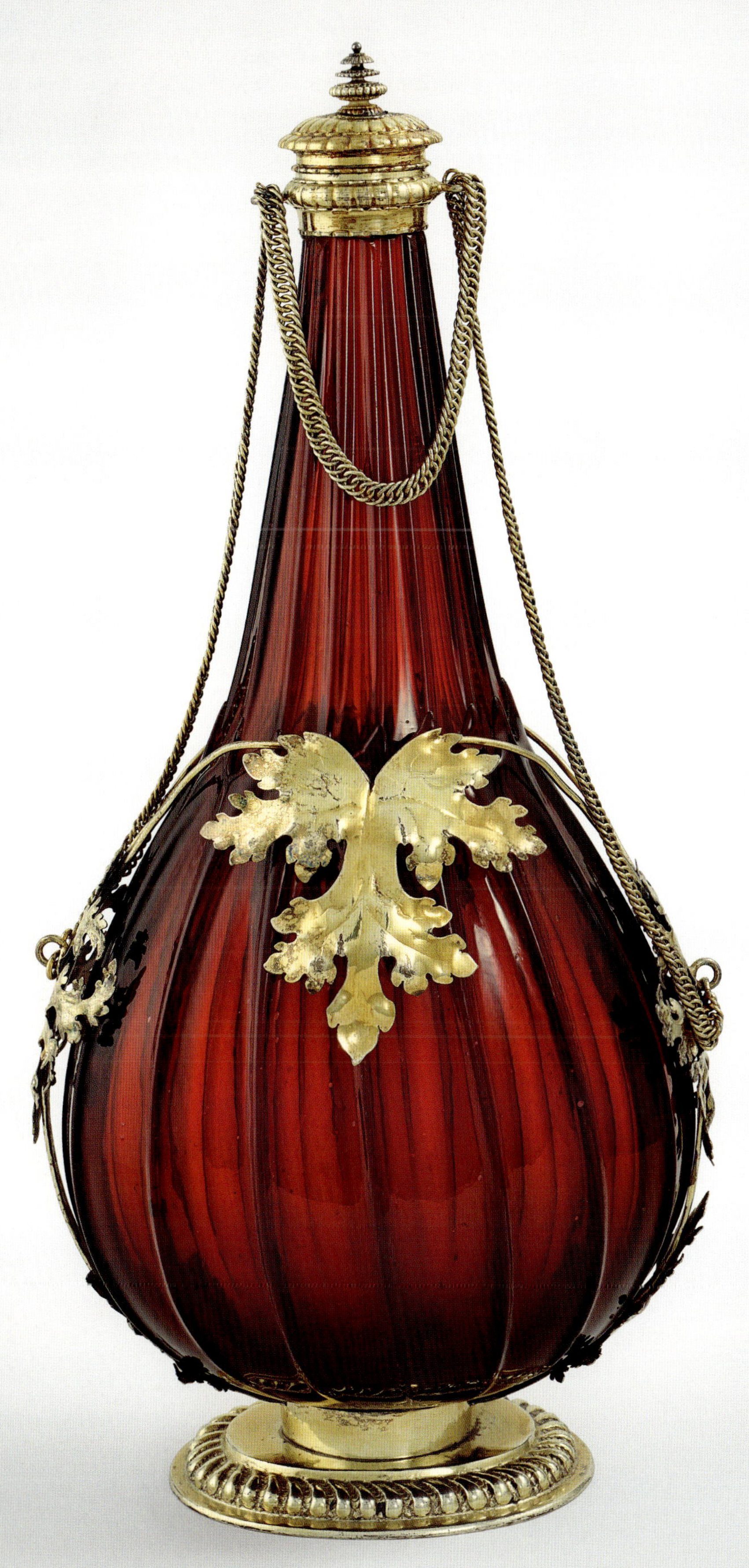

4 **Teekanne**

Tobias Baur
Augsburg, um 1699–1703

Silber, getrieben, gegossen, ziseliert, punziert, vergoldet
Emailmalerei mit Goldauflagen auf Kupfer

Emailleur: unbekannt

Meistermarke: »TB« im Oval für Tobias Baur (Seling 2007, Nr. 1809 c)
Beschaumarke: Pyr für Augsburg (Seling 2007, Nr. 1190)

Österreichische und niederländische Repunzierungen (R3, Nr. 7874, 7875)

H. 12,5 cm

Provenienz: Sammlung Ulrich Graf von Brockdorff-Rantzau, Schleswig – Ernst Graf zu Rantzau, Berlin

Literatur: Aukt.-Kat. Frederik Muller & Cie, Amsterdam, 12./13. Juni 1929, Nr. 146 und Taf. 9 – Weinhold 2000, S. 218 f., Nr. 32 – Dresden 2011, S. 136 f., Kat. Nr. 27 (Ulrike Weinhold)

Das Teekännchen mit dem lang gezogenen, delphinförmigen Ausguß und dem sechseckigen, nach oben hin sich weitenden Korpus gehört zu den frühesten Gefäßen dieser Art in Europa. Es entstand in der Goldschmiedemetropole Augsburg, wo um die Wende vom 17. zum 18. Jahrhundert die Entwicklung einheitlich gestalteter Service für die begehrten Heißgetränke Tee und Kaffee ihren Anfang nahm. Formale Vorbilder fanden die Augsburger Meister in diesem Fall in den kleinen chinesischen Gefäßen aus rotem Steinzeug, die im Verlauf des 17. Jahrhunderts nach Holland importiert und dort häufig nachgeahmt wurden.

Als Referenz auf den europäischen Geschmack der damaligen Zeit versah man das Gefäß mit einem Fuß und betonte die Ränder mit Godronen, zwischen denen auf dem Deckel und der Schulter kleine Muscheln platziert sind. Auch die von spezialisierten Goldschmieden, den sogenannten Feuermalern, ausgeführten Emaildekore erfreuten sich in der Zeit um 1700 großer Beliebtheit. In dieser komplizierten Technik sind die ovalen Medaillons in den trapezförmigen Feldern der Kannenwandung ausgeführt (zur Technik vgl. Kat. 8). Sie zeigen Göttergestalten, die teilweise durch ihre Attribute zu identifizieren sind. Es handelt sich um Flora mit einem Blumenkranz im Haar, Minerva (?) im Harnisch, Mars (?), ebenfalls geharnischt und mit Speer, Venus mit Cupido, eine Gestalt mit flammendem Herzen, wohl als Personifikation der Liebe zu deuten, sowie eine weitere, nicht exakt bestimmbare weibliche Figur in antikischer Gewandung. Deutlich wird hier die in erster Linie dekorative Wirkung der starkfarbigen Medaillons, die sich nicht zu einem klaren Bildprogramm zusammenfügen lassen. Ihre blaue Rahmung ist mit reliefartig aufgelegten Tulpenblüten versehen, die auf reizvolle Weise zu dem vergoldeten Kannenkörper vermitteln. Ähnliche Motive kehren auch auf dem Rand des mit bunten Blüten verzierten Emailmedaillons auf dem Deckel wieder.

Die Verwendung von Silber und Email sowie die aufwendige Verarbeitung der Kanne, die sicherlich Teil eines Prunkservices gewesen ist, sprechen für ihre Funktion als repräsentatives Schauobjekt, das sicherlich nicht für den Gebrauch bestimmt war. Für diese Zwecke standen einfachere Exemplare und vor allem die in großen Mengen aus Ostasien importierten Gefäße aus Porzellan zur Verfügung. UW

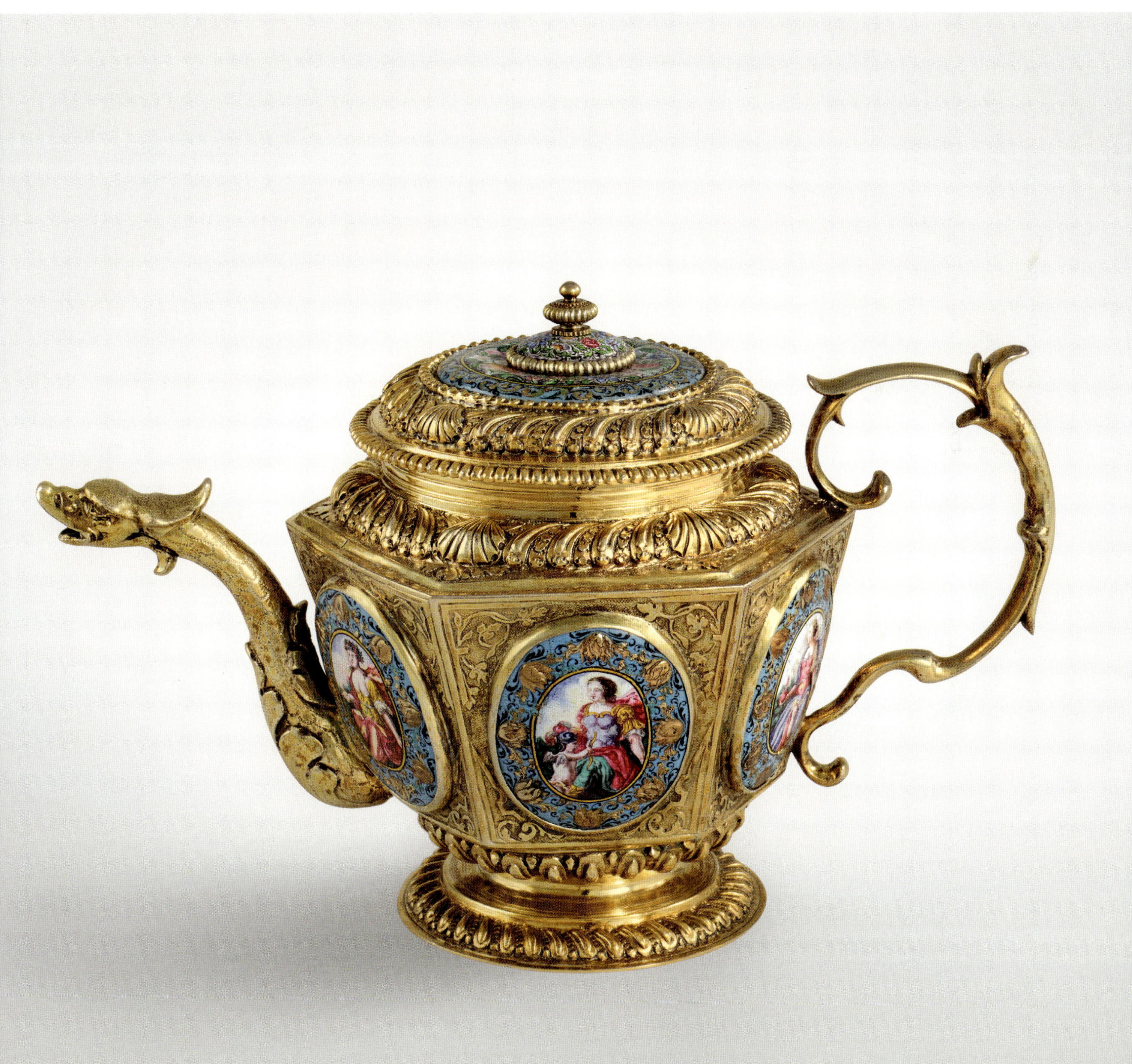

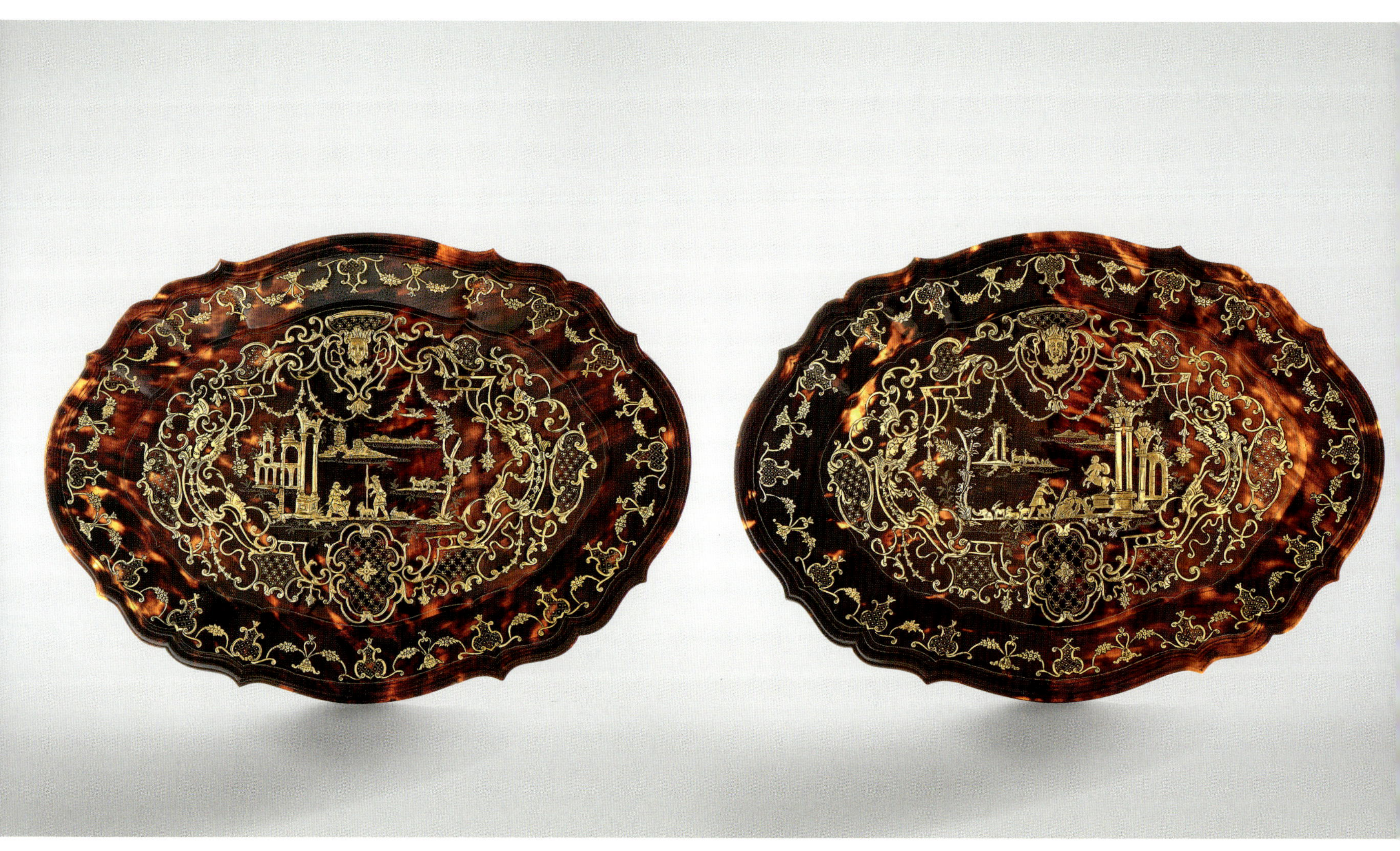

5 Ein Paar Tabletts

Italien oder Frankreich,
2. Viertel 18. Jh.

Schildpatt, Silber, vergoldet, graviert, Goldpiqué

L. 26,5 cm, B. 19,5 cm

Provenienz: Kunsthandel

Literatur: unpubliziert – vgl. Bellaigue 1974, S. 838

Zwei kleinformatige, ovale Tabletts bilden ein aufeinander abgestimmtes Paar. Die Fahne mit ihrer konkav-konvex geschweiften, reich fassonierten Vierpaß-Silhouette erinnert an Silbergerät des 2. Viertels des 18. Jahrhunderts. Die Mitte des Spiegels ziert jeweils eine arkadische Szenerie mit Hirtenidyll und Ruinenlandschaft. Geringfügige Unterschiede in der asymmetrischen Bildstruktur sorgen für Variation und zugleich dafür, daß die beiden Darstellungen auf den Tabletts sich kompositorisch ergänzen, da die Bildszenerien zueinander geöffnet sind und einmal nach links und das andere Mal nach rechts durch architektonische Versatzstücke abgeschlossen werden. Bei letzterer Version gesellt sich zu dem Architekturensemble eine markante Kentaurenskulptur samt Sockel. In beiden Fällen korrespondieren die Ruinenelemente mit einem abgebrochenen Baumstamm am jeweils gegenüberliegenden Bildrand; seitlich austreibende Zweige streben gen Himmel. Scheint der Kentaur zusammen mit der rastenden Schäferin das Publikum für das Schalmeienkonzert eines Ziegenhirten zu bilden, wird der Betrachter im anderen Bild Zeuge eines dramatischen Dialogs zwischen einem Hirten und einer Quellnymphe.

Identisch ist in beiden Fällen der Dekor. In transparenter und lockerer Reihung auf der Fahne, hingegen dicht gedrängt und überreich im Spiegel, verteilen sich Laub- und Bandelwerk und die mit Gitterwerk gefüllten Kartuschen, die flatternden Bänder, die Frucht- und Blütengirlanden, weibliche Masken in Frontalansicht, männliche Blattmasken im Profil, so wie es Jean Bérain d.Ä., tonangebender Dekorationskünstler am Hofe Ludwigs XIV., in seinen Entwürfen für Interieurs vorgegeben und nutzbringend über den Ornamentstich hatte verbreiten lassen. Die Bérain-Groteske greift dabei geschickt auf ein Dekorsystem der Renaissance zurück. Die Groteske, vor allem in der von Claude Audran modifizierten Art, dominierte in Europa noch die ganze erste Hälfte des 18. Jahrhunderts. Stets bildet ein räumlich absurdes, kompliziert ineinandergreifendes und figürlich belebtes Formengespinst den symmetrischen Rahmen für eine allegorische oder pittoreske Szene in der Flächenmitte.[1]

Was bei diesem Tablettpaar vor allem aber ins Auge sticht, ist das exotische Material, aus dem es gearbeitet wurde, das Schildpatt. Mit seiner flammenden Maserung, in der Gold und Rot aufleuchten, wetteifert es mit dem aufgebrachten Dekor. Traditionelles Herstellungszentrum für Luxuswaren aus dem Panzer der auch im Mittelmeer vorkommenden Echten Karettschildkröte war Süditalien.[2] Seit dem 15. Jahrhundert blühte in Neapel eine Handwerkskunst wieder auf, die bereits für die römische Kaiserzeit bezeugt ist. Um 1650 wurde die Piqué-Technik entwickelt, nach der Silber- und auch Goldstifte in das formtechnisch vorbereitete Schildpatt genagelt und ausgesägte, vergoldete Silberbleche eingelegt wurden. Solche Intarsien waren schließlich Vorbild für die Marketerien, wie sie durch André-Charles Boulle im Möbelbau zum Begriff wurden.[3]

Ein Plattenpaar in diesem Format gehörte ursprünglich wohl zu einem vielteiligen Toiletteservice, wie es nur an Fürstenhöfen anzutreffen war.[4] Zu unterscheiden sind dabei die eher schlicht gehaltenen, beim täglichen *lever* im Schlafgemach tatsächlich verwendeten Utensilien von den ebendort, aber stets im Lederkoffer präsentierten Exklusivanfertigungen, die als Prunkservice ausschließlich vor dem Hintergrund höfischer Präsentation zu sehen sind und demzufolge auch niemals Gebrauchsspuren aufweisen.[5] Speziell von Schildpattgarnituren ist überliefert, daß man sie als besondere Rarität auch im Kunst- und Naturalienkabinett zu zeigen pflegte.[6] HW

1 Irmscher 1984, S. 230ff.
2 Renner 1991, S. 54f.
3 Syndram 1991, S. 56ff.
4 Heitmann 1979, S. 45.
5 München 1994, S. 448.
6 Schütte 1997, S. 46f. Dort findet sich auch der Hinweis auf verwandte Beispiele in den Sammlungen zu Braunschweig (Herzog Anton Ulrich Museum), München (Bayerisches Nationalmuseum) und Amsterdam (Rijksmuseum).

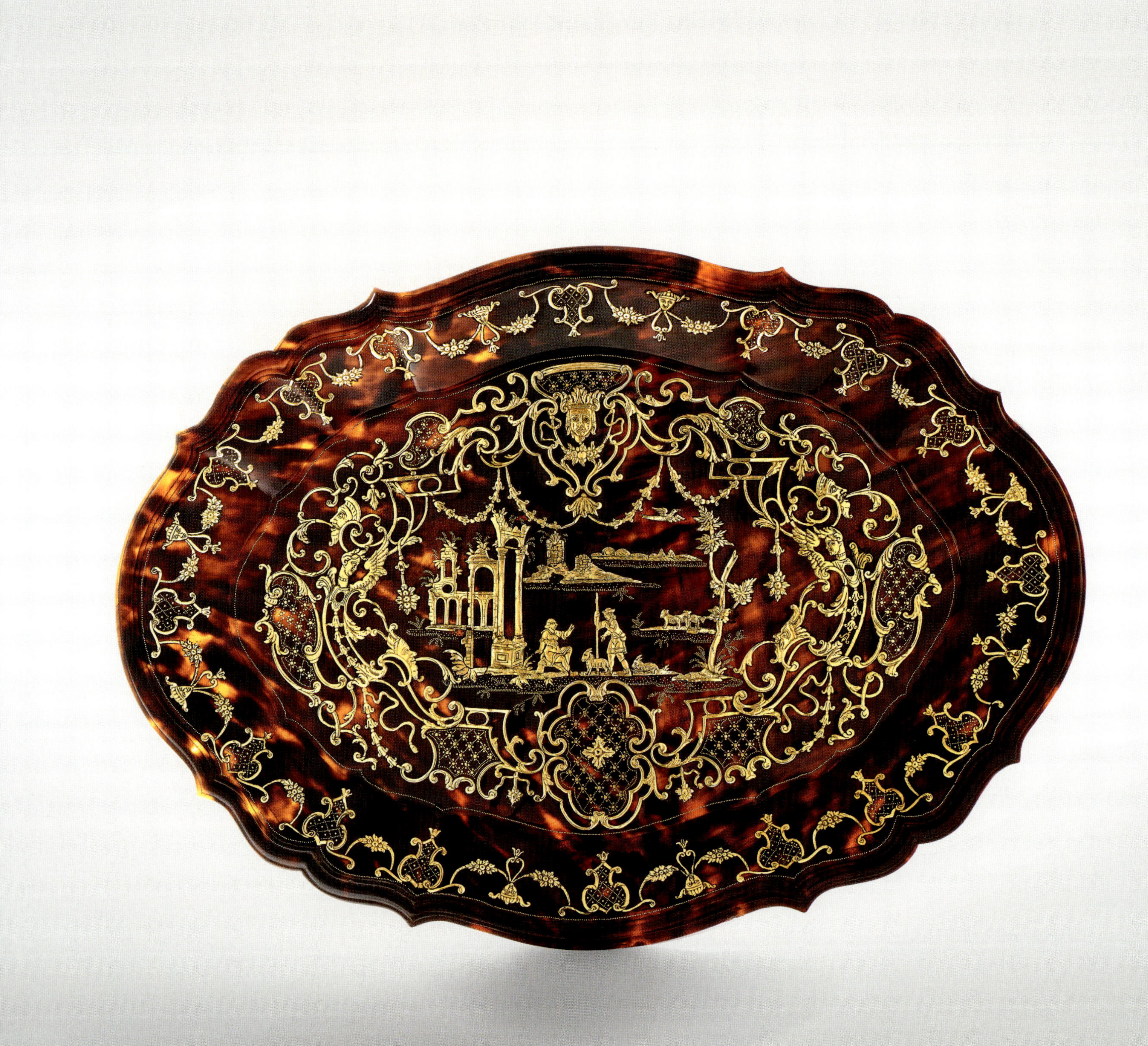

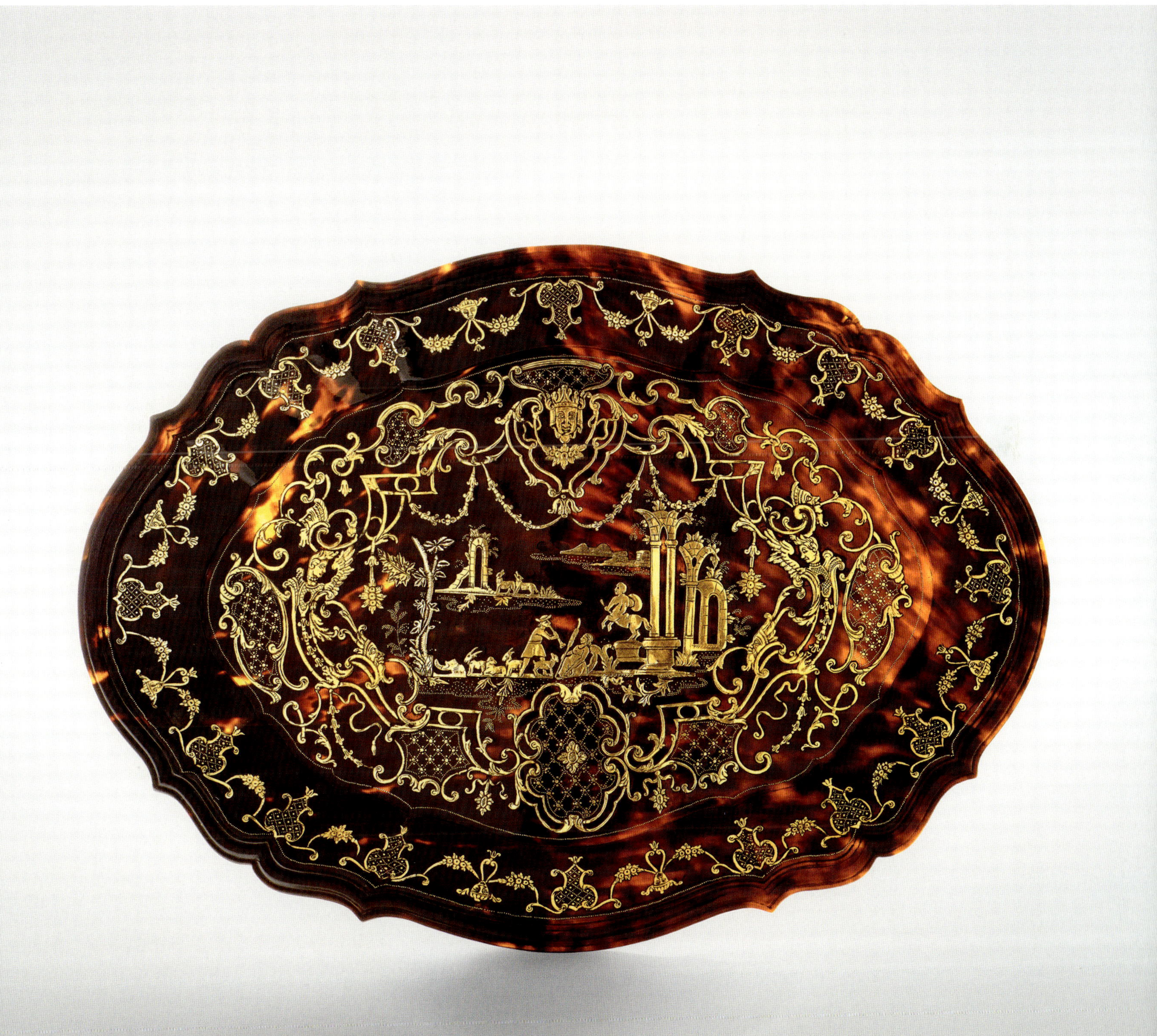

6 Koppchen

Augsburg, um 1700

Silber, getrieben, ziseliert, vergoldet
Emailmalerei auf Kupfer

ohne Marken

H. 4,2 cm

Provenienz: Kunsthandel

Literatur: unpubliziert

Das relativ steilwandige Trinkgefäß stammt wohl ebenso wie die drei anderen hier gezeigten Koppchen (Kat. 7 und 8) aus einem größeren Servicezusammenhang. Die emaillierte Wandung umzieht eine Landschaftsszenerie mit einem Paar unter einem Baum, das von zwei Amoretten beobachtet wird. Da jegliche Attribute der beiden nur leicht bekleideten weiblichen Gestalten fehlen, kann nur vermutet werden, auf welche Begebenheit hier angespielt werden soll. Einiges spricht dafür, daß es sich um Jupiter handelt, der sich in Gestalt der Jagdgöttin Diana der Kallisto nähert – eine Begebenheit aus den *Metamorphosen* des römischen Dichters Ovid. Als Nymphe Dianas war Kallisto zur Keuschheit verpflichtet, so daß der Göttervater, der in Liebe zu ihr entbrannt war, sich dieses nur schwer zu durchschauenden Verwandlungstricks bediente. Auch wenn die Jagdgöttin hier nicht wie zumeist üblich mit Pfeil und Bogen gezeigt wird und auch nicht das Diadem der Mondsichel auf der Stirn trägt, erscheint diese Deutung als die plausibelste. Möglicherweise befanden sich auf anderen Gefäßen des Services weitere Darstellungen nach Ovids mehrbändigem Werk, das im ersten Jahrzehnt nach Christi Geburt veröffentlicht wurde und diese sowie viele andere Verwandlungsgeschichten aus der antiken Mythologie enthielt. Bis in die Barockzeit hinein erfreuten sich jene Gedichte größter Beliebtheit, wie unzählige Werke der bildenden Kunst vor Augen führen. UW

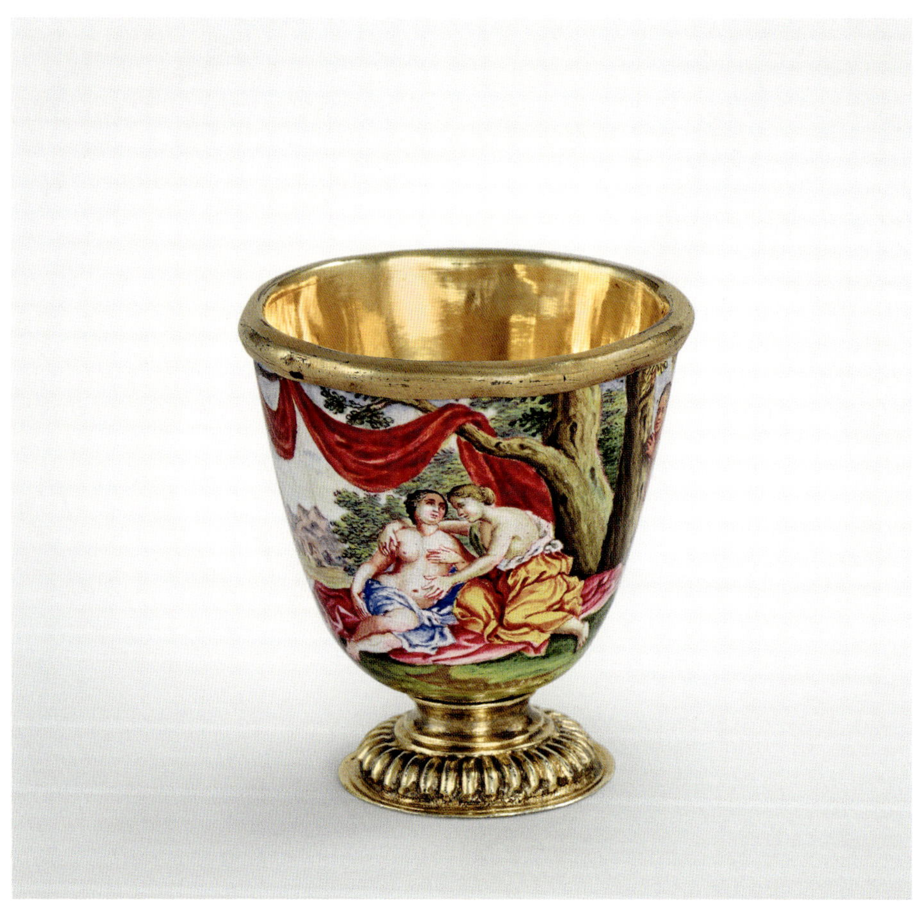

7 Koppchen

Augsburg, um 1710–1720

Silber, getrieben, ziseliert, vergoldet
Emailmalerei auf Kupfer

Emailleur: wohl Johann Jakob I Priester

H. 7 cm

Provenienz: Kunsthandel

Literatur: Weinhold 2000, S. 239, Nr. 71

Wie die anderen hier gezeigten Exemplare (vgl. Kat. 6 und 8) gehörte wohl auch dieses Koppchen einst zu einem Service. Das doppelwandige Gefäß ist aus einzelnen Elementen zusammengefügt. Über die eigentliche silbervergoldete Schale stülpte man den in der Form genau angepassten emaillierten Kupfermantel und verband beide Teile mittels einer Schraube an der unteren Schalenwandung mit dem Fuß.

Die schlichte Fassung, die lediglich am Fuß mit einem umlaufenden Lanzettblattornament verziert ist, tritt deutlich hinter dem farbenfrohen Dekor der Wandung zurück. In feinster Emailmalerei ausgeführt sind dort zwei höfisch gekleidete Liebespaare in einer bewaldeten Landschaft dargestellt. Eines hat sich auf dem Boden vor einem Baum niedergelassen, wobei die Dame den Herrn an einer Blume riechen läßt, während das andere Paar weitere Blumen gepflückt hat, die es auf dem Schoß und zu Kränzen geflochten auf dem Kopf trägt. Ein Tempietto und die streng axial angelegte Gartenanlage mit Brunnen im Hintergrund verweisen darauf, daß sich die beiden Szenen nicht in freier Natur, sondern in einem barocken Garten abspielen. Die überaus sorgfältige Wiedergabe der Kostüme und Accessoires sowie die lebhafte Darstellung der vom Wind gebauschten Umhänge zeigen Parallelen zu Werken des Augsburger Feuermalers Johann Jakob I Priester, dessen Œuvre durch signierte Arbeiten außergewöhnlich gut faßbar ist und einen Schwerpunkt auf derartigen Themen aufweist. Auch wenn sich in diesem Fall keine direkte graphische Vorlage ausmachen läßt, ist doch der Einfluß des französischen Künstlers Bernard Picard spürbar, dessen galante Szenen die verfeinerte höfische Lebensart und die gleichzeitige Sehnsucht nach der Natur vor Augen führen. Seine zwischen 1704 und 1708 entstandenen vierteiligen Stichfolgen, auf die Priester in einigen Werken unmittelbar Bezug nimmt, sind zugleich als Sinnesallegorien angelegt.[1] Als Teil eines Services repräsentierte das Koppchen daher wahrscheinlich den Geruchssinn.
UW

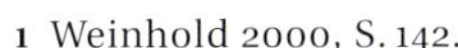

1 Weinhold 2000, S. 142.

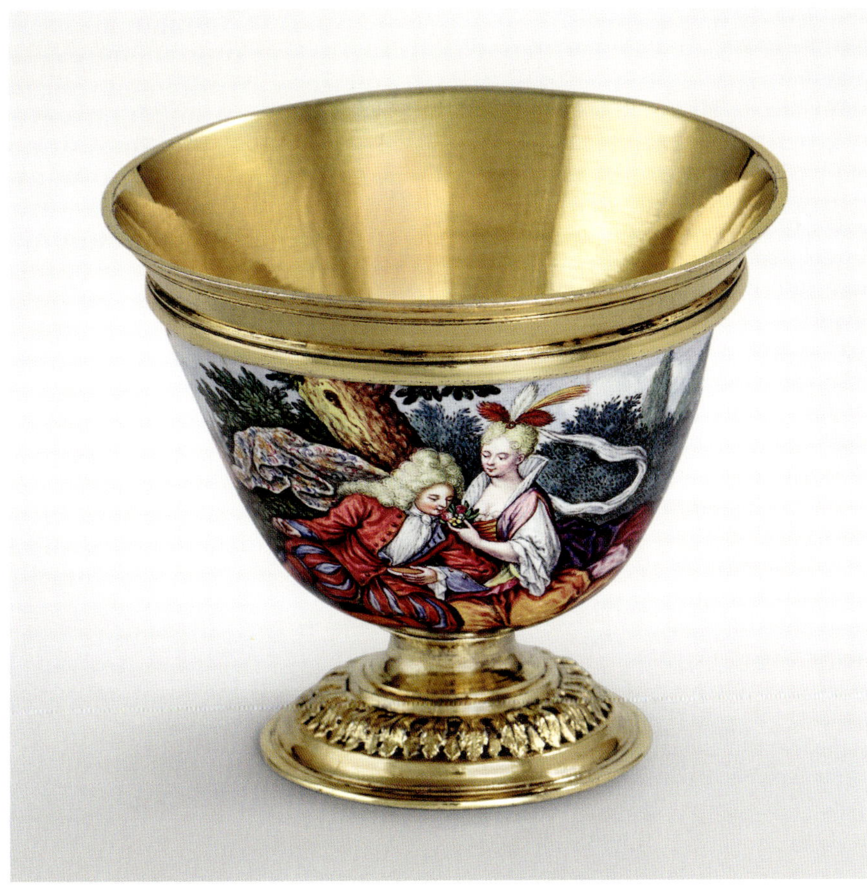

8 Ein Paar Koppchen

Matthäus II Baur
Augsburg, um 1717–1721

Silber, getrieben, vergoldet
Emailmalerei auf Kupfer

Emailleur: wohl Werkstatt
Johann Aufenwerth

Meisterzeichen: »MB« im Oval
für Matthäus II Baur (Seling 2007, Nr. 1776)
Beschauzeichen: Pyr für Augsburg (Seling 2007, Nr. 1510 oder 1520)

H. 6,5 cm, D. 7,1 cm

Provenienz: Kunsthandel

Literatur: Aukt.-Kat. Christie's, Genf, 9. Mai 1989, Nr. 152 – Weinhold 2000, S. 239 f., Nr. 72 – Dresden 2011, S. 140 f., Kat. Nr. 29 (Ulrike Weinhold)

Die Form der henkellosen Trinkschalen geht auf die in China gebräuchlichen Teetassen aus Porzellan zurück. Da diese seit etwa 1640 in großen Mengen von der niederländisch-ostindischen Kompanie nach Europa importiert wurden, hatte sich für diesen Typus der holländische Begriff »Koppchen« eingebürgert. Derartige Trinkgefäße waren Teil kostbarer Service mit Emaildekor, für welche die Augsburger Goldschmiede damals eine gewisse Monopolstellung hatten. Die vor allem bei fürstlichen Sammlern begehrten Ensembles entstanden in Zusammenarbeit von Silberschmieden und sogenannten Feuermalern, die die Emailmalereien ausführten. Als Trägermaterial verwendeten jene Kupferplatten, die zunächst mit einer weißen Emailschicht versehen wurden. Auf diesen neutralen Malgrund konnten nun mit dem Pinsel die zu malfähigen Farben angerührten Metalloxidpigmente aufgetragen werden, wobei die unterschiedliche Hitzebeständigkeit der Farben mehrere Brände benötigte. Besonders schwierig gestaltete sich die richtige Einschätzung der erforderlichen Temperatur und Brenndauer, die für das Gelingen unabdingbar waren.

Viele der silbervergoldeten Montierungen gingen aus den äußerst produktiven Werkstätten der Brüder Tobias und Matthäus II Baur hervor. Die von ihnen entwickelten exklusiven Service gehören zu den ersten ihrer Art und zeichnen sich durch die Verwendung kostbarer Materialien aus. Neben den Koppchen umfassen sie Kannen (vgl. Kat. 4), Unterschalen sowie zuweilen auch Dosen für Zucker, Tee oder Kaffee.

Die große Fläche der Koppchenwandung bot vielfigurigen Darstellungen Platz, unter denen allegorische Motive und galante Szenen breiten Raum einnehmen. Erst wenn man die beiden kleinen Gefäße in der Hand dreht, sind diese in ihrem Zusammenhang erfassbar. So kann man im Falle der beiden Koppchen dem ausgelassenen Treiben einer Schar Putten folgen, wie sie in einer italianisierenden Landschaft herumtollen, spielen, tanzen und musizieren. Thema und Malstil deuten darauf hin, daß die Emailmalereien in der Werkstatt Johann Aufenwerths entstanden, von dem sich im Bayerischen Nationalmuseum München ein komplettes Kaffeeservice mit ähnlichen Amorettenszenen erhalten hat (Inv. Nr. 62/43-47). UW

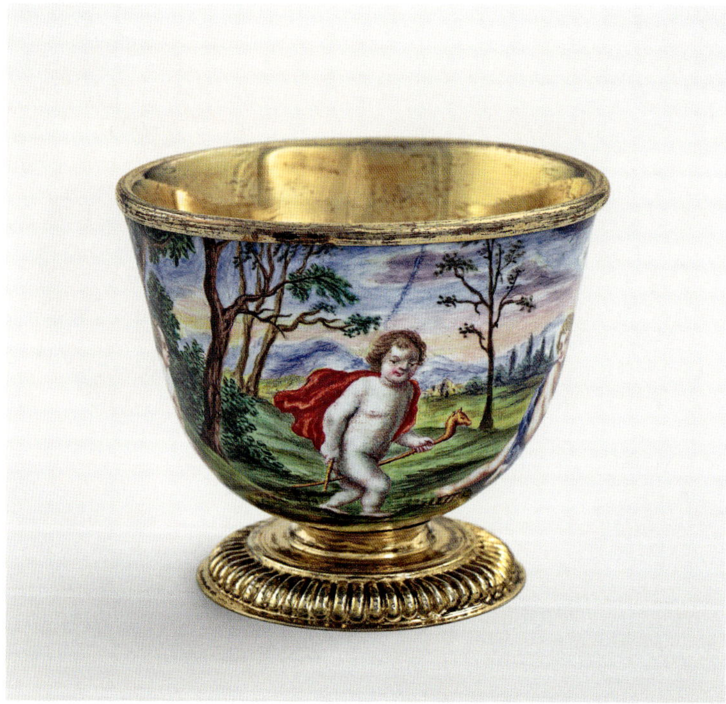

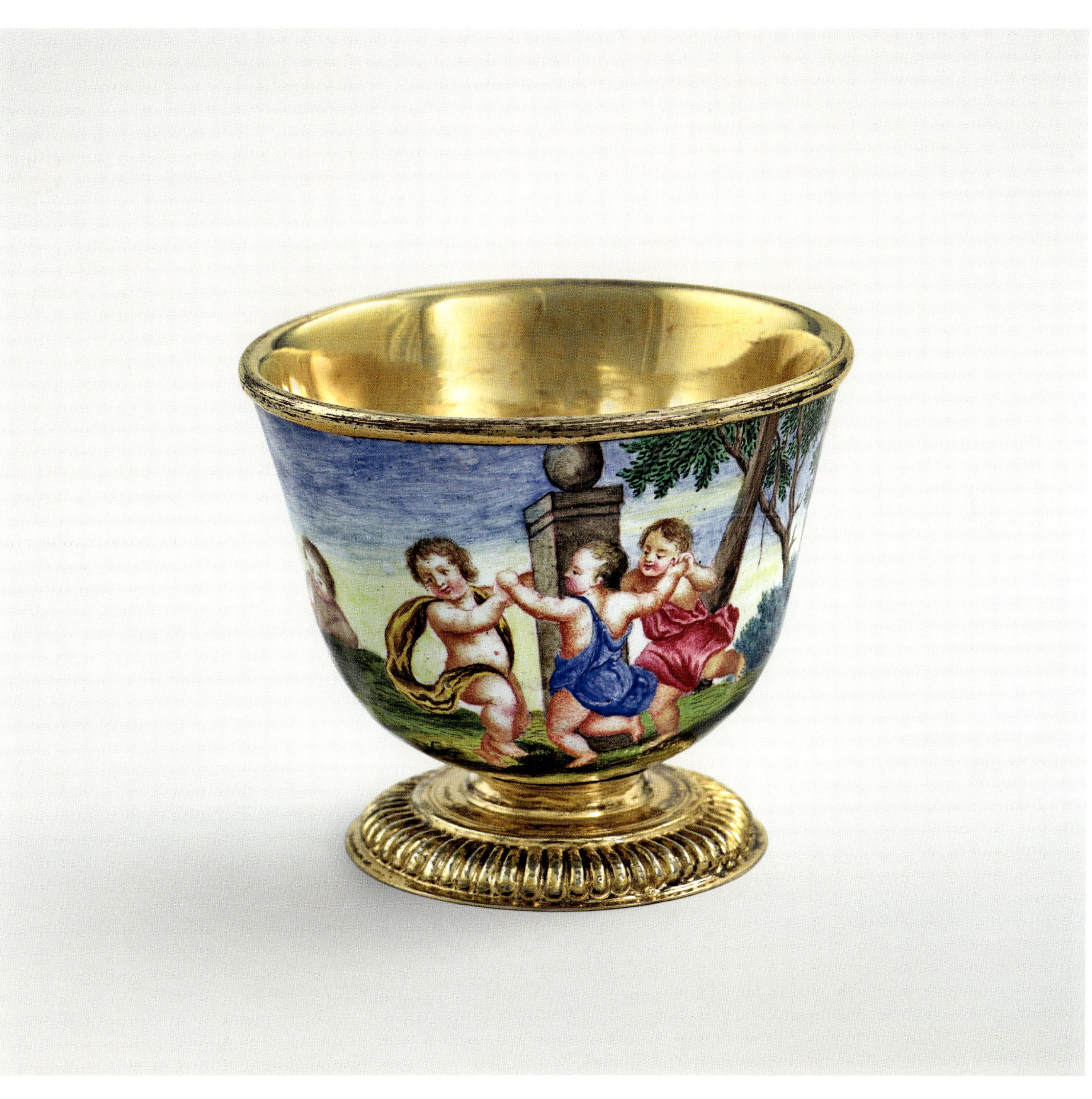

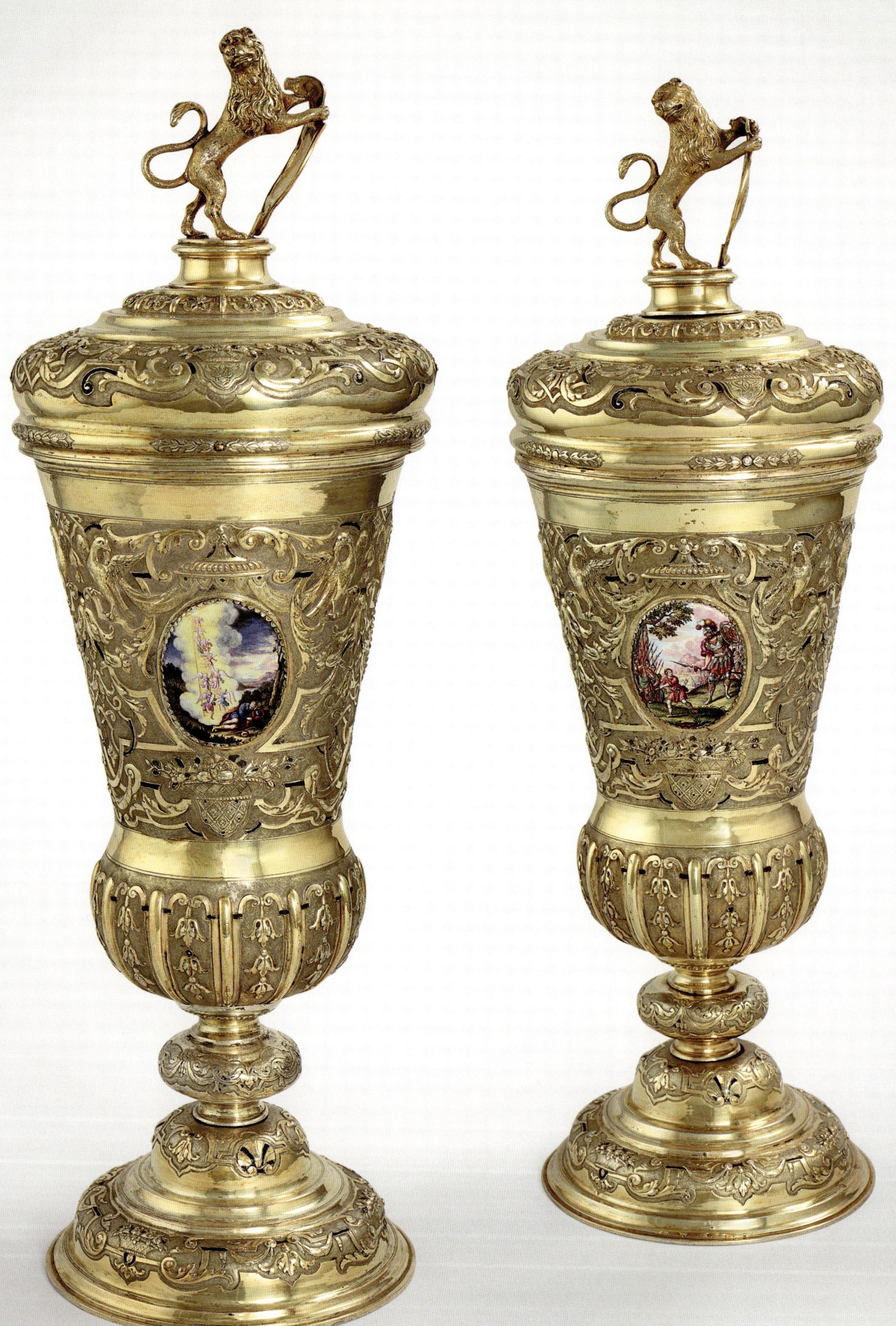

9 Ein Paar Deckelpokale

Philipp Stenglin
Augsburg, 1713–1717

Silber, getrieben, gegossen, ziseliert, punziert, graviert, vergoldet Emailmalerei auf Kupfer, Reste von Kaltbemalung

Meistermarke: »P · S« im eingezogenen Schild für Philipp Stenglin (Seling 2007, Nr. 1880)
Beschauzeichen: Pyr für Augsburg (Seling 2007, Nr. 1440)

H. 46,5 cm

Provenienz: Sammlung Alfred Rothschild, London – Sammlung Drey, München – Sammlung A. Rütschi, Zürich, bis 1954

Literatur: Aukt.-Kat. Jörg Stuker, Bern, 26./27. November 1954, Nr. 237 und 238, Taf. 8 – Bachtler 1986, S. 116 f., Nr. 49 – Weinhold 2000, S. 275 f., Nr. 153 und S. 151, Abb. 119 – Münster 2003, S. 138 f., Kat. Nr. 82 (Lorenz Seelig) – Dresden 2011, S. 142 f., Kat. Nr. 30 (Wolfram Koeppe)

Die beiden höchst eindrucksvollen Silberpokale erfüllten sicherlich rein repräsentative Funktionen. Darauf deuten nicht nur ihre Ausmaße, reiche Ausstattung und hohe Qualität der Verarbeitung hin, sondern auch die beiden Wappenhalter in Gestalt von steigenden Löwen. Als Pendants ließen sie sich etwa auf einem Buffet wirkungsvoll einander gegenüberstellen. Die Verwendung von Emailmedaillons mit biblischer Thematik als Dekor derartiger profaner Prachtgefäße erscheint allerdings ungewöhnlich. Wolfram Koeppe vermutete daher zu Recht, daß sich einst ein prunkliebender Kirchenfürst daran erfreute. Möglicherweise geht ihre Anbringung an der Gefäßwandung auf den speziellen Wunsch eines theologisch bewanderten Auftraggebers zurück. Dieser ist leider bis heute unbekannt, zeigen doch die Schilde der Löwen das erst im 19. Jahrhundert eingefügte Wappen der Freiherren von Rothschild, die als leidenschaftliche Sammler solch erlesener Werke der Goldschmiedekunst bekannt sind.

Die sechs Emailmedaillons zeigen Szenen aus dem Alten Testament: Auf dem einen Pokal finden sich die Opferung Isaaks, Jakobs Traum von der Himmelsleiter und Joseph von Ägypten, der seine Brüder empfängt; auf dem anderen Pokal die Aufrichtung der ehernen Schlange, David und Goliath sowie die Entrückung des Propheten Elias. Philipp Stenglin bezog die emaillierten Kupferplaketten von einem bislang unbekannten Feuermaler, der sich von graphischen Vorlagen anregen ließ. So geht etwa die Szene mit der Opferung Isaaks auf einen Kupferstich Matthäus Merians aus dessen 1625 in Straßburg erschienenen Bilderbibel zurück.

Während die figürlichen Darstellungen der Emails den fast 100 Jahre alten, aber nach wie vor beliebten Kompositionen Merians folgen, ist der ornamentale Schmuck der beiden Pokale ganz dem damals aktuellen Ornamentschatz verpflichtet. Seine herausragende Qualität steht den Emailmedaillons in nichts nach. Der sich effektvoll vom matt punzierten Grund abhebende Bandelwerkdekor, der die Gefäße im Wechsel mit waagrechten, glatt belassenen Partien bedeckt, besticht durch einen überaus reichen Motivschatz. Er bietet ein breites Repertoire der in jener Zeit hochmodernen Formensprache auf: In das Geflecht der Bänder eingespannt finden sich Blattranken, Blumenkörbe, Girlanden und Blütengehänge sowie Baldachine als Bekrönung der von Vögeln flankierten Medaillons. Man muß sich die ursprüngliche Dekoration der Pokale zudem mit einer kräftigen Kaltbemalung vorstellen, die heute nur noch in Resten vorhanden ist, den ursprünglichen Gesamteindruck jedoch entschieden geprägt haben muß. Eine derartige farbige Akzentuierung einzelner Teile von Goldschmiedearbeiten war in jener Zeit vor allem in fürstlichen Sammlungen höchst beliebt, hat sich aber wegen der schlechten Haltbarkeit der Farben zumeist kaum erhalten. UW

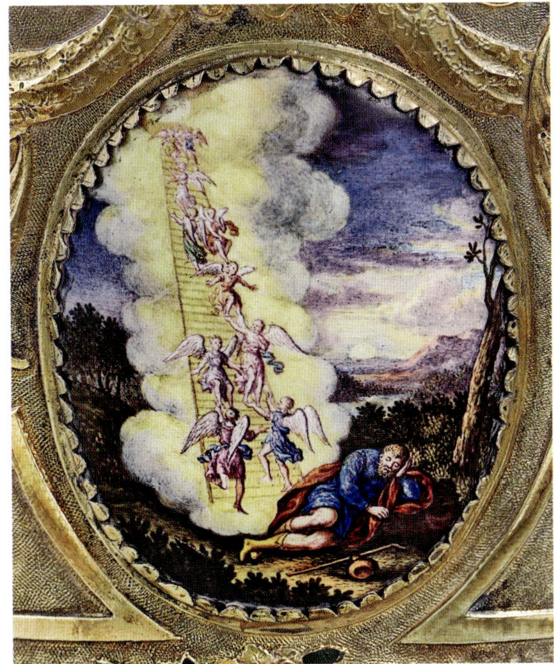

10 Deckeldose aus einer Toilettegarnitur

Johann Erhard II Heuglin
Augsburg, um 1721–1725

Silber, getrieben, gegossen, punziert, graviert, vergoldet
Emailmalerei mit Goldauflagen auf Kupfer

Emailleur: wohl Monogrammist »IGV«

Meistermarke: »IEH« im Herz für Johann Erhard II Heuglin (Seling 2007, Nr. 2096 aa)
Beschaumarke: Pyr für Augsburg (Seling 2007, Nr. 1580)

H. 4,5 cm, L. 9,5 cm, B. 7,2 cm

Provenienz: ehemals Sammlung Dr. Roman Abt, Luzern

Literatur: Aukt.-Kat. Fischer, Luzern, 18./19. August 1939, Nr. 322 – Aukt.-Kat. Weinmüller 160. Auktion, April 1975, Nr. 445, Taf. 25 – Bachtler 1986, S. 220f., Nr. 100 – Weinhold 2000, S. 210, Nr. 23 – Münster 2003, S. 150f., Kat. Nr. 93 (Lorenz Seelig)

Der Augsburger Silberarbeiter Johann Erhard II Heuglin erlangte vor allem durch die Anfertigung vielteiliger Toiletteservice Berühmtheit. Sie haben sich meist als komplette Ensembles, aber auch als zahlreiche Einzelobjekte – wie diese Dose – erhalten. Heuglin gehörte zu den bekanntesten Vertretern des von Frankreich aus sich verbreitenden Régence-Stils, der ganz dem verfeinerten Geschmack dieser Zeit entsprach. Die meisten seiner Werke zeichnen sich durch die matt punzierten Reserven mit fein ziseliertem Bandelwerk aus, wobei deren Kontrast zu den glatt polierten Flächen den besonderen Reiz ausmacht. Die perfekte Ausgewogenheit zwischen rhythmischen Formen und einem klaren Strukturen unterworfenen Ornament erfreute sich bei fürstlichen Sammlern zu Beginn des 18. Jahrhunderts großer Beliebtheit.

Typisch für die Arbeiten Heuglins sind zudem applizierte Reliefplaketten, die im Falle der vorliegenden Dose in die senkrechten Wandungen eingesetzt sind. Sie zeigen auf den Längsseiten einen Putto mit einer Fackel und einen auf einem Delphin (als Sinnbilder des Feuers und des Wassers) sowie auf den Schmalseiten die Büste eines römischen Imperators und das behelmte Haupt eines antiken Kriegers.

Die in den Deckel eingesetzte gewölbte Kupferplakette ist in der Technik des »Email de Saxe« gearbeitet, bei der in einem raffinierten Verfahren Goldreliefs auf den weißen Emailgrund aufgeschmolzen wurden. Diese Kupferemails entstanden in spezialisierten Werkstätten in Berlin oder wurden illegal von Meissener Meistern wie etwa Christian Friedrich Herold angefertigt. Auch der Monogrammist »IGV« scheint in dieser Technik gearbeitet zu haben, ist allerdings bislang noch nicht namentlich zu benennen. Für den Vertrieb an die Augsburger Goldschmiede spielte die Berliner Werkstatt des Galanteriewarenhändlers, Stahlschneiders und Büchsenmachers Pierre Fromery eine große Rolle. Die Motive der Goldreliefs gehen auf Medaillen von Raimund Faltz zurück, einen berühmter Medailleur, der dem 1701 zum König in Preußen aufgestiegenen brandenburgischen Kurfürsten Friedrich III. mit seiner »histoire métallique« ein Denkmal gesetzt hatte. Die liegende Gestalt mit Steuerruder (Vater Rhein) rechts und die kniende weibliche Stadtgöttin links stammen gleichwohl aus unterschiedlichen Medaillenbildern und wurden auf der Dose in rein dekorativer Weise angeordnet und mit einem Blumenkorb sowie Pflanzen und Tierfiguren ergänzt. In Emailmalerei ausgeführte Motive wie Inseln für die Figuren sowie Architekturelemente, Blumenranken und Pflanzen fügen sich mit den Goldauflagen zu einem phantasievollen Dekor.

Die exquisiten Gegenstände mit Email de Saxe stehen am Ende der Blütezeit Augsburger Emailmalerei, die noch ganz dem kräftigen Kolorit des Barocks verpflichtet war (vgl. Kat. 4 und 6–8). Der ästhetische Reiz des zu dieser Zeit bereits hochbeliebten Porzellans prägte immer mehr den Geschmack des aristokratischen Kundenkreises, der insbesondere im Bereich der Luxusgüter auf eine modische Erscheinungsform Wert legte, so daß die weißgrundigen und damit moderneren Emailarbeiten bevorzugt wurden. UW

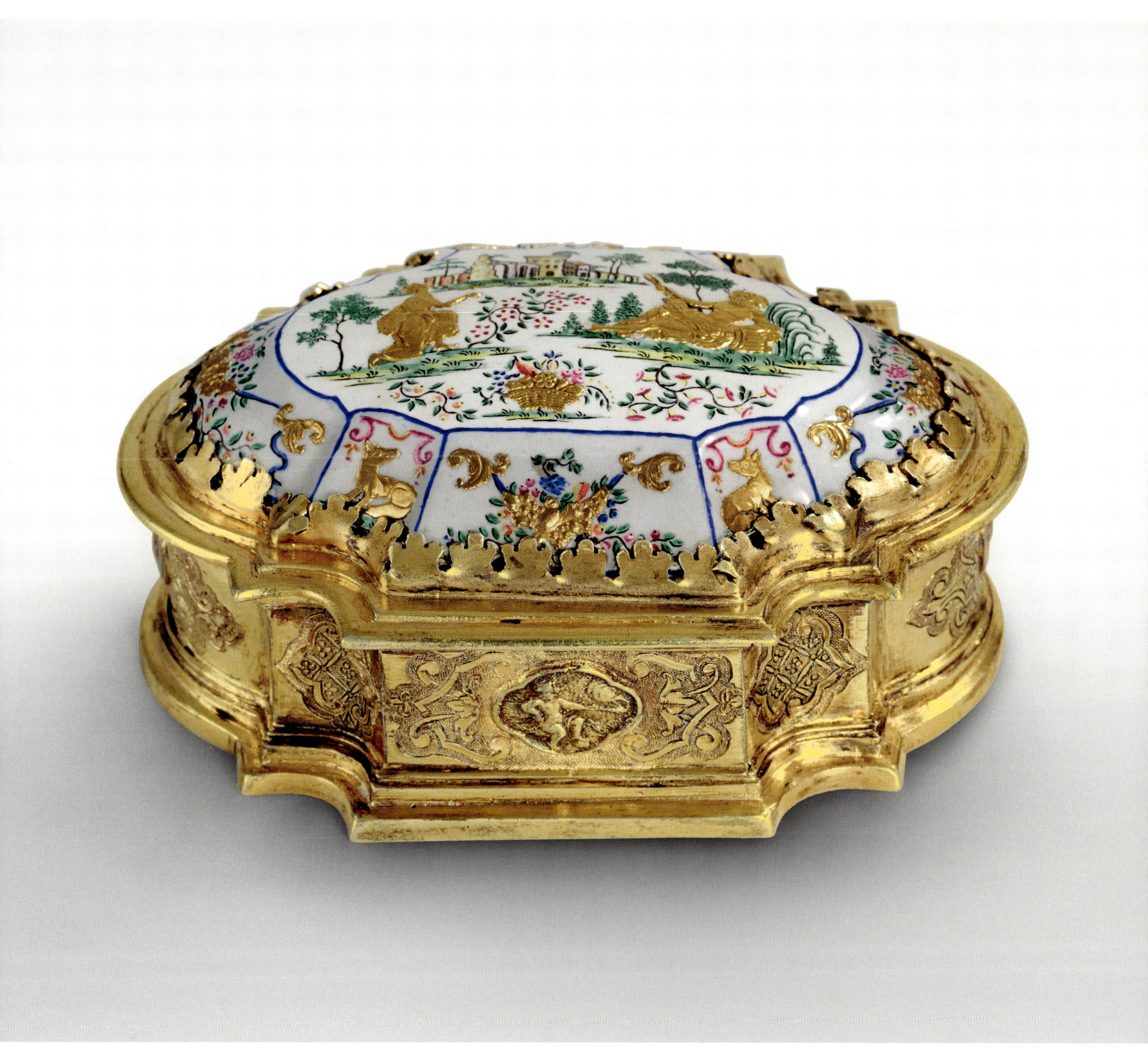

11 nach Jean-Baptiste Pater

Le désir de plaire

Öl auf Leinwand

42,5 × 35 cm

Provenienz: Earl of Lonsdale, London, 1887 – Mrs. Stephenson Clarke, London, 1913 – Versteigerung Christie's, London, 28. November 1975, lot 40

Literatur: Ingersoll-Smouse 1928, S. 79, Nr. 523 (als Pater) – Münster 2003, S. 104f., Kat. Nr. 58 (Helge Siefert) – Vogtherr 2011, S. 414–420 (zu der Gruppe der hochformatigen Versionen)

Als einziger direkter Schüler Antoine Watteaus entwickelte Jean-Baptiste Pater dessen *Fête galante* – vor allem motivisch – weiter. Mit großer malerischer Begabung entwickelte er einen qualitätvollen Kolorismus. Herausragend sind zudem seine Illustrationen und Genreszenen wie die hier diskutierte Komposition, die Pater als erzählerisches Talent zeigen.

In einem weitläufigen, hohen Innenraum sitzt eine Frau in reich besticktem blauem Kleid an ihrem Toilettetisch. Sie wird von zwei Dienerinnen frisiert und geschmückt, von denen eine den Eindruck im Spiegel überprüft. Sie selbst dagegen schaut, wie abgelenkt, in die Richtung des Bildbetrachters. Auch von links innerhalb der Szene zieht sie Aufmerksamkeit auf sich: Ein neugieriges Kind schaut der Prozedur zu und ein junger Mann weiter links lugt hinter einem Vorhang hervor. Eine reizvolle Kombination verschiedenster Figuren und anekdotischer Elemente belebt die Szene.

Der kahle Innenraum steht zu dieser reichen und malerisch arrangierten Szene in deutlichem Kontrast. Der Steinboden ist unpassend für ein Toilettezimmer, auf kahlen Wänden in *gris-de-lin*-Ton hängt ein einzelnes Gemälde. Eine überhöht proportionierte Tür links öffnet sich in einen weiteren hohen Raum, ist aber durch einen ebenfalls blaßvioletten Vorhang weitgehend verhängt, hinter dem der junge Mann hervorschaut. Die Guckkastenperspektive des Raumes verstärkt den Eindruck einer Theaterszene.

Einige Inkonsistenzen mahnen bei der Zuschreibung des Bildes zur Vorsicht. Der leere Raum über der Figurenszene weist perspektivische Probleme aus: Die Verkürzung des Kamins und der Zimmerdecke passen nicht zusammen, die dargestellten Supraporten sind zu klein, der Raum hinter dem Vorhang paßt architektonisch nicht zum ersten Zimmer. Tatsächlich ist Paters ursprüngliche Komposition in einem querformatigen Stich Louis Surugues von 1743 überliefert, auf dem die Szene oberhalb der Figuren abschließt. Die dieser Komposition oben hinzugefügten Bereiche sind wenig befriedigend zur Anschauung gebracht. Mehrere hochformatige Versionen nach dieser Komposition weichen – wie wohl auch das Gemälde der Sammlung Oetker – stilistisch von Paters Werk ab und sind vermutlich später als dieses im 18. Jahrhundert entstanden, darunter ein Exemplar im Louvre. Zu Surugues Stich existiert ein ebenfalls querformatiges Gegenstück mit dem Titel *Le plaisir de l'été*. Paters Originalvorlage dazu ist verschollen, aber da auch aus dieser Primärüberlieferung der Komposition später ein Hochformat wurde, kann für letzteres nicht Pater als Erfinder in Anspruch genommen werden. Eine genaue Untersuchung des Gemäldes in der Sammlung Oetker wäre wünschenswert. Nimmt man an, daß diese hochformatigen Versionen Paters ursprüngliche Farbigkeit reflektieren, so weist diese wie auch der Stil der Figuren auf eine Entstehung der Originale um 1730/33 hin. CMV

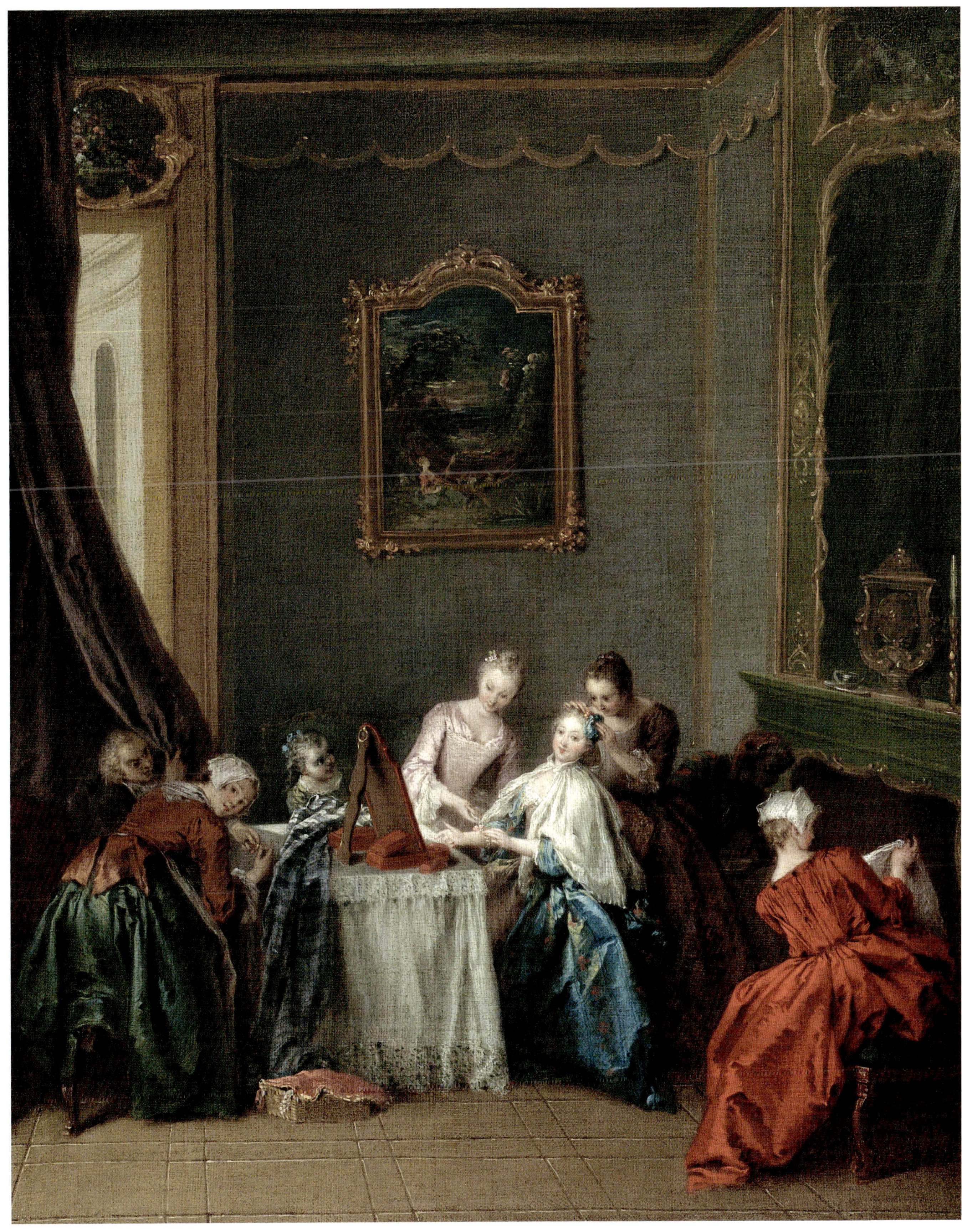

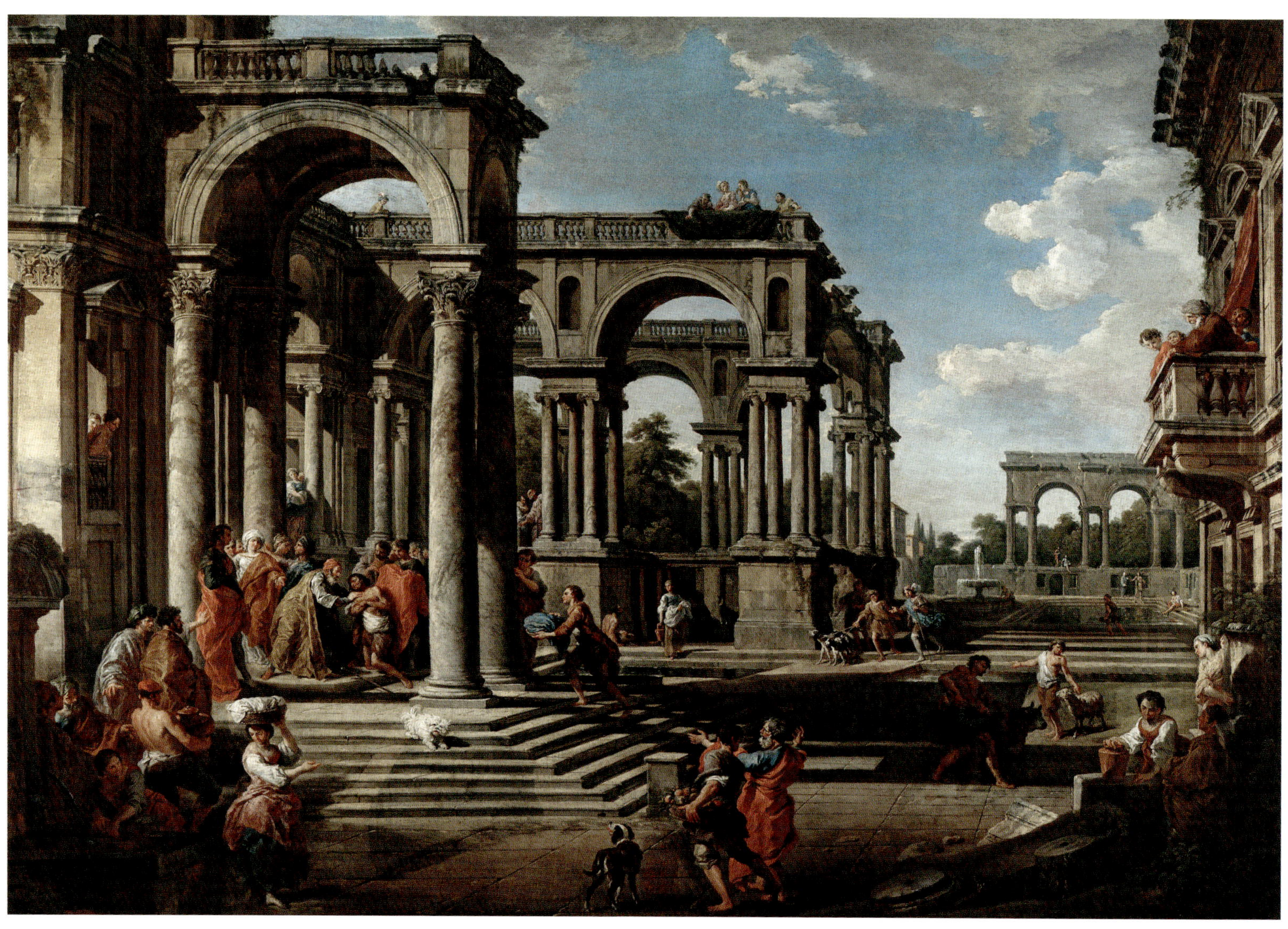

12 Giovanni Paolo Pannini

Die Heimkehr des verlorenen Sohnes

1728

Öl auf Leinwand
92,5 × 132 cm

Signiert und datiert unten links:
»P. Panini f(ecit) / 1728«

Provenienz: Sammlung Edward Tew Esq., Crofton Hall, Wakefield (Yorkshire) – F. E. Percey Tew, Beech Lawn, Heath, Wakefield – Mrs. Charles Dawson, Beech Lawn, Heath, Wakefield

Literatur: Arisi 1986, S. 327, Kat. Nr. 192 – Kiene 1996, S. 83–93 – Münster 2003, S. 120, Kat. Nr. 69 (Jürgen M. Lehmann)

In Panninis Gemälde bevölkern zahlreiche Figuren einen sich weit in die Bildtiefe öffnenden Platz. Die gepflasterte Piazza wird von festlichen, vereinzelt ruinösen Bauten eingefasst und von einem blauen, teils bewölkten Himmel überwölbt. Das vorherrschende architektonische Motiv der Serliana mit ihrer Vielzahl an Durchblicken verstärkt den luftigen Gesamteindruck der Komposition. Angesichts der anekdotischen Nebenszenen – barfüßige Korbträger sowie Hirten mit Rind und Schaf tummeln sich wie selbstverständlich vor den Monumentalfassaden – könnte man leicht die biblische Handlung aus den Augen verlieren. Doch die Heimkehr des verlorenen Sohnes (Lk 15, 11-23) wird durch die Zeigegesten einzelner Figuren sowie den subtilen Einsatz der Architektur geschickt akzentuiert. Die Begegnung von Vater und reumütigem Sohn findet unter einem Säulenbaldachin im Vordergrund des linken Bilddrittels statt. Dieser durch einen Treppensockel erhöhte Loggienbau ist im Unterschied zu den Gebäuden des Hintergrundes durch korinthische Kapitelle ausgezeichnet und somit einer höherrangigen architektonischen Ordnung zugewiesen. Der neutestamentlichen *storia* zum Trotz ist und bleibt der eigentliche Protagonist des Gemäldes die Architektur selbst, wobei sich allerdings kein konkretes antikes oder zeitgenössisches Bauwerk identifizieren läßt. Offensichtlich war Pannini bestrebt, sein Architektur-Capriccio mittels Einfügung von Figuren, die einen Erzählzusammenhang liefern, in die Nähe des Historienbildes zu rücken und auf diese Weise aufzuwerten. Möglicherweise läßt sich dadurch die Diskrepanz zwischen urbaner, wenn auch teilweise baufälliger Kulisse und bukolisch anmutenden Gestalten erklären. Die bühnenbildartige Schrägsicht auf die Gebäude der linken Bildhälfte gemahnt an Panninis künstlerische Anfänge im Umfeld der mittelitalienischen Quadratura-Malerei. Bereits als 20Jähriger hatte der gebürtige Piacentiner Rom zu seinem Lebenszentrum gemacht, wo er an der Accademia di San Luca – deren Vorsteher er 1754 schließlich werden sollte – bezeichnenderweise nicht als Maler, sondern als Architekt eingeschrieben war. Panninis Städteansichten, Festdarstellungen und Architektur-Capricci, darunter auch imaginäre Galerieansichten, wurden von seinen Zeitgenossen hochgeschätzt und waren neben den Veduten Canalettos und den Architekturphantasien Piranesis wichtige Impulsgeber für Künstler der nachfolgenden Generation.
AP

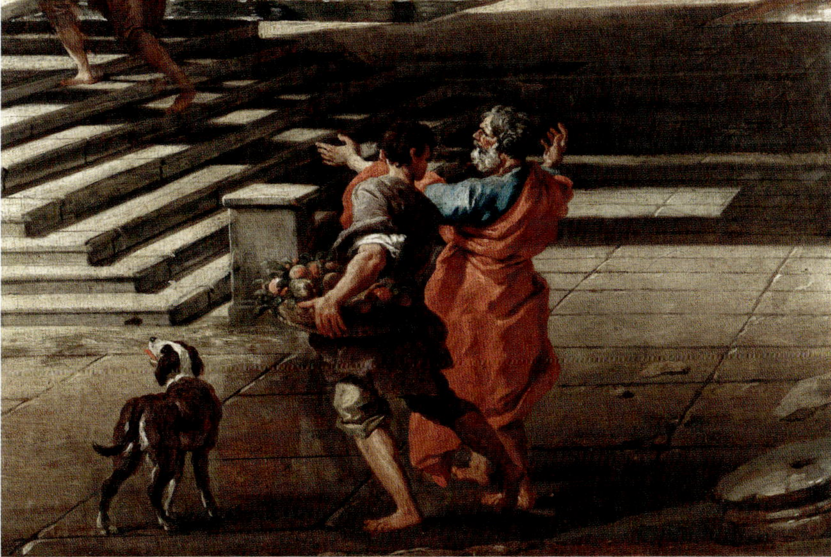

13 ## Walzenkrug mit Kakiemondekor

Meissen, um 1725–1730

Silbermontierung von Johann Philipp I Schuch (Seling 2007, Nr. 1829)

Augsburg, um 1725–1729 (Seling 2007, Nr. 1640?)

Marke: gekreuzte Schwerter in Rot

H. 13 cm, Dm. 10 cm

Provenienz: Kunsthandel

Literatur: unpubliziert

Obwohl sich aus der ersten Hälfte des 18. Jahrhunderts eine größere Anzahl kostbarer Meissen-Humpen erhalten hat, ist dem Autor kein Portrait einer Standesperson bekannt, auf dem der oder die Dargestellte an Stelle einer porzellanenen Tasse, einer Tabatière oder eines Glases einen solchen präsentieren würde. Bier wurde zwar auch am Hof getrunken, jedoch benutzte man beim Trinken in Gesellschaft, wie Kellereiverzeichnisse belegen, Gläser. Es läßt sich daher vermuten, daß keramische Humpen von höhergestellten Personen eher im Privatbereich gebräuchlich waren, ähnlich wie die Ecuelle, die als Eßgeschirr dann verwendet wurde, wenn jemand alleine aß (vgl. Kat. 24). Genau so, wie die kostbaren Meissener Ecuellen gerne zu besonderen Anlässen verschenkt, aber kaum je wirklich eingesetzt wurden, ist es durchaus wahrscheinlich, daß auch die Porzellanhumpen als sehr persönliche Geschenke dienten, sobald jemand durch äußere Umstände gezwungen war, für sich alleine kräftigendes, warmes Bier trinken zu müssen, etwa im Fall von Bettlägerigkeit.

Der hier gezeigte Humpen ist mit jenem charakteristischen Dekor bemalt, wie er in Meissen gegen Ende der 1720er Jahre oft verwendet wurde: Hinter zwei Reisstrohhecken, die als Gartenzaun dienen, wachsen eine Kiefer und ein Prunusbaum, daneben fliegt ein Vogel. Die Bemalung ist bis ins Detail eine präzise Kopie nach Porzellanen der japanischen Kakiemon-Werkstatt in Arita, die Ende des 17. Jahrhunderts durch den Fernosthandel nach Europa kamen und zu begehrten Sammlerstücken wurden. Die Asymmetrie, das spannungsvolle Verhältnis von bemalten und weißen Flächen sowie die fast expressiven Farben wirkten auf die europäischen Augen der Zeit sehr exotisch und daher begehrenswert. Mehrere dieser Szenen und Bordüren aus dem Kakiemon-Motivschatz fertigte die Meissener Manufaktur auf Bestellung eines französischen Kaufmanns, der die auf seinen Wunsch ungemarkten, aber perfekt imitierten Stücke in Paris als teure Originale aus Japan verkaufte.[1] Nachdem 1733 diese Geschichte in Dresden aufflog und einen kleinen Skandal auslöste, durften so dekorierte Porzellane nur noch für den sächsischen Hof hergestellt werden (vgl. Kat. 40). Noch nicht nach Paris versandte Stücke wie dieser Walzenkrug wurden daraufhin mit der Meisserner Manufakurmarke versehen. sw

1 Zum französischen Händler Rodolphe Lemaire vgl.: Weber 2013, Bd. I, S. 33–46.

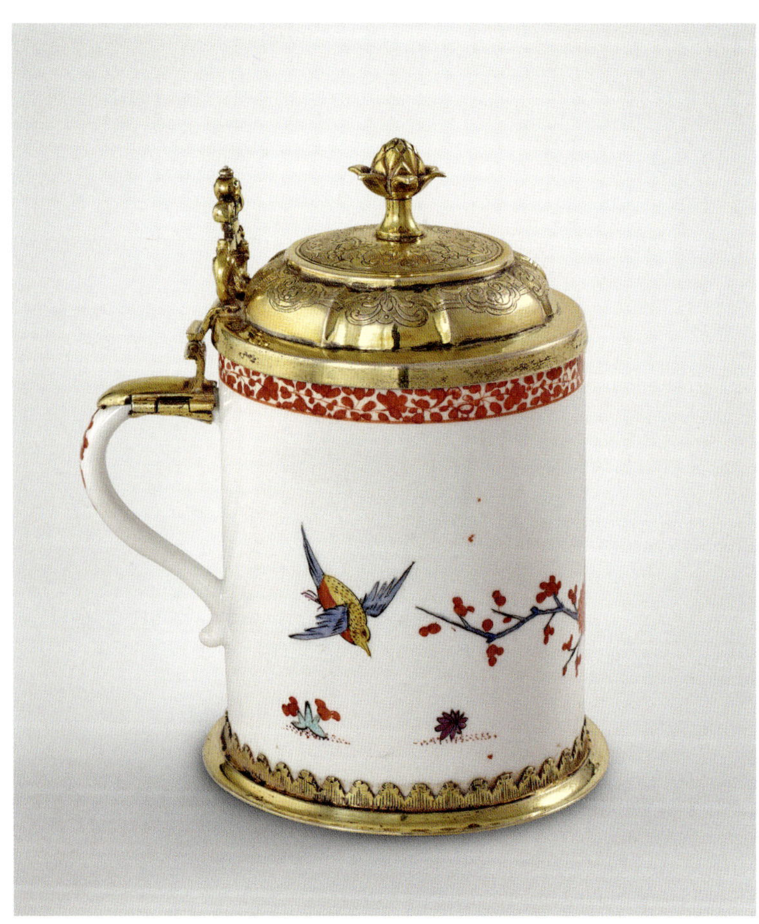

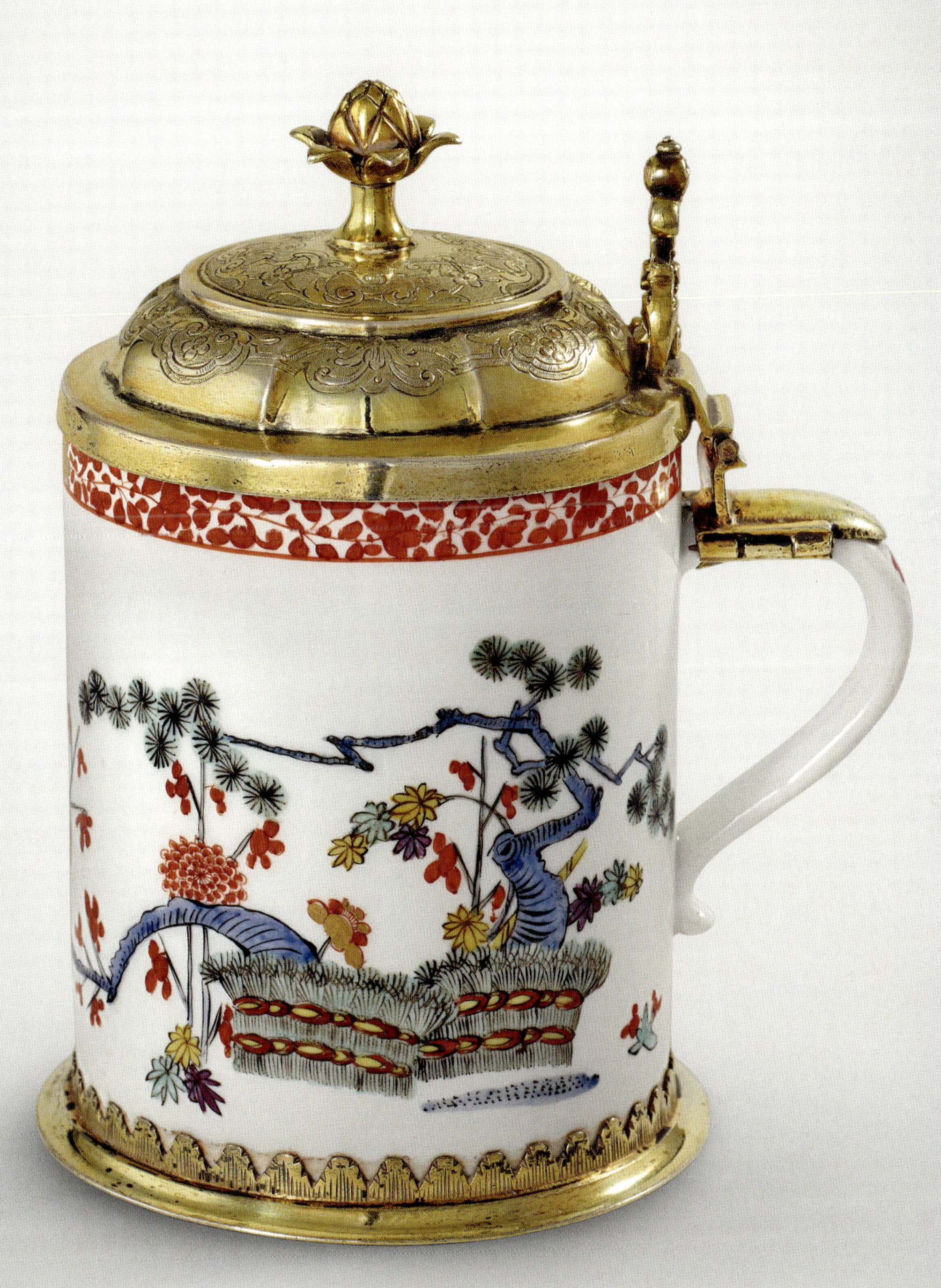

14 Walzenkrug mit Landschaftsmalerei

Christian Friedrich Herold
Meissen, um 1730

Silbermontierung, vergoldet:
Georg Wilhelm Schaedel
(Scheffler 1976, Nr. 388)
Frankfurt a. M., um 1740

Marke: gekreuzte Schwerter
unterglasurblau

H. 17,6 cm, Dm. mit Henkel 14,5 cm

Provenienz: Kunsthandel

Literatur: unpubliziert

Seit ihrer Gründung 1710 und bis weit ins 18. Jahrhundert hinein stellte die Porzellanmanufaktur Meissen kunstvoll dekorierte und mit aufwendigen Deckeln aus Edelmetall bereicherte Humpen her. Solche Stücke waren auffällig, in der Bemalung von künstlerischem Anspruch und teuer. Den Malern der Manufaktur kamen diese Geschenkhumpen sehr gelegen. Sie kümmerte die eher plumpe Form kaum, die ihnen für die Motive die denkbar beste Fläche bot, ohne störende Reliefs oder bewegte Flächen. Bei vielen Humpen besteht die Bemalung wie hier in einer großen Kartusche, in deren reiche Rahmung weitere Vignetten und manchmal auch zwischen den Schnörkeln Einzelfiguren gesetzt sind. Diese einzelnen Bildmotive sind nicht nur durch ihre Größe hierarchisch gegliedert, sondern auch, indem das Hauptbild bunt, die Nebenbildchen in einer Farbe (sog. *camaïeu*) und, wenn es Einzelfiguren gibt, diese auch wieder in Farbe oder uni in ihrer Wichtigkeit abgestuft sind. Diese dekorative, mehrmotivische Bildform entwickelte sich aus der Arabeske und findet sich in der ersten Hälfte des 18. Jahrhunderts oft auch im Innenraum bei Deckenmalereien oder bemalten Leinwandtapeten. Es ist daher nicht erstaunlich, daß Johann Gregorius Höroldt, der der Überlieferung nach in Wien als Tapetenmaler gearbeitet hatte, bevor er 1720 nach Sachsen kam und zum eigentlichen Begründer der Meissener Porzellanmalerei wurde, dieses Dekorationssystem erfolgreich in die miniaturhaften Werke auf Tassen, Tellern und anderen Geschirren einbrachte.

Namentlich bekannt und trotz der von den Malern geforderten stilistischen Unterordnung verhältnismäßig gut identifizierbar ist Friedrich Christian Heroldt. 1724 kam er als Figurenmaler an die Manufaktur. Seine Bilder – sowohl Kauffahrteiszenen als auch Chinoiserien – sind meist sehr figurenreich, haben im Vordergrund dunkel schattierte, braune, eisenrote und violette Bäume, Felsen und Figuren, und nicht selten wird der Horizont mit zartfarbenen Tafelbergen belebt. Die von ihm auf den Humpen gemalte Szene eines berittenen Würdenträgers, der auf eine ummauerte Stadt mit vielen Gärten zureitet, erinnert stark an eine heute verschollene Terrine der Sammlung Feist aus dem Besitz der preußischen Königin Sophie Dorothea, die auf der einen Seite eine Schiffsparade vor ebensolcher Stadtkulisse mit Tafelbergen im Hintergrund zeigte.[1] SW

1 Die eine Seite (nicht die Schiffsparade) ist publiziert in: Berlin 1936, S. 107.

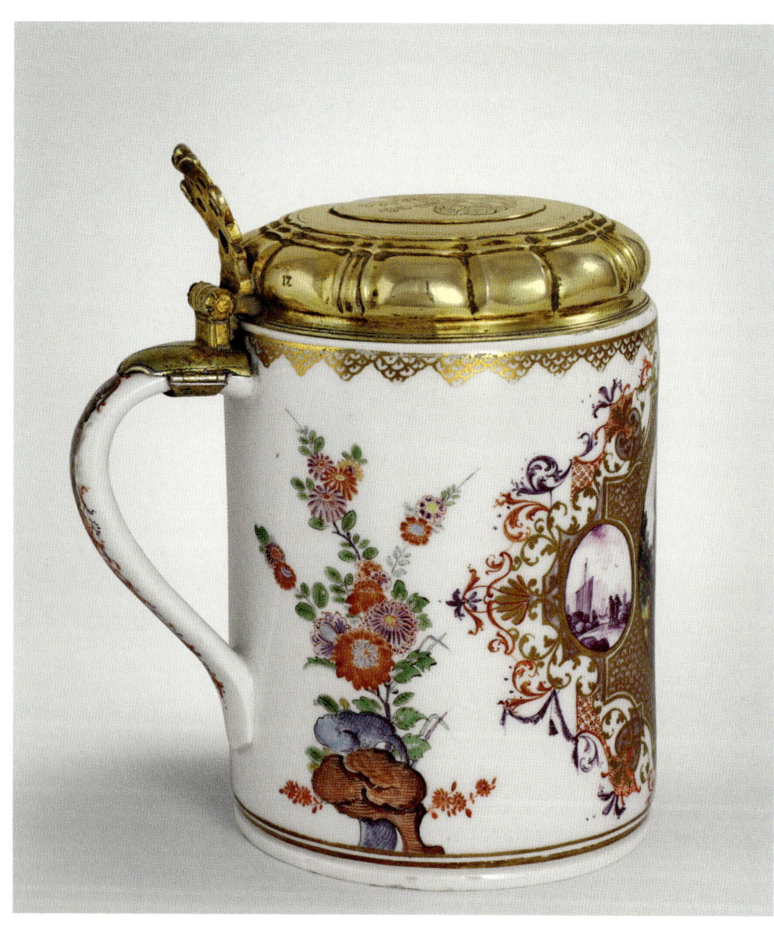

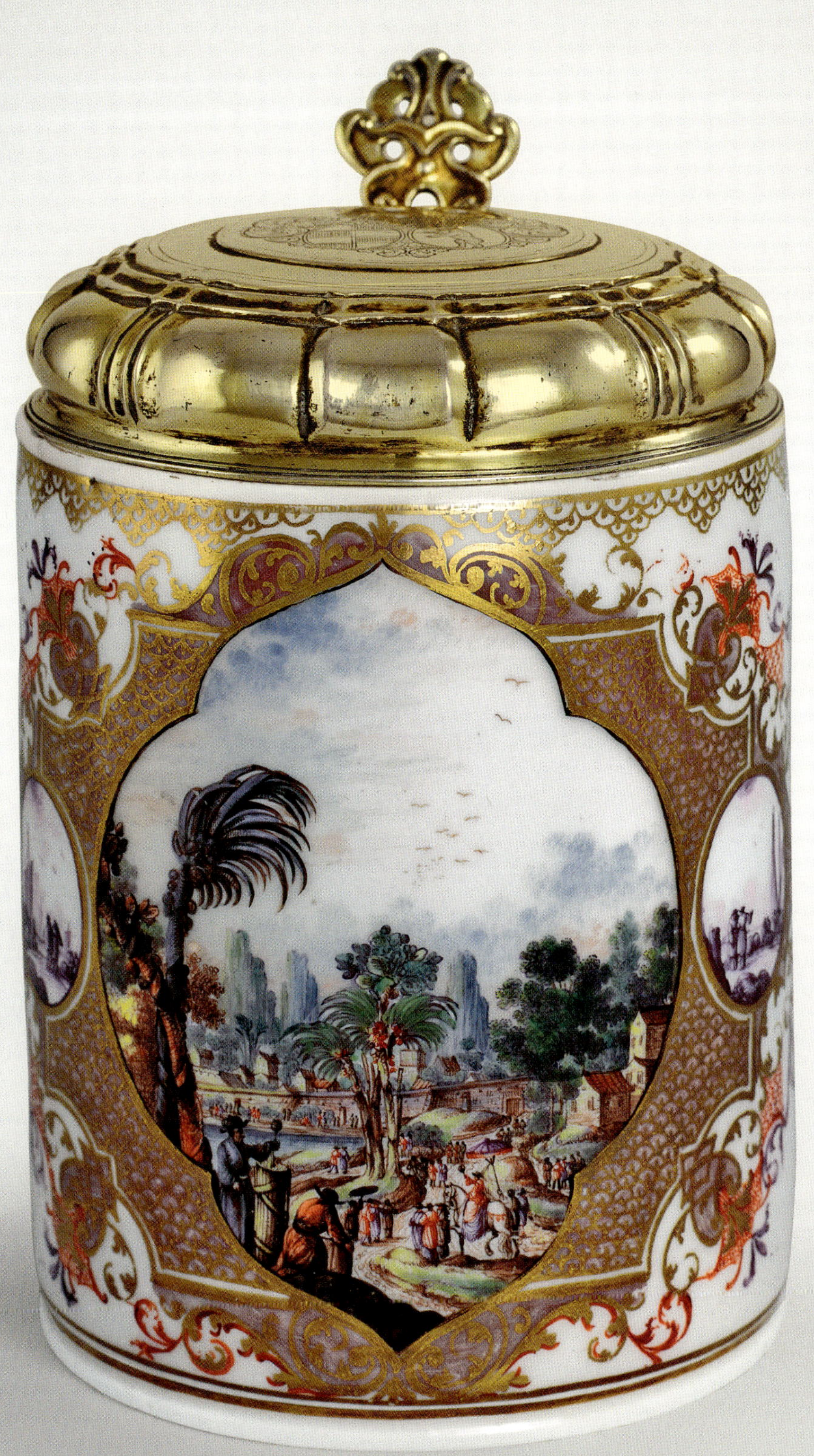

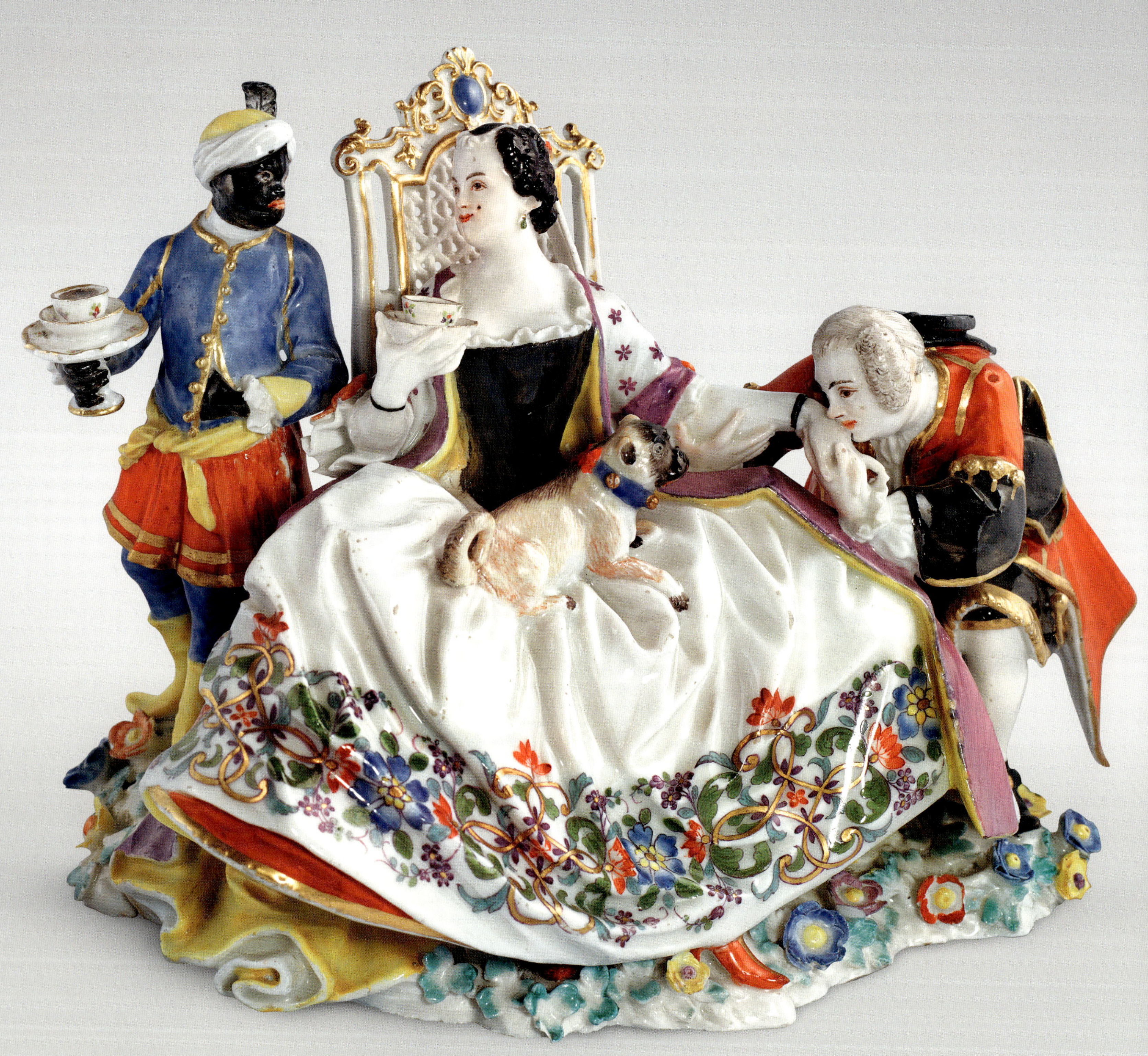

15 **Handkußgruppe**

Johann Joachim Kaendler
Meissen, 1737

Marke: ohne

H. 15,6 cm, B. 24,5 cm, T. 11,0 cm

Provenienz: Kunsthandel

Literatur: Münster 2003, S. 168 f., Kat. Nr. 106 (Martin Eberle)

Im April 1737 begann der Hauptmeister der europäischen Porzellanplastik des 18. Jahrhunderts, Johann Joachim Kaendler, die Arbeit an einem neuen Modell, das er in seinen Arbeitsberichten mit »wie eine Vornehme Dame auf einem Visiten Stuhle sitzet« beschrieb. Ebenso nennt er den die Hand küssenden Kavalier und den servierenden Mohren. Es handelt sich dabei um die dritte Figurengruppe mit höfischer Genredarstellung (sog. Krinolinengruppen). Kaendler hatte dieses Thema, das in der Folge unendlich viele Figuren europäischer Porzellanmanufakturen prägte, im Dezember 1736 für die Kleinplastik neu erfunden. Dieses Modell der Audienz gebenden Dame wurde zu einem großen Verkaufserfolg der Manufaktur. Allein in publizierten deutschen Sammlungen lassen sich weit über zwanzig Exemplare nachweisen. Entsprechend oft mußte das Modell überarbeitet, d.h. die durch Abnutzung der Gipsformen verlorene Schärfe wiederhergestellt werden. Obwohl diese Reparaturen, wie die Formerneuerungen in der Zeit genannt wurden, mit größter Detailgenauigkeit durchgeführt wurden, kam es doch zu leichten Veränderungen, die es heute erlauben, eine Art Entwicklungsreihenfolge der Ausformungen darzustellen. Am deutlichsten ist dies an der Sockelgestaltung zu erkennen: Die hier ausgestellte Ausformung gehört dabei zur ersten Version: Der Sockel ist im Umriß unregelmäßig, scharfkantig, in der Oberfläche sehr stark reliefiert und mit überaus reichem Blatt- und Blumenbelag versehen. Deutlich spätere Ausformungen haben dagegen einen flachen, abgerundeten »Lebkuchensockel«.[1]

Die frühesten Exemplare zeigen zudem stets die drei von Kaendler im Arbeitsbericht genannten Figuren. In späteren Versionen begannen die Bossierer, durch Auswechseln von Elementen Variationen einzuführen; so steht gelegentlich an Stelle des Mohrs der dudelsackspielende sächsische Kammerhusar Schindler oder eine Tiroler Händlerin, die ebenso anderen Gruppen entnommen wurden, wie der Teetisch, der manchmal den knienden Kavalier ersetzt. Allen gemeinsam ist jedoch ein technisch interessantes Phänomen: Der servierende Mohr, den die Manufaktur auch als Einzelfigur anbot, wurde in allen dem Autor bekannten Ausformungen – so auch hier – für sich gebrannt und erst danach mit einem niedrig schmelzenden Email paßgenau an die große Gruppe angefügt; ob dies die Staffierung erleichtern sollte, sei hier nur als These zur Überlegung gestellt.

Allen Ausformungen der frühen Zeit gemeinsam ist auch die schlichte schwarze Staffierung des Mieders der Dame, während die breite Bordüre aus goldenem Bandelwerk und indianischen Blumen, die in vielen Varianten bei verschiedenen Gruppen verwendet wurde, besonders charakteristisch für die Zeit um 1737/38 ist.

In der Literatur wurde oft um die Bedeutung der Dame auf dem Visitenstuhl gerätselt. Vorgeschlagen wurde ein Bezug zum Kuriosum des Dresdener Mopsordens, doch waren Mops und Bologneser schlicht die beliebtesten Schoßhunde der Zeit, und auch der Verweis auf einen Stich aus William Hogarths Folge *Der Weg einer Dirne* vermag nicht zu überzeugen. Betrachtet man aber die Gesamtheit der frühen Krinolinengruppen Kaendlers, so zeigen sie unterschiedliche Formen der Verehrung und Annäherung, die an einem Hof der Zeit möglich waren – wozu auch die Audienz durch eine hochgestellte Dame in ihrem Hausmantel, der Adrenienne, gehörte.
SW

1 Die drei Versionen der Pauls-Eisenbeiss-Stiftung zeigen sehr schön drei verschiedene Sockelzustände, vgl. Menzhausen 1993, S. 98 f.

16 Hofnarr Joseph Fröhlich

Johann Joachim Kaendler
Meissen, 1738

Marke: ohne
Aufschrift: J. F. 1738

H. 26 cm

Provenienz: ehemals Sammlung Rudolf Neumeister, München

Literatur: Münster 2003, S. 170 f., Kat. Nr. 107 (Martin Eberle)

Der »Königl. kurtzweilige Rath« Joseph Fröhlich ist eine der bis heute bekanntesten Persönlichkeiten am Hof des Augusteischen Dresden. Geboren 1694 im steirischen Salzkammergut, kam er 1727 nach Dresden, wo er durch sein auffälliges Äußeres, besonders aber durch seine derben Sprüche und Taschenspieler-Kunststücke als Spaßmacher am Hof ein Auskommen fand. Er starb 1757 in Warschau. Die heutige Bekanntheit Fröhlichs hängt zu einem guten Teil mit dem Meissener Porzellan zusammen. Mehrfach ist er in figurenreichen Szenen auf Vasen erkennbar, aber ein eigentliches Denkmal setzten ihm die beiden Modelleure Johann Gottlieb Kirchner und Johann Joachim Kaendler mit einer lebensgroßen Büste, der hier ausgestellten Figur, und mehreren Gruppen bis hin zu Fröhlich auf einem Fässchen liegend als Stockgriff.

Das Modell des Hofnarren auf einem Postament entstand mit großer Wahrscheinlichkeit 1733.[1] Alles an der Figur steht in kuriosem Kontrast zur höfischen Mode der Zeit: Die kurzen weiten Stulpenstiefel, die bis zur Mitte der Wade reichenden Pluderhosen anstelle der eleganten engen Kniebundhose, das kurze, gerade geschnittene Jäckchen anstatt eines taillierten *Juste-au-corps*, Hosenträger, Halskrause und schließlich der hohe spitze Tirolerhut, der das pure Gegenteil eines Dreispitzes ist. Auch mit der Barttracht Fröhlichs hätte sich ein Kavalier nur mehrere Jahrzehnte früher bei Hofe zeigen können. Die alpenländische Volkstracht erhielt so im höfischen Umfeld karikaturhafte Züge. Dennoch oder gerade deshalb war Fröhlich als Gegenbild ein in Dresden sehr geschätzter Vertreter der letzten Generation von Hofnarren, die mit der fortschreitenden Aufklärung aus dem Bild der Residenzen verschwanden.

Nur wenige kleine Porzellanfiguren stellten Porträts lebender Personen dar und die überwiegende Zahl davon waren Fürsten und die Mitglieder ihrer Familien. Wenn nun ein Hofnarr in diese Gattung mit aufgenommen und zudem breitbeinig auf einen Denkmalsockel gestellt wurde, so fiel diese Diskrepanz den Kunden der Manufaktur auf. Ob sie die Figur zum Amüsement, als Kuriosum oder aus liebevoller Erinnerung an eine Begegnung mit diesem besonderen Mann erwarben, sei dahingestellt, jedenfalls haben sich zahlreiche Ausformungen des 18. Jahrhunderts erhalten, die für die Beliebtheit des Motivs sprechen. Als weitere Besonderheit tragen die Figuren, die es mit und ohne Blumenstrauß am Hut, gelegentlich mit Eule auf der Schulter oder sogar plastischen Bretzeln auf der Jacke gibt, stets auf den Hosenträgern die Initialen JF und das Jahr der Herstellung. Die frühesten Versionen sind mit der Datierung 1736 versehen, dem Jahr, in dem Kaendler laut seinen Arbeitsberichten das Modell überarbeitete. Die späteste bisher bekannte Ausformung des 18. Jahrhunderts ist 1752 entstanden. SW

1 Vgl. hierzu Rückert 1998, S. 25–41.

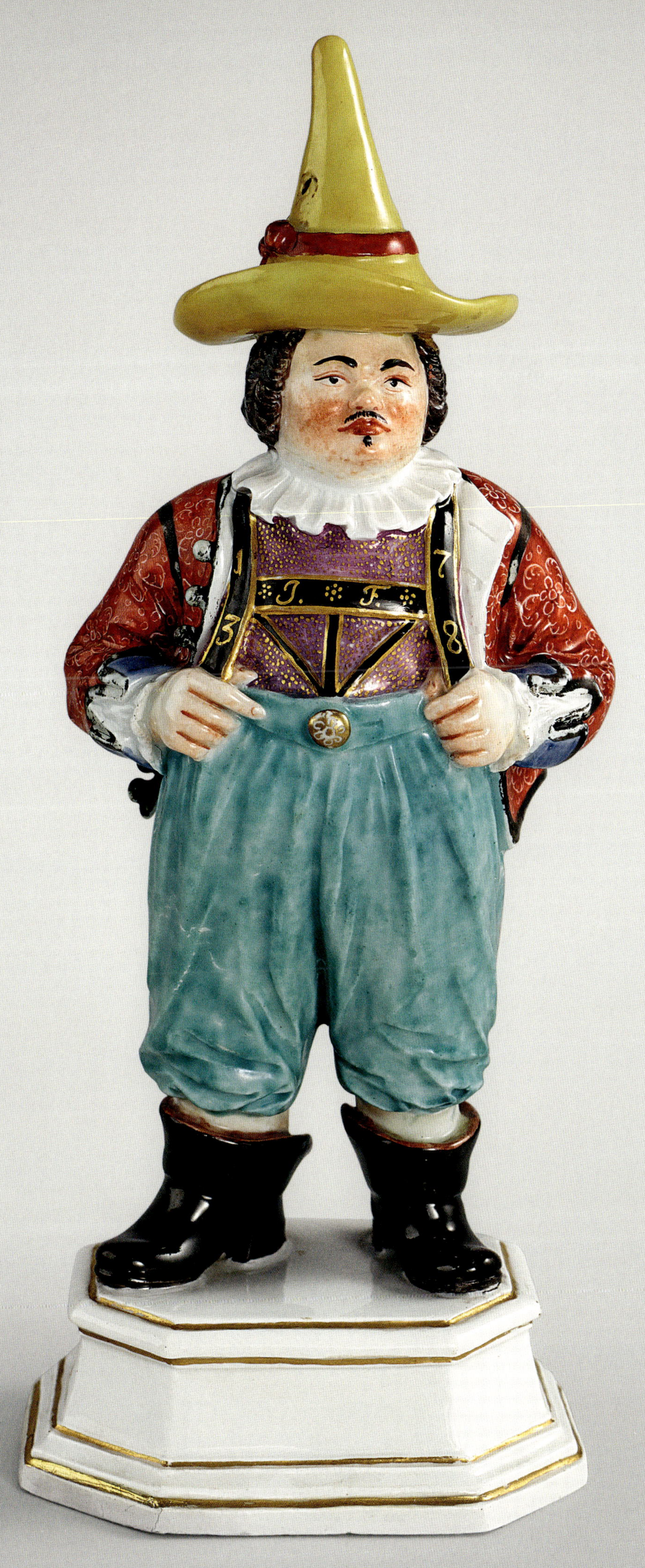
1 7
J. F.
3 8

17 **Schreibender Kavalier**

Johann Joachim Kaendler
Meissen, um 1740

Marke: gekreuzte Schwerter unterglasurblau

H. 13,6 cm

Provenienz: Kunsthandel

Literatur: Münster 2003, S. 172f., Kat. Nr. 108 (Martin Eberle)

Der einen Brief schreibende Kavalier gehörte zu den beliebtesten Figuren der Meissener Manufaktur, die nicht als Tafelschmuck, sondern zur Aufstellung in Innenräumen und Sammlungskabinetten bestimmt waren. Mit größerer Wahrscheinlichkeit modellierte Kaendler diese intime Genreszene auf Wunsch eines direkten Auftraggebers – sozusagen außerhalb der Arbeitszeit. Dementsprechend erscheint das Modell auch nicht in seinen monatlichen Arbeitsberichten, in denen er und die anderen Modelleure der Manufakturleitung auflisten mußten, was sie alles geleistet hatten, sondern in einer mit »Taxa« überschriebenen Zusammenstellung der seit 1740 zusätzlich gelieferten Modelle.[1] Die darin genannten Werke hatte Kaendler zwischen 1739 und 1746 für den König, den Grafen Brühl und Dritte geschaffen und dann die Nutzungsrechte an den Modellen der Manufaktur verkauft. Wie sehr sich dieses Vorgehen für das Unternehmen lohnte wird deutlich, wenn man die vielen Exemplare bedenkt, die allein vom schreibenden Kavalier zusätzlich verkauft werden konnten. Noch heute lassen sich allein in der jüngeren Literatur an die 20 Ausformungen aus der Mitte des 18. Jahrhunderts finden.

In jeder Version ist lesbar, was der Kavalier gerade zu Papier gebracht hat: Es sind stets Briefanfänge in einem mehr oder weniger guten Französisch, gerichtet an Madame, Mademoiselle, Monsieur oder Sire, wobei die wenigen Zeilen variieren.[2] In der hier ausgestellten Version bleibt es offen, was der Schreibende der Adressantin zu seinem Bedauern schuldig bleibt: »Mademoiselle. Je serois au desepoir [= désespoir], de ne vous pouvoir repre.senter [= représenter] avec …«.

Diese charmante und Eindruck machende Möglichkeit, eine kurze persönliche Botschaft nicht als Brief, sondern in Form einer kostbaren Porzellanfigur zu übermitteln, mag auch für den ersten Auftraggeber oder einige spätere Käufer Anlaß gegeben haben, dieses Modell zu wählen, was bei der beeindruckenden Schnelligkeit, mit der im 18. Jahrhundert Figuren staffiert und Aufträge ausgeführt wurden, zeitlich durchaus im Rahmen gewesen wäre. SW

1 Rafael 2009, S. 25–45 und Transkription der »TAXA«, S. 46–69.
2 Köln 2010. Dort werden auf S. 143f. die Texte von zwölf Versionen aus Museen und dem Handel aufgelistet.

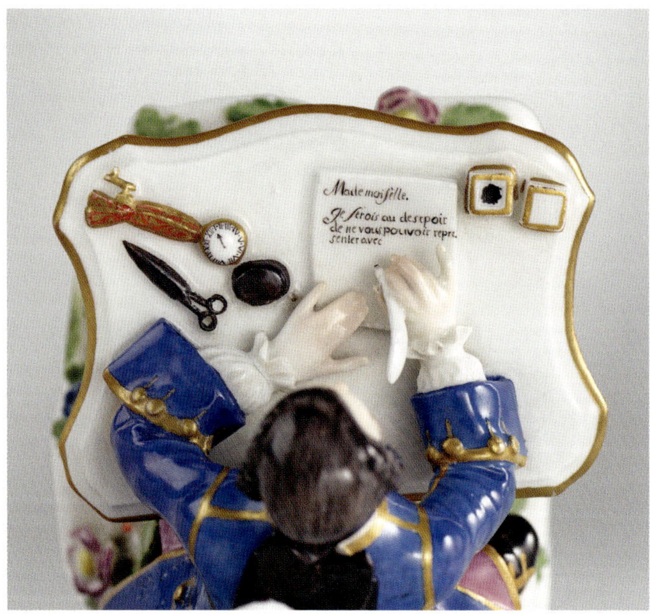

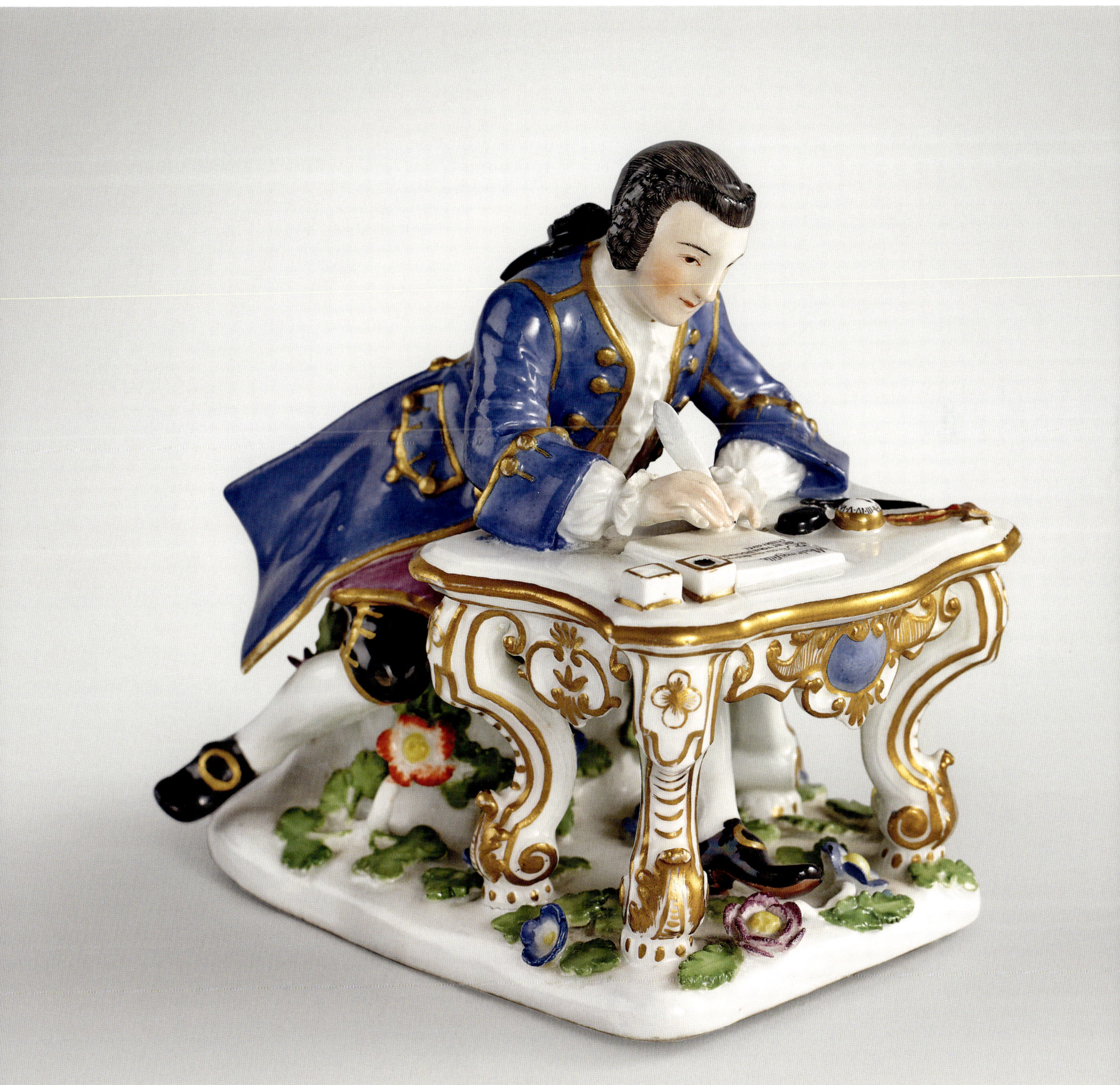

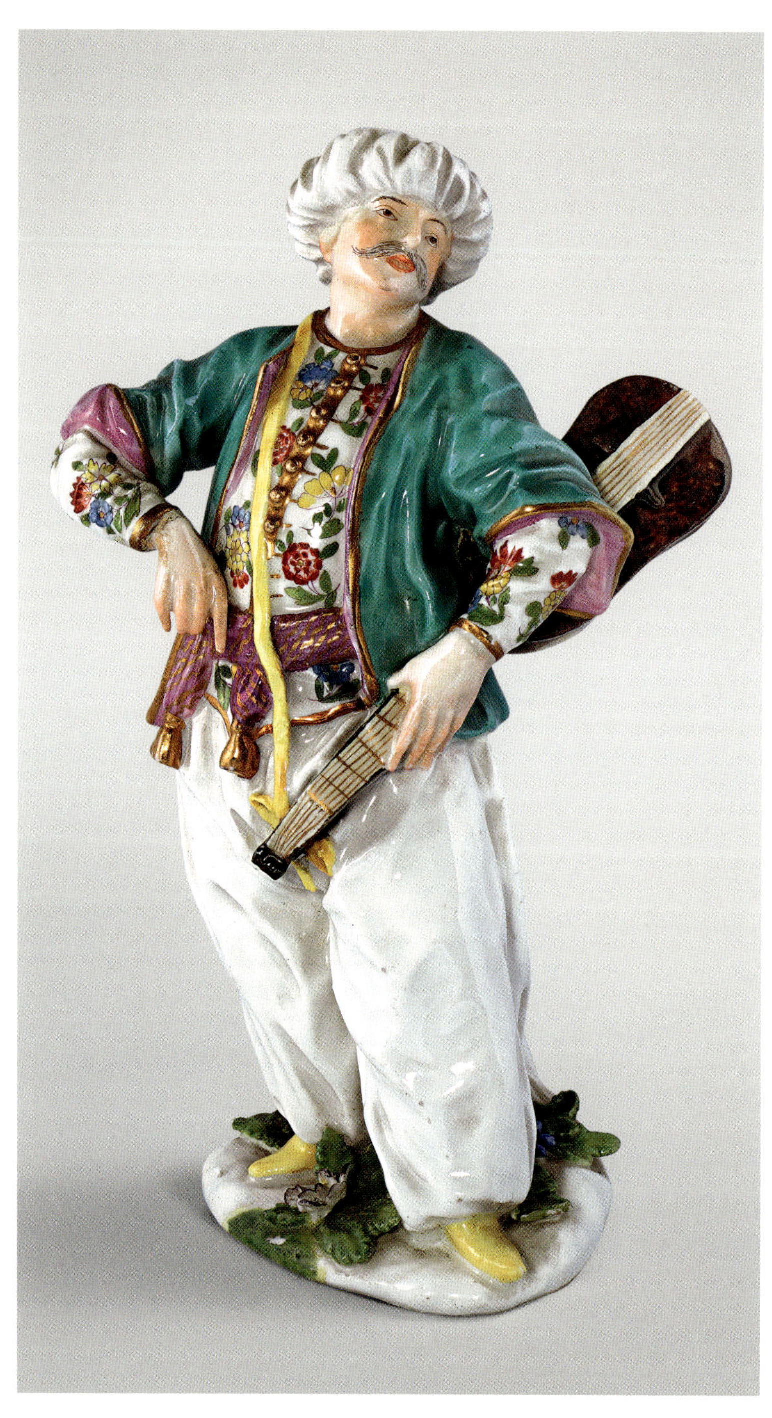

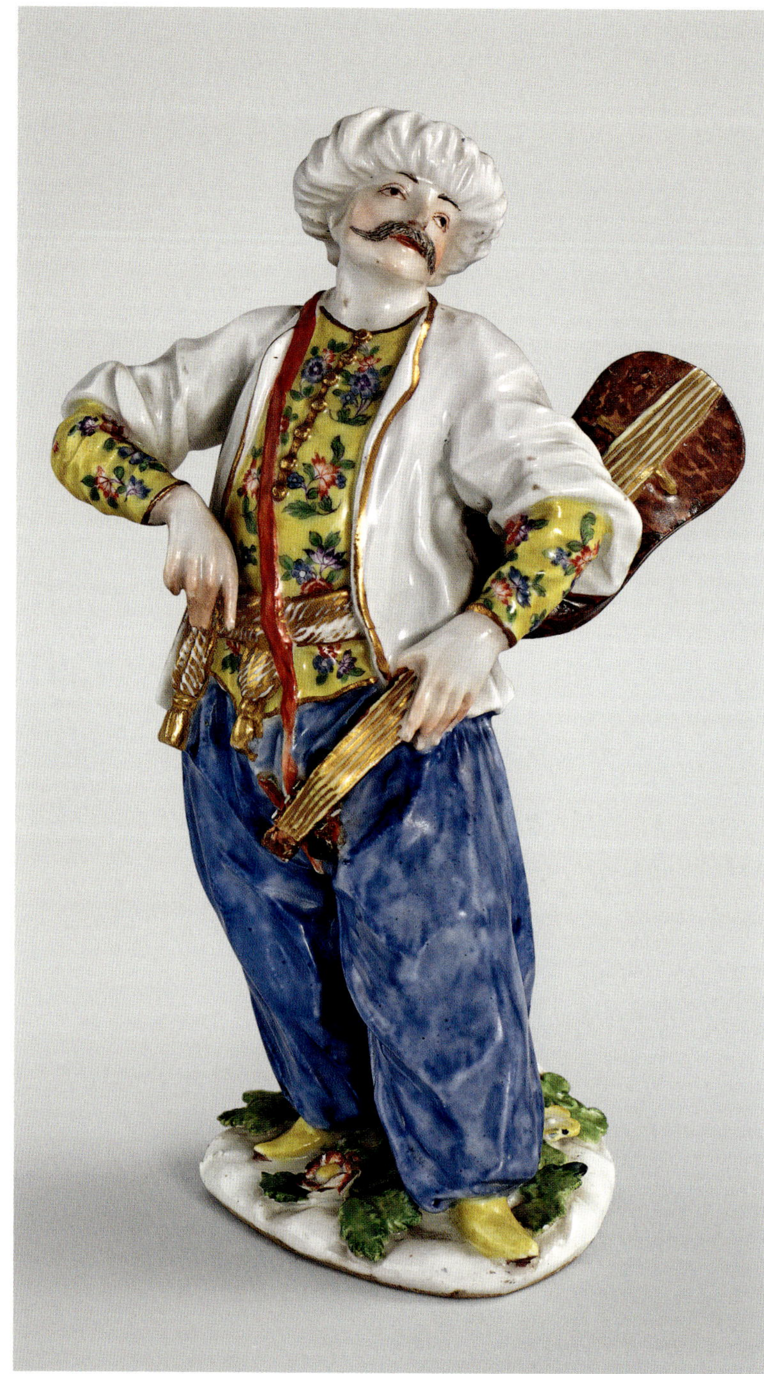

18 **Zwei Exemplare des Türken mit Gitarre**

wohl Peter Reinicke
Meissen, um 1745

Marke: gekreuzte Schwerter unterglasurblau

H. 16,7 cm

Provenienz: ehemals Sammlung Robert Kahn Scriber, Monaco

Literatur: Aukt.-Kat Christie's, Monaco, 1. Juli 1995, lot 48 und 51

Unmittelbar nach der Folge der Commedia-dell'arte-Figuren für den Herzog von Weißenfels, die abgesehen von einigen 30 Jahre früher entstandenen kleinen Serien die erste zusammenhängende Figurenreihe der Meissener Manufaktur war, entstand eine Gruppe großer Einzelfiguren in exotischen Trachten. Die Vorlagen entstammtem dem 1714 in Paris publizierten Werk *Receuil de Cent Estampes représentant différentes Nations du Levant* von Charles de Ferriol.[1] Die Modelleure Johann Joachim Kaendler, Peter Reinicke und Johann Friedrich Eberlein arbeiteten gemeinsam an dieser Reihe, die paarweise die Männer- und Frauentrachten der Perser, Bulgaren, Krimtartaren, Ungarn, des Sultans oder eben der Türken vorstellt.

Das Interesse jener Zeit an der exotischen Wirkung der Nachbarn der europäischen Fürstentümer war ungebrochen. Das Türkische Palais in Dresden, orientalische Hoffeste und Maskeraden,[2] die Sammlungen von osmanischem Kunsthandwerk und Waffen[3] sind Zeugnisse, die über die übliche Wertschätzung von Handelswaren wie Stoffen, Teppichen oder Metallwaren hinausgingen.

So wie das Vorlagewerk als Sammlung von Stichen bezeichnet ist, so ging es auch bei dieser Folge darum, das Sammelverlangen der Käufer anzuregen. Anders als bei den großen Krinolinengruppen ließ sich eine einzelne Trachtenfigur kaum sinnvoll in einem Interieur aufstellen oder als Tafelschmuck einsetzen, und auch ein Paar mußte den Wunsch hervorrufen, die figürlichen Repräsentanten der anderen Nationen zum Vergleich ebenfalls besitzen zu wollen. Mit diesem Verkaufstrick, den die Meissener Manufaktur im Bereich der Porzellanfiguren einführte und mit vielen Serien erfolgreich ausbaute, konnte eine Kundschaft weiter an das Unternehmen gebunden werden, die nach einigen Tee- und einem Tafelservice, ein paar Vasengarnituren, Einzelfiguren und Galanteriewaren eigentlich ausgestattet und nur mit dem Reiz des Neuen und der sinnvollen Ergänzung des Besitzes zu locken war.

Daß hier gleich zwei zeitgleiche Ausformungen der Figur des Türken zu sehen sind, ist ein wunderbarer Glücksfall. Auf diese Weise kann deutlich gemacht werden, welch großen Einfluß die Staffierung der Figuren auf ihre Wirkung hat. Das farbige Absetzen einzelner Kleidungsstücke hilft, die Figur lesbar zu machen und in Details zu variieren. So wird etwa der Faltenwurf des zurückgekrempelten rechten Ärmels des Türken in weißer Jacke beim anderen Exemplar uminterpretiert zu einem umgeschlagenen Ärmel, der das rosafarbene Futter der grünen Jacke nach außen dreht. Stellt man eine Vielzahl von Meissener Figuren gegenüber, so ist nicht nur aufgrund der Überarbeitung von Modellen eine zeitliche Abfolge erkennbar (vgl. Kat. 15), sondern auch anhand einiger charakteristischer Muster der Staffierungen. Bevorzugte Farbkombinationen, spezielle Techniken wie die aus farbigem Fond ausgekratzten weißen Motive oder auffällige Ornamente wie reiche Bandelwerkbordüren sind hilfreiche Anhaltspunkte zur Datierung innerhalb der unendlichen Vielfalt, zumal kaum je eine Ausformung absolut identisch mit einer anderen bemalt wurde. Und nicht zuletzt kann eine fehlerhafte Staffierung selbst eine gute Fälschung entlarven, etwa wenn die Manschetten des Rocks kostbar gekleideter Kavaliere nicht dasselbe Muster aufweisen wie die darunter getragene Weste. SW

1 Zur Folge vgl. Pietsch 2006, S. 50ff.
2 Vgl. Schuckelt 2000, S. 69–84 – Weber 2000, S. 85–99.
3 Schuckelt 2010.

19 **Dame mit Blumenkorb**

Wien, um 1745

Marke: Bindenschild
gepreßt

H. 14,5 cm

Provenienz: ehemals Sammlung Jahn, Hamburg

Literatur: Münster 2003, S. 176f., Kat. Nr. 111 (Martin Eberle)

Acht Jahre nach der Gründung der ersten europäischen Porzellanmanufaktur in Meißen wurde in Wien 1718 das zweite Unternehmen dieser Art ins Leben gerufen. Ein Privatmann, gestützt auf ein Spezialprivilegium Kaiser Karls VI., gründete mit seinem »Mit-Konsorten« die Manufaktur. Claudius Innocentius DuPaquier hatte, ganz anders als die sächsische Manufaktur, keinen interessierten Hof im Rücken, der mit umfangreichen Bestellungen den geschäftlichen Erfolg begünstigt hätte. Seine Kunden waren in erster Linie die einflußreichen und großen Adelsgeschlechter, die in Kunstdingen unabhängig vom Kaiserhaus in gegenseitiger Konkurrenz standen. Dennoch reichte dieses Interesse alleine kaum und DuPaquier, mehrfach vom Bankrott bedroht, bot schließlich 1744 seine Fabrik der kaiserlichen Verwaltung zum Kauf an. Die *Dame mit Blumenkorb* gehört zu einer kleinen Gruppe aus den ersten fünf Jahren der staatlichen Periode, deren Figuren ohne Sockel frei stehen, was innerhalb der Porzellanplastik des 18. Jahrhunderts eine Seltenheit ist.

Mit der Übernahme der Manufaktur fand auch eine stilistische Neuorientierung statt. Als Vorbild diente Meissen, was insofern nicht erstaunt, als daß enge verwandtschaftliche Beziehungen zwischen dem Allerhöchsten Kaiserhaus und dem sächsischen Kurfürsten bestanden. Man holte deshalb einige Maler aus Meissen, die allerdings nicht sehr lange blieben. Unter den angeworbenen Kräften muß sich offenbar auch ein Staffierer befunden haben, denn die *Dame mit Blumenkorb* kann nicht nur in der Form, sondern auch in der Bemalung das Vorbild nicht verleugnen. Das Modell spiegelt eine tanzende Colombine, die um 1743 in Meissen entstand.[1] Die indianischen Blumen auf ihrem Rock, das ausgekratzte Muster des Oberteils, die Art der mit Eisenrot, Braun und Schwarz gemalten Augen bis hin zu den Blumen im Korb, die in dieser Form oft auf Meissener Figurensockeln zu finden sind (vgl. Kat. 15) – all dies sind Elemente, die für die Figurenstaffierung der Meissener Manufaktur in der Mitte der 1740er Jahre geradezu bezeichnend sind. Mit einem Unterschied allerdings: Während in Meißen die konturierten indianischen Blumen auf den großen Röcken der Damen gerne aus einem gelben, blauen oder schwarzen Fond herausgearbeitet sind, leuchten sie hier wie kostbares Cloisonné-Email im Goldgrund. Diese außerordentlich kostbare und für Wien sehr seltene Staffierungsqualität macht denn auch aus dieser Figur eine wahre Pretiose. SW

1 Menzhausen 1993, S. 148.

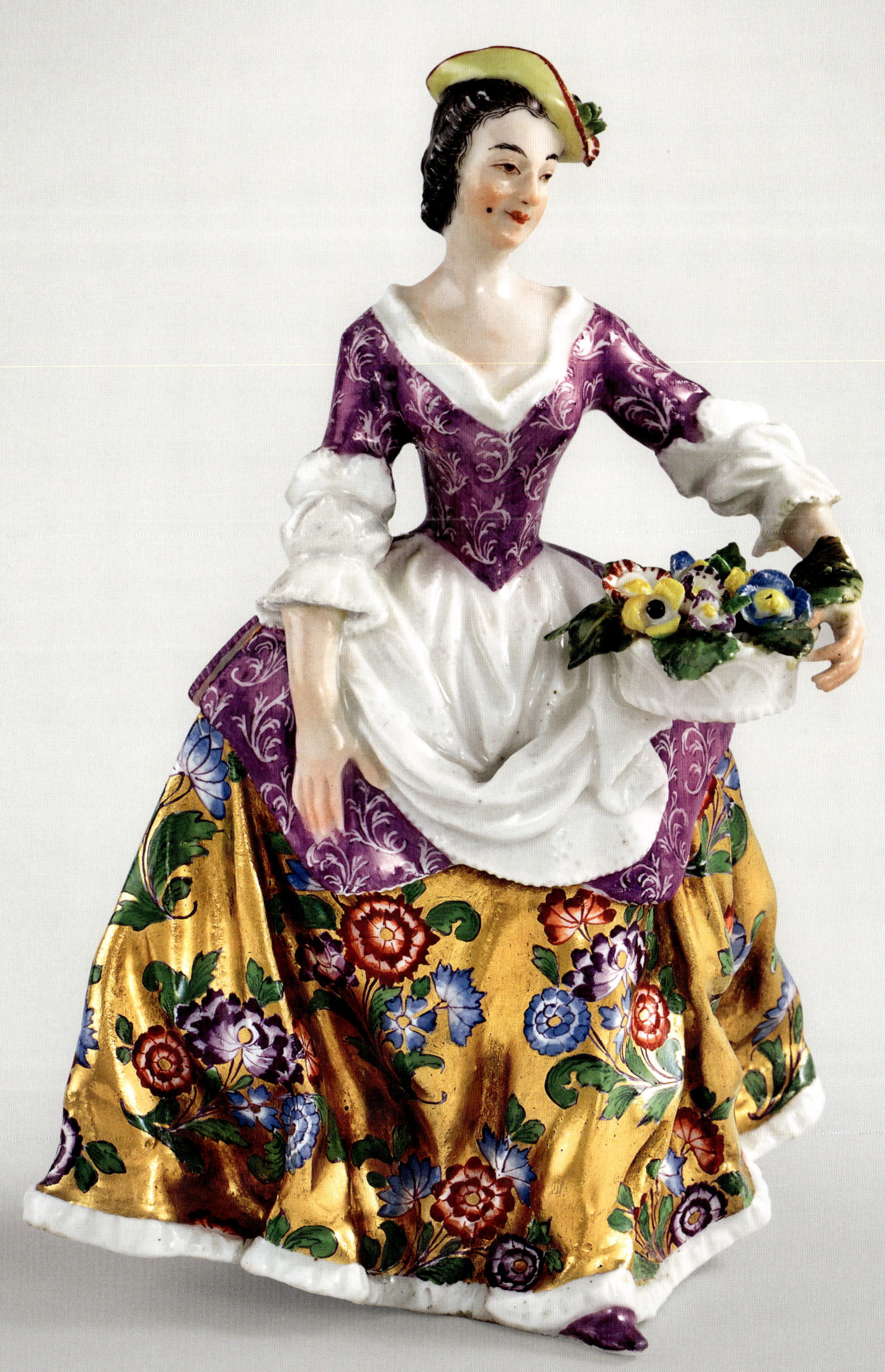

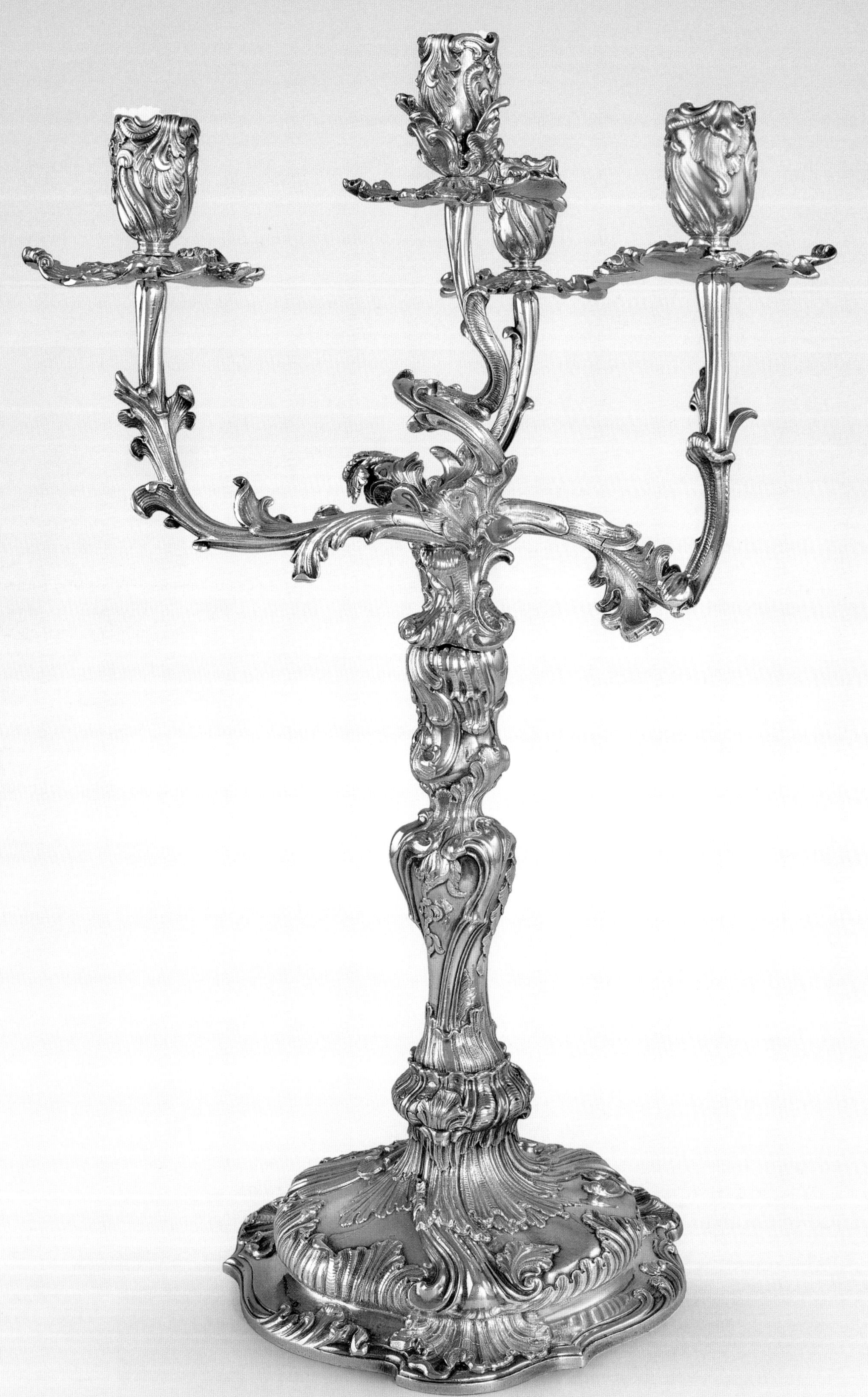

20 Zwei vierflammige Girandolen

Christian Heinrich Ingermann
Dresden, um 1745–1747

Silber, gegossen, punziert, ziseliert

H. 47 cm

Provenienz: bis 1924 in wettinischem Besitz – Kunsthandel – seit 1991 in Besitz der Sammlung Oetker

Literatur: O' Byrn 1880, S. 130 und 148 – Syndram 1990, S. 124f. – Koeppe 1993, S. 50ff. – Arnold 1994, S. 31ff. – Münster 2003 S. 160f.
(Dirk Syndram)

Die beiden vierflammigen Girandolen gehören zu einem umfangreichen Satz von drei Dutzend gleichartig gestalteten Beleuchtungskörpern, die wie keine andere Werkgruppe der Goldschmiedekunst die hohe Qualität und Sinnenlust des unter August III. ausgeprägten sächsischen Rokoko zu vermitteln vermag. Entstanden sind sie wohl zwischen 1745 und 1747 zusammen mit weiteren 100 einzelnen Kerzenstöcken in der Werkstatt von Christian Heinrich Ingermann.[1] Es war der umfangreichste Auftrag an einen Dresdener Goldschmied, den König August III. vergeben hat.

Schon von ihrem Gewicht her handelt es sich bei diesen »neu faconnirten Tafel- Und Girandolen-Leuchtern« um wahrhaft königliche Tafelzier.[2] Dies wird durch die reiche Punzierarbeit, mit der Ingermann kunstvoll rauhe Flächen gegen polierte Partien abgesetzt hat, noch unterstrichen. Die Dresdener Leuchter beziehen sich dabei nicht nur in der Technik – ihre Arme sind entgegen der deutschen Arbeitsweise massiv aus Silber gegossen – sondern auch in ihrer Form deutlich auf zeitgenössische französische Prunkleuchter, etwa auf eine von Claude Ballin II (1661–1754) 1739–1740 in Paris entworfene Girandolenform.[3] Von dieser unterscheiden sie sich allerdings durch ein weitaus bewegteres und heitereres Ornamentvokabular. Über einem gerundeten Fuß sitzt ein vierflammiger Aufsatz, bei dem drei Leuchterarme einen in der Mitte aufragenden vierten umspielen. Naturalistisches Rocailleornament, das Weinblätter nachahmt, überzieht zusammen mit spiralartigen Linien den Kerzenstock und den als gewundene Weinranke mit verdrehten Ästen aufgefassten Girandoleaufsatz. Die Kerzentüllen mit ihren Trauftellern wurden dementsprechend blütenkelchartig geformt.

Unterhalb des Fußes des Kerzenstocks und am Einsatz des Girandolenaufsatzes befinden sich eingraviert die Inventarnummern 3 und 4 sowie das ligierte Monogramm AR_3 als Besitzangabe der kurfürstlich-königlichen Silberkammer Augusts III.

Die historische Situation, in der die Girandolen bestellt und angefertigt wurden, war für den sächsischen Kurfürsten und polnischen König durchaus prekär. Der im September 1744 begonnene zweite Schlesische Krieg hatte Sachsen arg in Mitleidenschaft gezogen und führte Mitte Dezember 1745 zur ersten Besetzung der sächsischen Residenzstadt durch preußische Truppen. Trotzdem war die Herstellung des umfangreichen Leuchtersatzes, zu dem die beiden wunderbaren Girandolen gehören, eine politische Notwendigkeit. August III. und sein neuer Premierminister Graf Brühl betrieben damals eine sehr erfolgreiche Bündnispolitik, die sowohl im Februar 1747 zur Vermählung von Maria Josepha von Sachsen mit dem französischen Thronfolger führte, als auch im Juni des gleichen Jahres zu einer bayerisch-sächsischen Doppelhochzeit, bei der Maria Anna von Sachsen mit dem neuen Kurfürsten Maximilian III. und der sächsische Kurprinz Friedrich Christian mit Maria Antonia von Bayern die Ehe schlossen. Die Leuchterpracht, zu der die beiden Girandolen der Sammlung Oetker gehören, ist somit nicht nur ein wunderschönes Zeugnis des sächsischen Rokoko, sondern auch der sächsischen Bündnispolitik im 18. Jahrhundert. DS

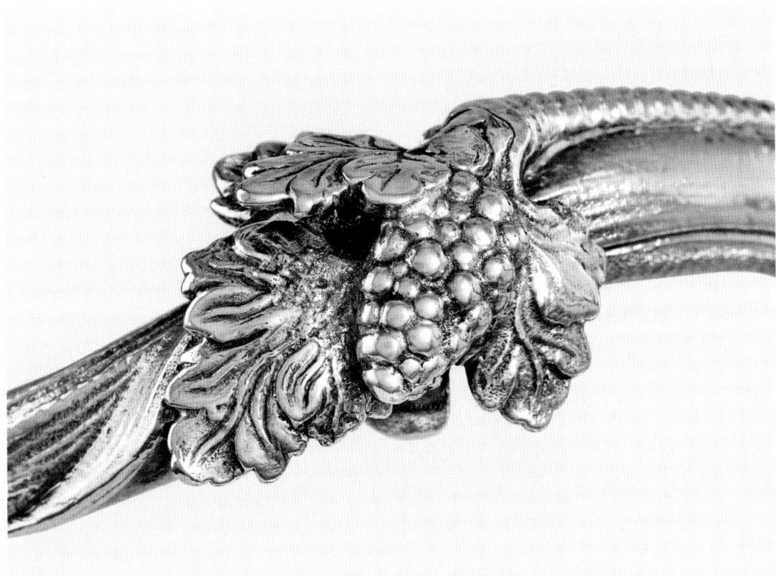

1 Arnold 1994, S. 31ff.
2 O'Byrn 1880, S. 130 und 148.
3 Koeppe 1993, S. 50ff.

21 Jean-Marc Nattier

Bildnis des Louis-Jean-Marie de Bourbon

um 1745/46

Öl auf Leinwand

81 × 64 cm

Provenienz: M. le Duc de Noailles, Château de Maintenou – Arthur Tooth, London, 1952 – Privatsammlung, England

Literatur: Nolhac 1910, S. 239 – Paris 1999, S. 63, Abb. 9 – Garstang 1989, S. 95–98

Standesgemäß leicht erhöht stehend, blickt der jugendliche Feldherr den Betrachter an. Dabei wendet er seinen Oberkörper nach rechts dem Schlachtfeld entgegen, das im Hintergrund des Halbfigurenportraits als kleine Bildszene erscheint. Dargestellt ist der rund 20jährige Louis-Jean-Marie de Bourbon, Herzog von Penthièvre, einziger Sohn des Grafen von Toulouse, eines der beiden legitimierten Söhne Ludwigs XIV. Der Herzog übernahm nach dem Tod seines Vaters das Amt des Großadmirals und des Gouverneurs der Bretagne und als Oberst zwei Regimenter. Zu den qualitativen Eigenschaften dieses Bildnisses eines Prinzen von königlichem Geblüt zählt die Erscheinung im kostbar schimmernden, goldgezierten Prunkharnisch sowie die farblich effektvolle Zurschaustellung des Ordens vom Goldenen Vlies am roten Band und der blauen Schärpe des Heiliggeist-Ordens. Bei dem Harnisch, der seit dem späten 17. Jahrhundert nicht mehr im Felde getragen wurde, handelt es sich um symbolisch gewordenen Schmuck, der den Bildnistypus des höfischen Feldherrenportraits charakterisiert. Ein weiteres militärisches Attribut bildet die sich am unteren Bildrand aufbauschende weiße Schärpe, die um die Hüften des Herzogs gelegt ist. Sein grau gepudertes Haar trägt er mit einer großen Schleife im Nacken zusammengebunden. Ein hochkarätiger Diamantknopf, der die weiße seidene Halsbinde feststeckt, unterstreicht den hohen Rang des Dargestellten. Vor dunklem Himmel erstrahlt die Physiognomie des Herzogs von Penthièvre makellos. Jugendlichkeit und Vornehmheit treten hinzu und verbinden sich zu einer idealtypischen Stilisierung des Dargestellten, wie sie die höfische Malerei des Rokoko verlangte. Das ruhige Antlitz kontrastiert auffällig mit der Drastik des Schlachtengetümmels im Hintergrund. Geschickt wird auf diese Weise die Unerschütterlichkeit und Führungsstärke im Charakter des Herzogs als die zentrale Bildaussage herausgestellt. Gemeint ist wohl die Schlacht von Fontenay während des Österreichischen Erbfolgekrieges im Jahre 1745, in der sich der Herzog militärisch hervortat.

Jean-Marc Nattier zählte zu den meistgefragten Portraitisten der 1740er Jahre in Frankreich. Er hatte mit seinem Sinn für Schönheit und Charme – bei den Damenbildnissen auch gerne inszeniert im mythologischen Gewand – die ultimative Formel für glanzvolle Auftritte im Bild gefunden. Die malerische Ausführung zelebrierte Nattier in einer chromatischen Farbpalette, blau mit perlgrau verbindend und grün mit rosarot, durch eine lockere Pinselführung, die dem Teint und dem gepuderten Haar der Dargestellten eine weiche Duftigkeit verleiht. Diese Qualitäten zeichnen auch das Bildnis des Herzogs von Penthièvre aus, den Nattier mehrfach in verschiedenen Posen und Formaten malte. Unter den erhaltenen Halbfigurenportraits ist diese Ausführung die großformatigste und kann daher vielleicht als der Prototyp angesehen werden, wenngleich Salmon (Paris 1999) das Bild für eine Werkstattkopie nach dem verlorenen Original hält.

Nach dem Österreichischen Erbfolgekrieg zog sich der Herzog von Penthièvre auf sein Schloß Sceaux zurück, das er mit weiteren enormen Ländereien von den Kindern seines Onkels, des Herzogs von Maine, erbte. Mit seinen jährlichen Einkünften von zirka 6 Millionen Livres gehörte er zu den reichsten Männern Europas. Den Liebhabern der *Decorative Arts* ist der Herzog als Auftraggeber des berühmten Penthièvre-Orléans Silberservices ein Begriff, das sich in einigen wenigen, außergewöhnlichen Gerätschaften im Pariser Louvre, dem Metropolitan Museum in New York und in einer Privatsammlung erhalten hat. Sein Sohn ließ das Service, dessen älteste Teile von Thomas Germain um 1720 für den Grafen von Toulouse angefertigt wurden, insbesondere von Edme-Pierre Balzac in den späten 1750ern erweitern. Serviceteile wie die erhaltenen Terrinen mit Untersatzplatten von außergewöhnlich skulpturalem Charakter zählen zu den kunsthandwerklichen Hauptwerken des späten *style rocaille.* MT

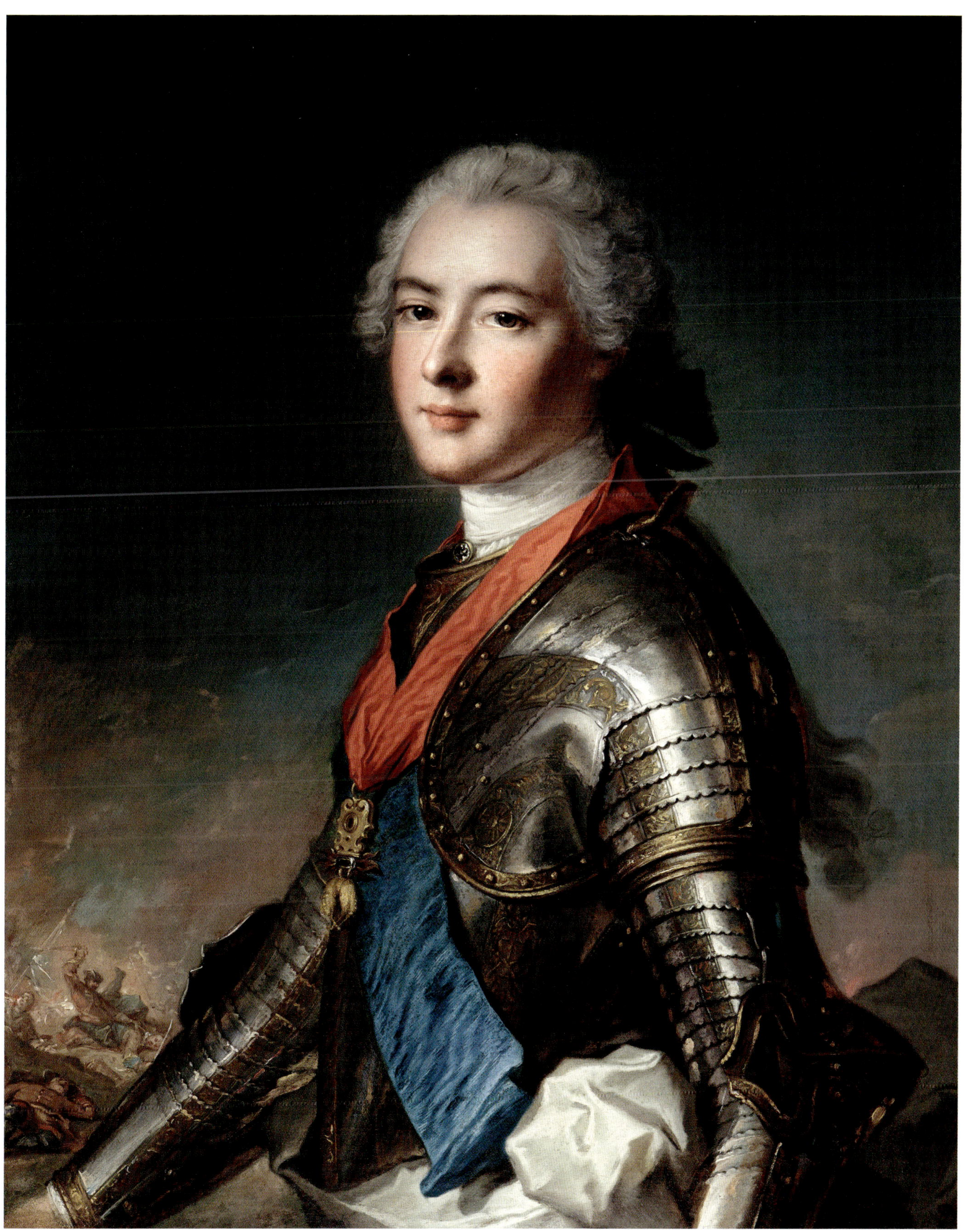

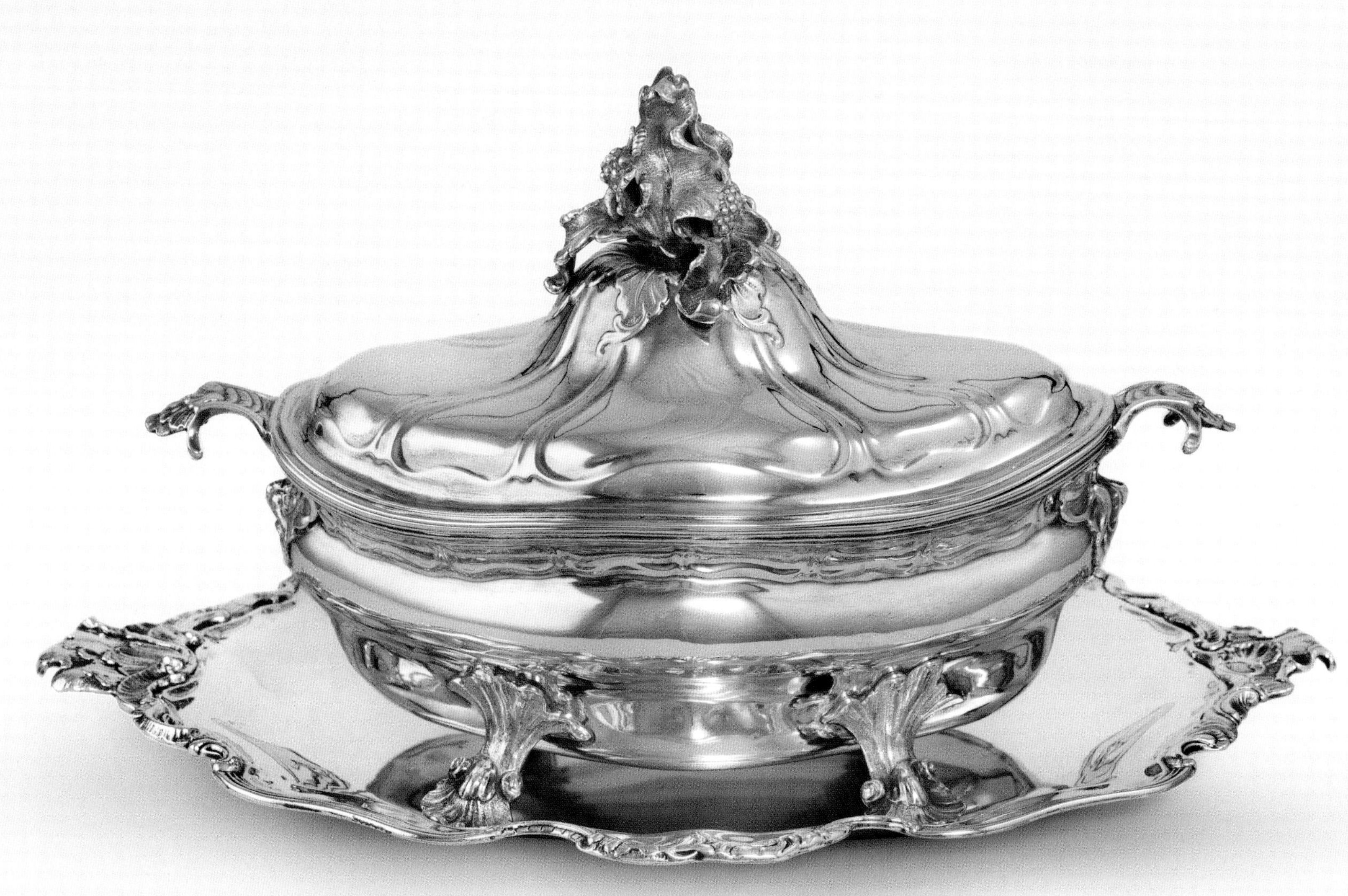

22 Deckelterrine mit Untersetzplatte

Johann Nikolaus Spickermann
Augsburg, um 1747

Silber, getrieben, gegossen, punziert

Meistermarke: »INS« im Zweipaß für Johann Nikolaus Spickermann (Seling 2007, Nr. 2337)
Beschauzeichen: Pyr für Augsburg (Seling 2007, Nr. 2000)

Terrine: H. 24 cm, L. 36 cm
Untersetzplatte: L. 43,5 cm, B. 28 cm

Provenienz: Kunsthandel

Literatur: unpubliziert

Die in ovaler Grundform gehaltene Terrine erhebt sich über vier nach außen gebogenen Rocaille-Füßen. Der kräftig gebauchte Korpus des Gefäßes zieht sich mit einer Kehle zum Rand hin ein, der jeweils in der Mitte der Längs- und Schmalseiten leicht emporgeschwungen ist. In verstärkter Form nehmen die beiden seitlichen Rocaille-Griffe das Motiv der Schwingung wieder auf. Der flach gewölbte Deckel ist in der Mitte glockenförmig zum bekrönenden Knauf hochgezogen; die Handhabe ist als aufgebrochene Blattknospe gestaltet. Die Flächen des Deckels werden von leicht vertieften Feldern eingenommen, die in den Hauptachsen breiter, in den Diagonalen schmaler sind. Die gelängte Untersetzplatte, die schüsselartig vertieft ist, wird von einem stark bewegten Rand in geschweift-fassonierter Form eingefasst. Ihre beiden seitlichen Rocaille-Griffe bilden einen motivischen Widerhall der Handhaben des Terrinenkorpus.

Im späten 17. Jahrhundert kamen am Hof Ludwigs XIV. homogen geformte Tafelservice aus Edelmetall auf. Als markante Akzente dieser Ensembles traten die voluminösen Terrinen hervor, die zur Aufnahme von Suppen und Ragouts dienten. Die Goldschmiede der schwäbischen Reichsstadt Augsburg, führend in Mitteleuropa, trugen maßgeblich zur raschen Fortentwicklung des Typus der Terrine bei. In den 1740er Jahren entstanden dort erstmals bauchige Deckelgefäße, die allseits durch Wölbungen belebt sind. Die stark gelängte und breit gelagerte Terrine der Kunstsammlung Rudolf August Oetker kann als charakteristisches Beispiel der Jahre um die Jahrhundertmitte gelten. Zu den glatt polierten Flächen, die virtuos im Wechsel konvexer und konkaver Bildungen getrieben sind, kontrastieren die gegossenen Rocaille-Elemente des Knaufs, der Griffe und der Füße. Unverzichtbar für die imposante Erscheinung der Terrine ist die ausladende Untersetzplatte, die die bewegten Formen des Deckelgefäßes aufnimmt und variiert.

Die Terrine zählt zu den wenigen überlieferten Arbeiten des um 1700 in Pommern geborenen Goldschmieds Johann Nikolaus Spickermann, der sich 1732 in Augsburg zunächst vergeblich um das Meisterrecht bewarb. Erst nach längerer Tätigkeit in Augsburg legte Spickermann dort 1741/42 erfolgreich seine Meisterprüfung ab. Die hier vorgestellte, qualitätvolle Terrine ist das späteste bekannte Werk des bereits 1747 in Augsburg gestorbenen Kunsthandwerkers. LS

23 Teekännchen

Dresden, wohl 50er Jahre des 18. Jhs.

Silber getrieben, gegossen, vergoldet
Goldrubinglas durchgefärbt, frei geblasen, formgeblasener Boden, Glasschnitt

Meistermarke: verschlagen
Beschauzeichen: »D« für Dresden, Schwerter im Schild, 12-lötig

H. 16 cm

Provenienz: Kunsthandel

Literatur: Bachtler 1986, S. 216, Nr. 98 – Kerssenbrock-Krosigk 2001, S. 224, Nr. 284 mit Taf. 10 und S. 52ff., Nr. 107f. – Münster 2003, S. 156, Kat. Nr. 98 (Dirk Syndram)

Das Kännchen trägt auf einer Seite das kurfürstlich-sächsische/königlich-polnische Wappen und auf der anderen das Monogramm »AR« für »Augustus Rex«. Beides bezieht sich auf Kurfürst Friedrich August II. von Sachsen, der zugleich, von 1733 bis zu seinem Tode 1763, als August III. König von Polen war. Das Kännchen gehört zu einer kleinen Gruppe von derzeit zwölf bekannten Gefäßen, die mit anderen Goldrubinglas-Arbeiten des 17. und 18. Jahrhunderts nur wenig gemein haben. Es handelt sich durchweg um Teekännchen mit geringem Inhalt, ähnlicher, gestauchter Kugelform und vergleichsweise aufwendigen Silbermontierungen, die stets Fuß, Mündung, Deckel und Henkel, gelegentlich auch die Tülle umfassen. Fünf Kännchen sind auf den Seiten mit besagtem Wappen und Monogramm in Glasschnitt versehen.

Besonders bemerkenswert an der Gruppe der sächsischen Teekännchen ist ihre Glasbeschaffenheit, denn im Unterschied zu den Erzeugnissen der Blütezeit des Goldrubins von den 1680er bis 1710er Jahren zeichnen sie sich durch ihre enorm dicke, aber dennoch durchscheinend rote Wandung aus. Das massive Glas und die einfache Grundform sind mit den Eigenarten der Goldrubinfarbe zu erklären: Das in dem Glas in feinster Verteilung und geringsten Mengen enthaltene Gold muß sich während des Herstellungsvorganges zu Kolloiden zusammenballen, um durch das von diesen nur nanometergroßen Partikeln absorbierte Licht das Gefäß leuchtend rot erscheinen zu lassen. Ein gleichmäßiges »Anlaufen« des Glasmaterials zur gewünschten Farbe war vielen Einflüssen und Zufällen unterworfen und dürfte, wenn es nicht gleich und vollends scheiterte, meistens zu Schlieren geführt haben. Bei großer Wandungsstärke sind diese Schlieren aber nicht mehr sichtbar, sondern ergeben ein einheitliches Erscheinungsbild. Indem sich die Glasbläser zudem mit der Herstellung einer einfachen Grundform begnügten, vermochten sie solche Kännchen in wenigen Minuten herzustellen und trugen damit ebenfalls zu stabileren Farbergebnissen bei.

In der Literatur, insbesondere bei Auktionen, werden diese Kännchen beharrlich in die Zeit Augusts des Starken, d. h. etwa um 1700 bis 1715 datiert. In der Tat hatte das in Brandenburg durch Johann Kunckel zur Produktionsreife gebrachte Goldrubinglas vom Ende des 17. Jahrhunderts bis etwa um 1715 seine Blütezeit, die zu Ende ging, als die Fürstenhöfe ihr Interesse der Nachahmung des chinesischen Hartporzellans zuwandten. Die Zeiten der großen Innovationen in der mitteleuropäischen Glaskunst waren damit vorüber, um erst im 19. Jahrhundert neu zu erwachen. Das heißt aber nicht, daß die ungemein schwierige und kostspielige Herstellung von Goldrubingläsern während eines Dreivierteljahrhunderts vollständig zum Erliegen gekommen wäre. DvK

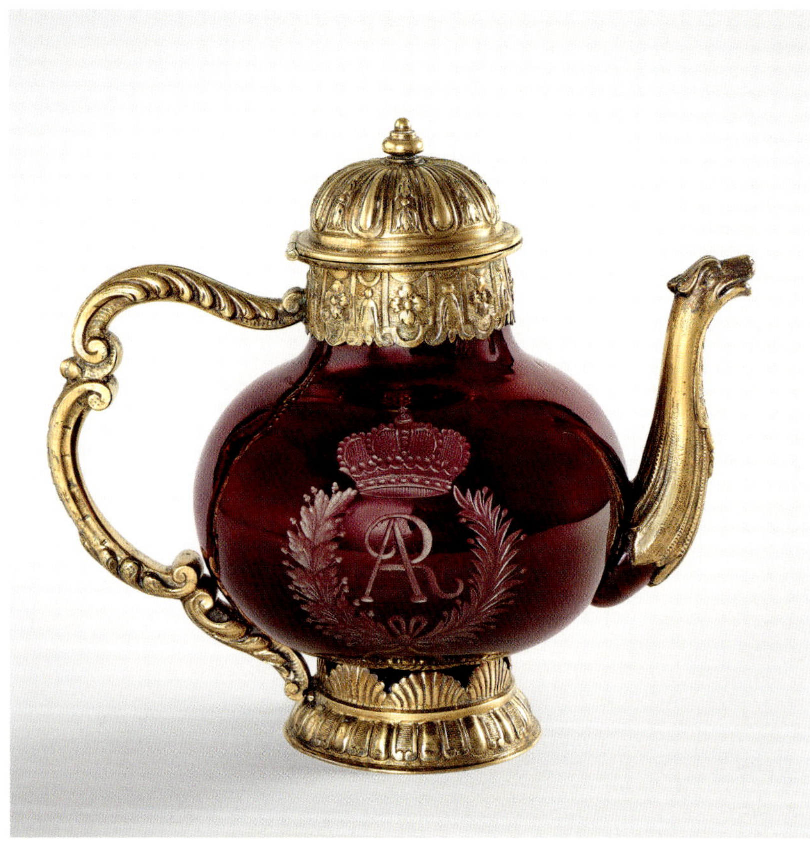

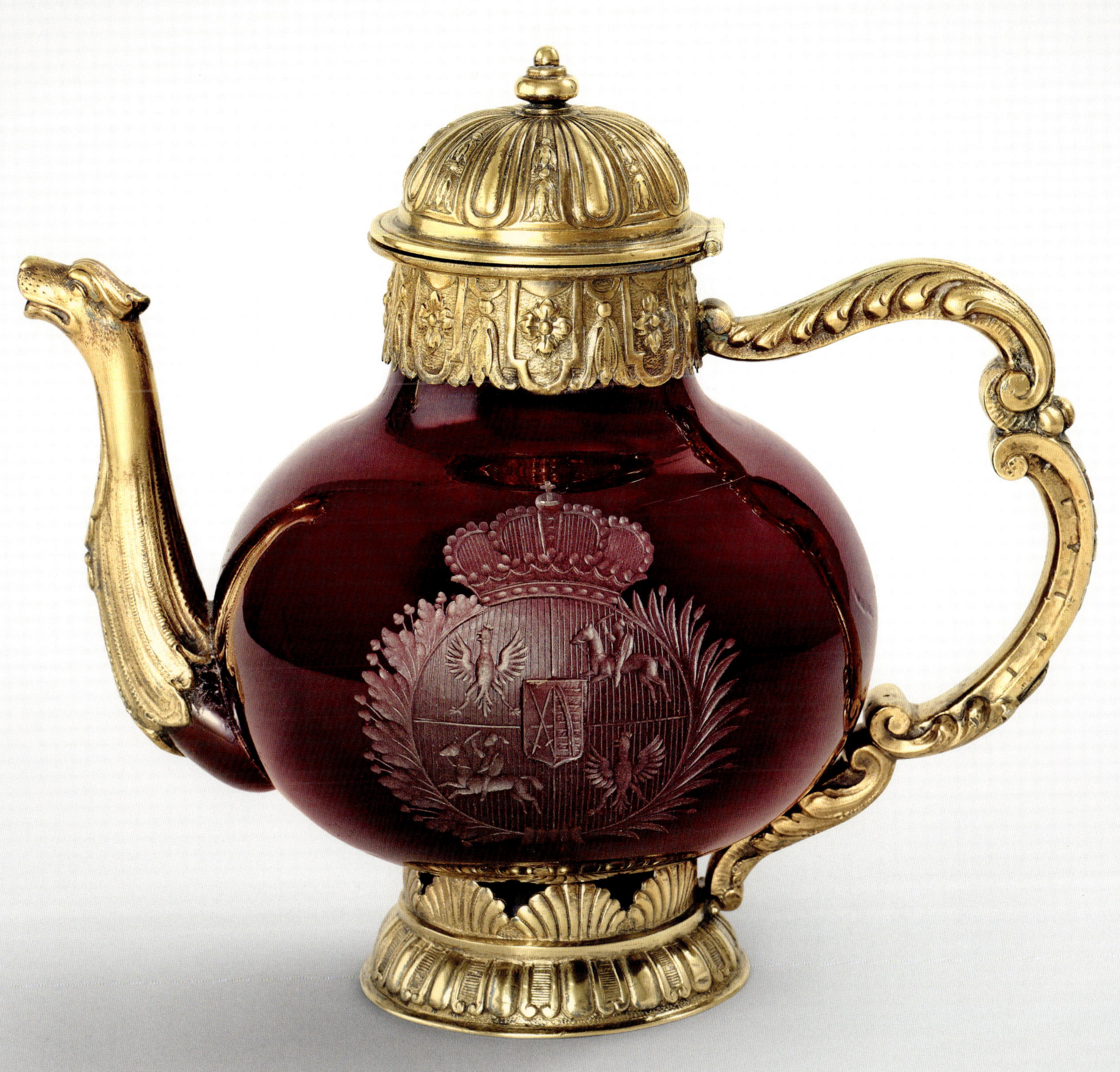

24 Zwei kleine Ecuellen

Meissen, um 1750

Marke: gekreuzte Schwerter unterglasurblau
Pressmarken: 68 sowie Pressnr 3

H. 8,5 cm, Dm. 14 cm

Provenienz: Kunsthandel

Literatur: unpubliziert

Als Ecuelle bezeichnet man eine kleine Deckelschüssel mit Unterteller, die nicht zu einem Tafelservice gehört, sondern als Einzelstück benutzt wird. Waren sie zunächst meist aus Silber oder Zinn, wurden im Laufe des 18. Jahrhunderts keramische Exemplare in Fayence oder Porzellan beliebt. Die Suppentassen mit Deckel, die als Bestandteile von porzellanenen Speiseservicen erst gegen 1770 eingeführt wurden, sind aus der Ecuelle entwickelt worden. Die deutsche Bezeichnung »Wöchnerinnenschüssel« läßt die Funktion erahnen: In solchen kleinen Terrinen konnte immer dann eine warme Mahlzeit serviert werden, wenn weder in Gesellschaft noch am Tisch gegessen wurde, d. h. etwa im Bett oder auf Reisen. Da auch Frauen im Wochenbett ihr Essen oftmals in einer Ecuelle erhielten, wurden ihnen – zumindest den gutsituierten – von den erfreuten Männern gelegentlich kostbar dekorierte Exemplare aus Porzellan oder aus Silber geschenkt. Diese Gaben blieben dann Erinnerungsstücke und wurden in passenden Lederfutteralen verwahrt. Ein besonders aufwendiges Beispiel aus Meissener Porzellan, das sich heute im Britischen Museum befindet, schenkte der preußische König Friedrich Wilhelm I. seiner Gemahlin Sophie Dorothea 1730 während einer langen Krankheit zum Geburtstag.[1]

Die hier ausgestellten Exemplare sind in mehrerer Hinsicht etwas Besonderes. Zum einen sind sie ein Paar, was selten ist. Zum andern sind sie so klein, daß sie wohl weniger für Eintöpfe, sondern eher für Kraftsuppen gedacht waren. Darüber hinaus sind die mit kleinen Blümchen umwundenen Henkel, die den Eindruck der Kostbarkeit noch steigern, ungewöhnlich. Der glänzend polierte, flächige Goldgrund dagegen findet sich auf Dekorationsstücken der Mitte des 18. Jahrhunderts öfter, doch wird durch ihn der Gebrauchswert erheblich eingeschränkt, da das nur auf der Oberfläche angeschmolzene Gold für Kratzer und Bereibungen sehr anfällig ist.

Die Blumenmalerei der beiden Ecuellen ist von beeindruckender Qualität. Alle Blüten sind botanisch bestimmbar, darunter finden sich verhältnismäßig selten verwendete Blumen wie die Iris. Die lockere Weise, in der sie weder einzeln gestreut noch gebunden sind, ist charakteristisch für diese Zeit, aus der sich etwa im Neuen Palais in Potsdam Vasengarnituren erhalten haben, deren Bemalung ebenfalls aus prächtigen übereinandergelegten Einzelblumen besteht. SW

1 Wittwer 2007, S. 87–110, hier S. 96 f.

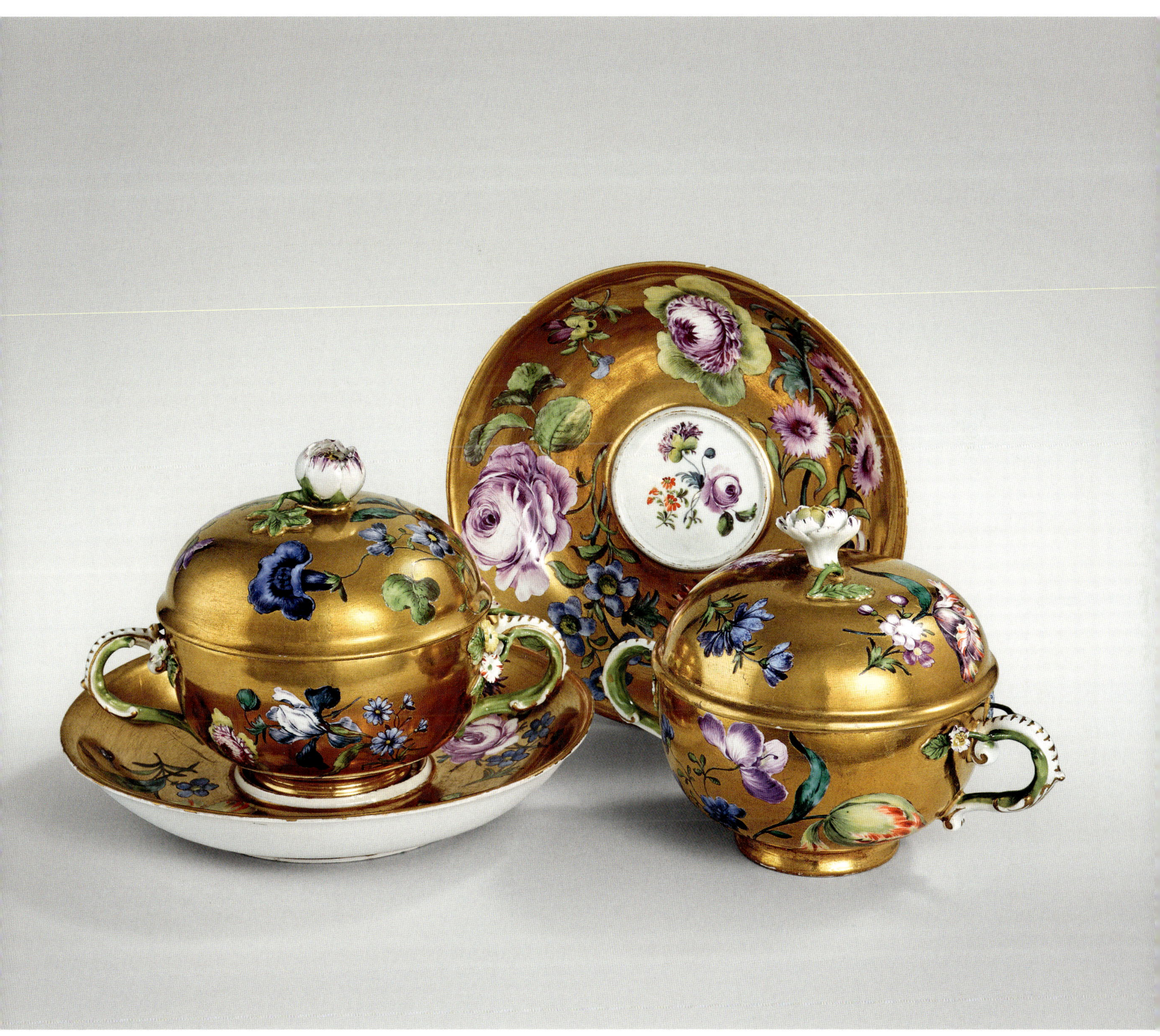

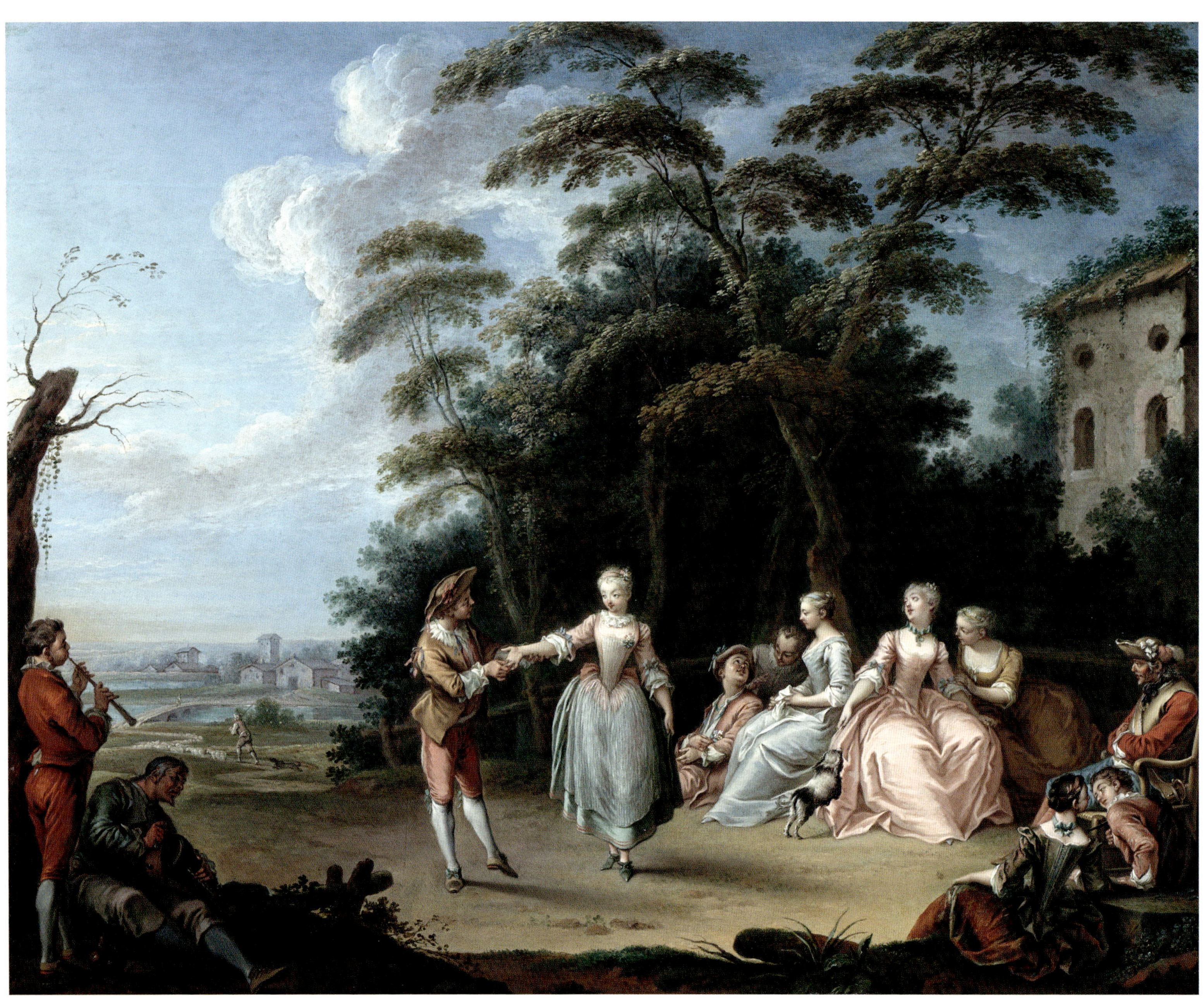

25 Jacques-Sébastien Leclerc, auch Sébastien III Leclerc

Fête galante

wohl 1750er Jahre

Öl auf Kupfer

37,5 × 46,5 cm

Bezeichnet unten rechts: »L. C.«

Provenienz: Sammlung Baron Emmanuel Léonino, 1929 – Würzburg, Heide Hübner

Literatur: unpubliziert

In einer südlichen Landschaft hat sich eine Gruppe junger Leute versammelt. Links spielen zwei Musikanten einem tanzenden Paar auf, ein älterer Mann sitzt rechts in einem Lehnstuhl. Weitere Frauen und Männer lagern auf dem Boden. Die Szene ist ein typisches Beispiel der von Watteau um 1710 entwickelten *Fêtes galantes* – Darstellungen idealisierten Landlebens, die die Tradition der Pastorale für das Frankreich des 18. Jahrhunderts aktualisierten. Diese neue Gattung erreichte schnell große Beliebtheit bei Sammlern in Paris und anderswo.

Durch das Monogramm läßt sich das Gemälde Jacques-Sébastien Leclerc zuordnen. Der Maler stammte aus einer französischen Künstlerfamilie. Sein Vater Louis-Auguste Leclerc war Bildhauer und arbeitete zeitweise in Dänemark, sein Großvater Sébastien war Druckgraphiker, Zeichner und Militäringenieur. Über Jacques-Sébastien, den Maler dieses Gemäldes, ist nur wenig bekannt.

Leclerc hat für die *Fête galante* Figuren aus Gemälden Nicolas Lancrets variiert. Sie folgen dem älteren Vorbild motivisch in Haltung und Proportionen eng. Die Farbigkeit hat sich jedoch gegenüber seinem Vorbild deutlich abgekühlt und die Oberflächen sind weniger malerisch, dafür härter und metallischer. Unter den wenigen signierten und datierten Gemälden Leclercs sind der 1750 datierte *Vogelfänger* (Partridge, London, 1995) und die 1751 datierte *Brautwerbung* ähnlich (Dorotheum, Wien, 21. April 2010, lot 303); ein *Concert champêtre* (Galliera, Paris, 2. Dezember 1975, lot 26), wohl von 1759, kommt dem Gemälde der Sammlung Oetker noch näher. Eine Datierung in die 50er Jahre des 18. Jahrhunderts ist deshalb gut möglich, obwohl wir Leclercs Werk und stilistische Entwicklung bisher nicht ausreichend überblicken.

Mit Lancret war 1743 der letzte Vertreter der Generation von Malern um Watteau gestorben. Die *Fête galante* blieb sehr beliebt, weshalb um die Mitte des Jahrhunderts die Zahl der Varianten von vergleichsweise weniger bekannten Künstlern schlagartig anstieg. Leclercs *Fête galante* ist ein schönes Beispiel für ein solches Werk eines Kleinmeisters der folgenden Generation. CMV

26 ## Zwei Tassen mit Watteaumalerei

Meissen, gegen 1750 und wohl um 1850

Marke: gekreuzte Schwerter unterglasurblau
Ritz- und Pressmarken: 63 (nur auf Untertasse zur 7 cm hohen Tasse)
sonstige Zeichen: 44., Purpur aufglasur

Tasse: Höhe 7 cm, Untertasse: Dm. 14 cm
Tasse: Höhe 14 cm, Untertasse: Dm. 14 cm

Provenienz: Kunsthandel

Literatur: Aukt.-Kat. Lempertz, Köln, November 1949, Nr. 311 und 312

Auf den ersten Blick scheinen die beiden Tassen zusammen für ein Tee- und Kaffeeservice hergestellt worden zu sein. Bei genauerer Betrachtung jedoch fallen Unterschiede auf: Die eine in Vierpaßform folgt einer Modell- und Dekorationsidee, die in Meißen um 1745 entwickelt wurde, nämlich der Einteilung der Oberfläche in vier Felder, wovon zwei mit Figurenmalerei und zwei mit Blumen in einem Farbfond – in diesem Fall Seladongrün – bemalt sind, gerahmt von reichen Goldspitzen- bzw. Goldschuppenbändern. Dieser Dekor spiegelt die damals neueste Entwicklung der Manufaktur wider: 1741 erwarb sie von Graf Hennicke mehrere hundert Kupferstiche nach Gemälden von Antoine Watteau und Nicolas Lancret. Vier Jahre später lieferte sie eines der aufwendigsten und prachtvollsten Hofservice nach Dresden, das sogenannte grüne Watteauservice, das jeweils unterschiedliche höfische Figurengruppen in kräftigem Kupfergrün mit graphischer, dunkler Untermalung zeigt. Und noch einmal zwei Jahre später, 1747, erhielt die Königin beider Sizilien, Maria Amalia Christine von Sachsen, zur Geburt ihres ersten Sohnes von ihrer Mutter Maria Josepha ein prachtvolles Toilettservice mit ebensolcher grüner Watteaumalerei, dessen Einzelstücke größtenteils von einer klaren Vierpaßform sind.

Damit waren in den Malerstuben die Bestandteile des Dekorationsaufbaus der hier gezeigten Tasse bekannt und wurden in zahlreichen Variationen auf dieses Modell mit Asthenkel gebracht: Verschiedene Fondfarben, gleichmäßiger Fond oder mit Schuppen- bzw. Rautenmuster, mit Puttenmalerei, Bauern oder vornehm gekleideten Watteaufiguren – der Phantasie waren keine Grenzen gesetzt.

Die gegen 1750 entstandene Vierpaß-Tasse vereint in ihren Kartuschen Theaterfiguren, nämlich Pierrot und Harlekin aus der Commedia dell'Arte, eine Tänzerin mit Fächer und auf der Tasse ein Liebespaar aus einem der im Rokoko so beliebten Schäferspiele. Die Figuren der anderen Tasse sind dagegen höfische Paare, unter anderem ein Edelmann in polnischer Tracht mit langem, blauem Mantel. Einige Details an dieser Tasse sind auffällig und ungewöhnlich: Beide Szenen auf der Obertasse sind inhaltlich miteinander verbunden, indem vorne ein spazierendes Pärchen inne-

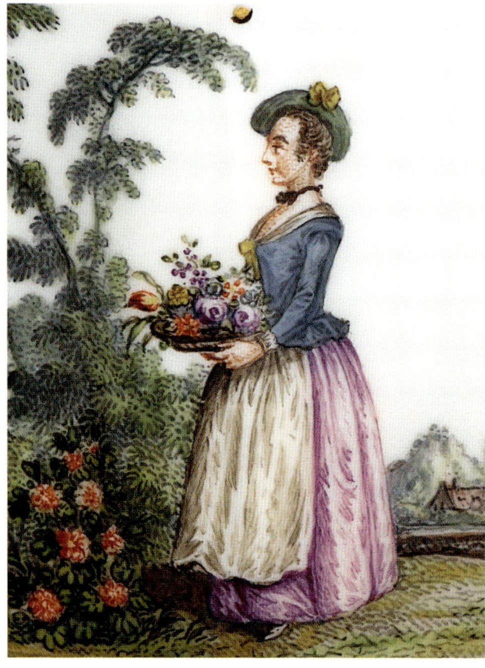

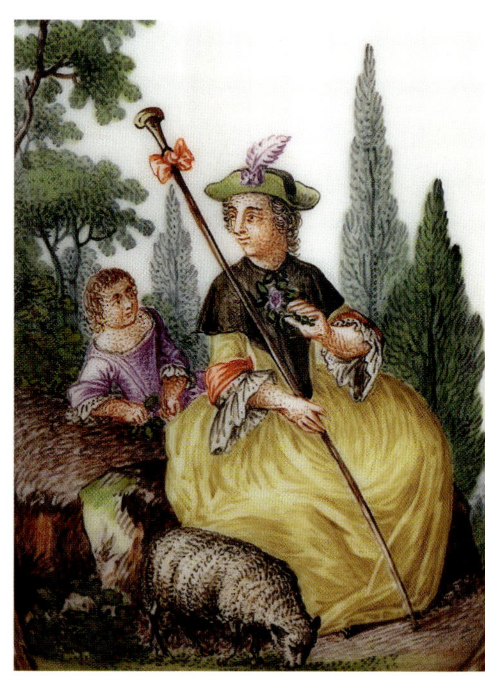

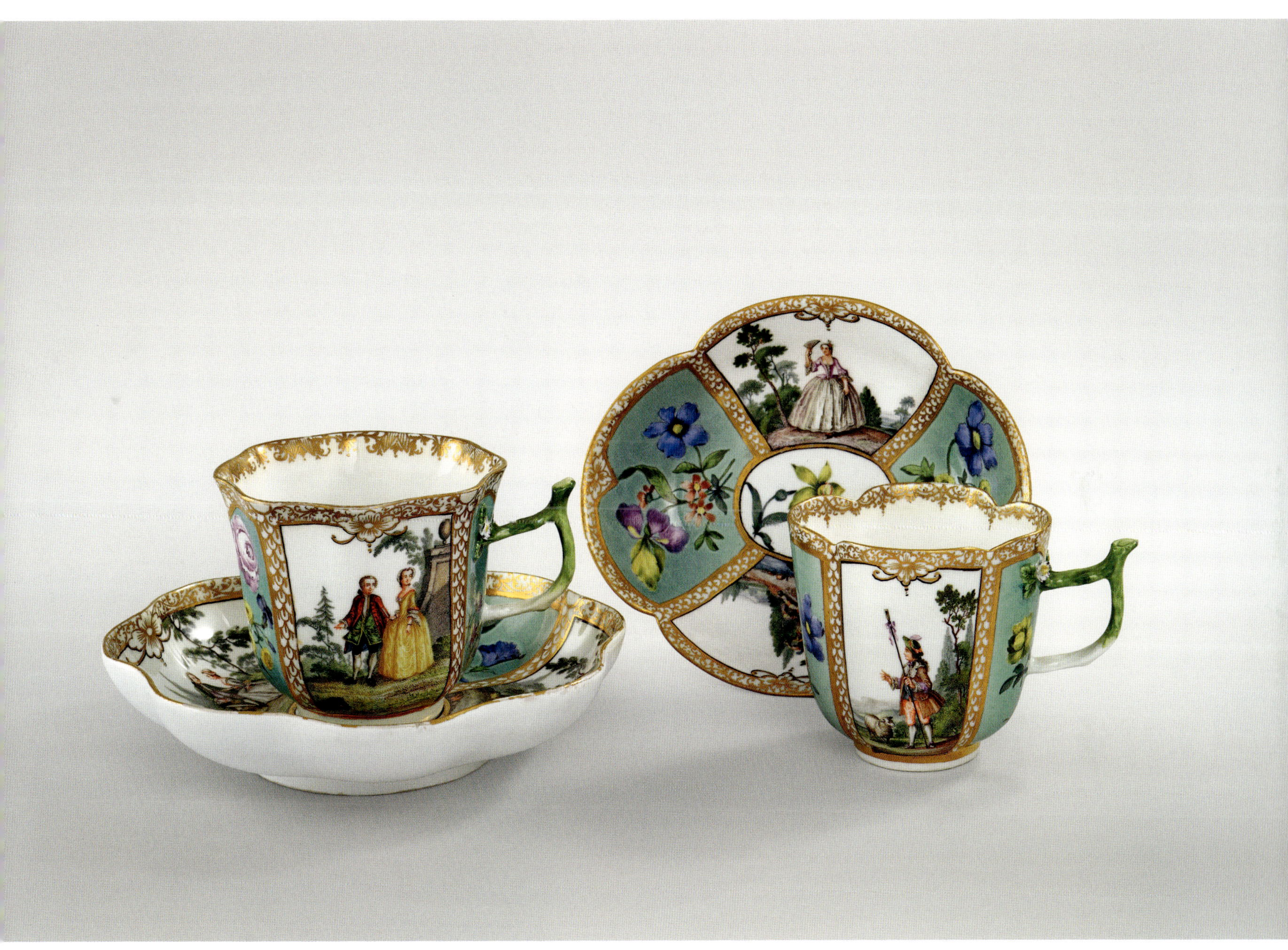

hält und sich umwendet, während von der Rückseite her ein Blumenmädchen seinen reich gefüllten Korb anbietet. Es ist in Haltung und Tracht eine spiegelverkehrte Wiedergabe des Schokoladenmädchens von Jean-Etienne Liotard, das sich erst seit 1855 in der Dresdener Gemäldegalerie befindet und von dem auch erst seit 1842 Reproduktionsgraphiken erhältlich sind. Die Figuren der Tasse haben zudem größtenteils helle, und nicht kleine dunkle Pupillen, die Kleidungstücke sind in kontrastierenden Farben fein konturiert, die innere Goldkante ist plump gemalt und die länglichen Goldschuppen sind unregelmäßig. Zudem weichen Tasse und Untertasse in ihrer achtfach geschwungenen Form, der inneren Goldspitzenkante und der leicht später zu datierenden Blumenmalerei von der anderen ab. Trotzdem sind die Szenen an sich hervorragend gemalt.

Könnte man diese Tasse zunächst als eine Service-Ergänzung der 1760er Jahre sehen, so weisen die Formen der Schwertermarken jedoch eindeutig in die erste Hälfte des 19. Jahrhunderts. Seit den 1840er Jahren war gerade diese Dekoration außerordentlich beliebt. Meissen und auch imitierende Manufakturen produzierten größere Mengen solcher Service mit Watteaumalerei und der charakteristischen Vergoldungsart, wobei die Fondfarben Gelb und Seladon am häufigsten sind. Meist wurde dafür das vierpaßige Modell verwendet, nachweisbar sind aber auch andere Formen. Da die beiden purpurfarbenen Nummern »44.«, die sich auf allen vier Teilen befinden, auf der achtpaßigen Tasse und Untertasse deutlich anders und zögerlich imitierend gemalt sind, kann man vermuten, daß hier eine in der Mitte des 19. Jahrhunderts im Rokoko-Stil gemalte Watteau-Tasse nachträglich mit einer purpurnen 44. versehen wurde, um damit trotz abweichender Form und Goldspitze ein Restservice des 18. Jahrhunderts zu ergänzen, wodurch sie erst zu einer Art Fälschung wurde. Vive le mariage! sw

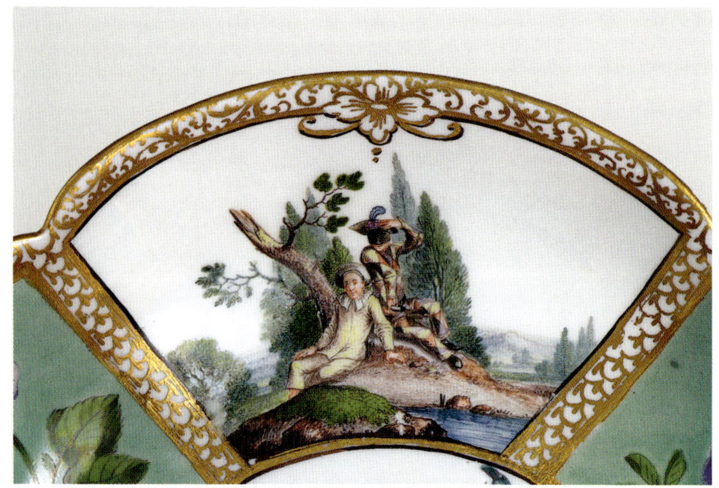

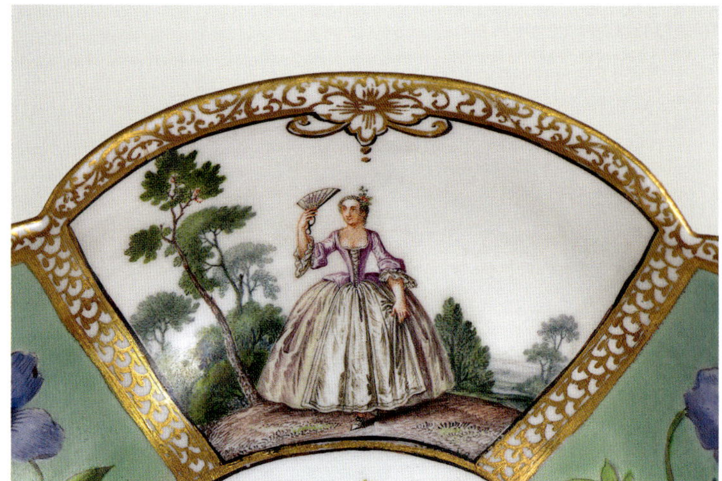

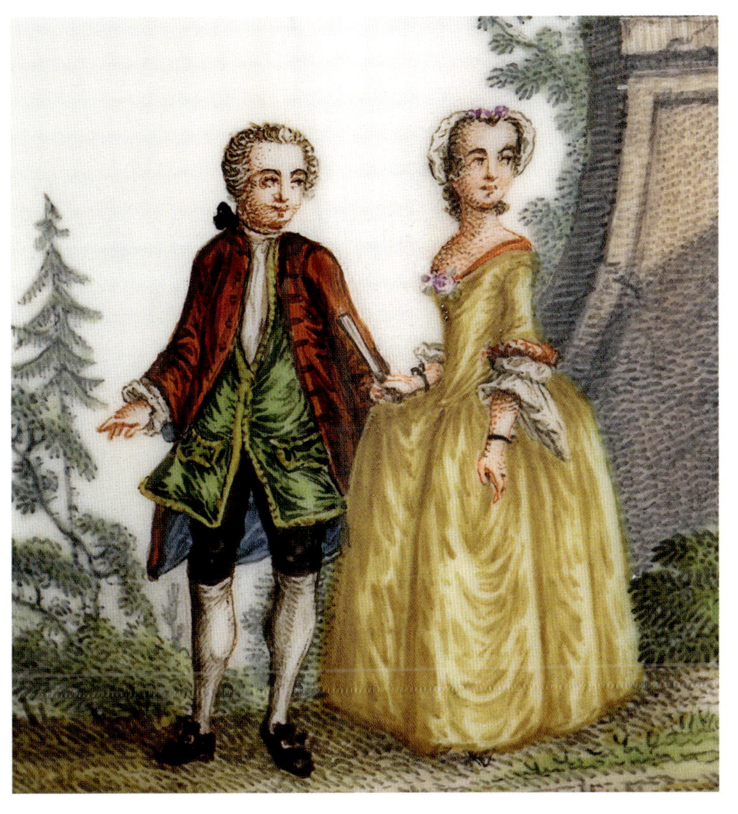

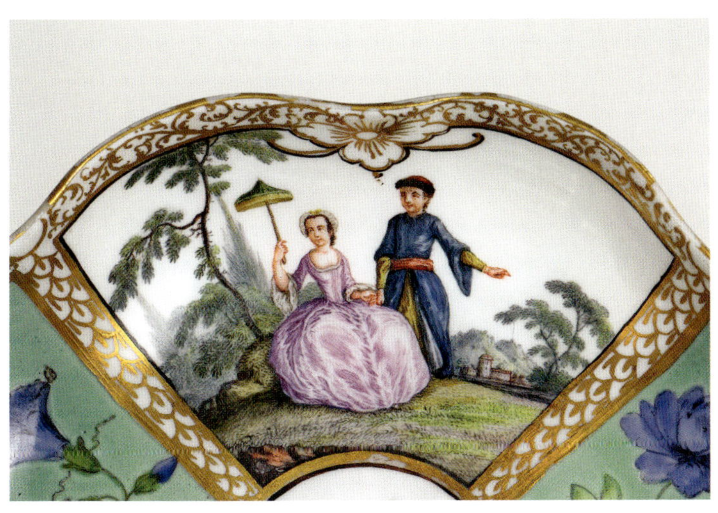

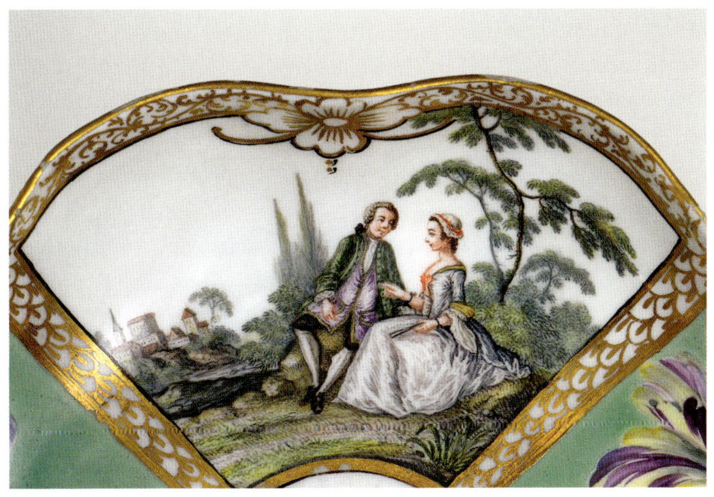

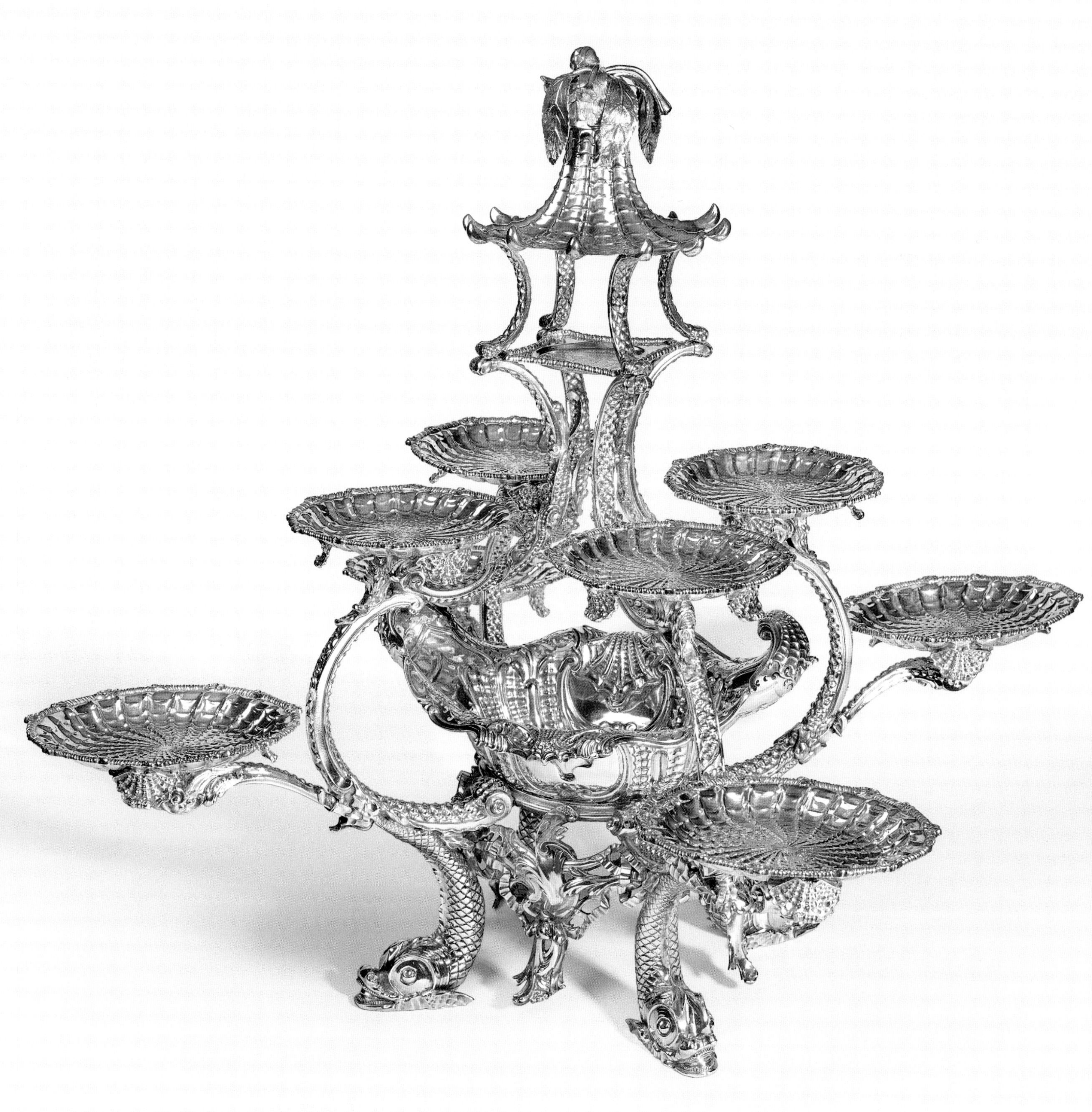

27 Tafelaufsatz

Thomas Heming
London, 1753–1754

Silber, gegossen, punziert

Meistermarke: Thomas Heming
Beschauzeichen: London, Sterling Standard, 1753–1754

H. 64 cm

Provenienz: George Nugent-Temple-Grenville, First Marquess of Buckingham, Stowe House – Christie's, 8. September 1848, 18. Tagesauktion, Lot 414, £ 174 0 s 9 d

Literatur: Aukt.-Kat. Christie's 1848, lot 414 – Bachtler 1986, S. 242, Nr. 11

Der Tafelaufsatz steht auf vier Delphinfüßen, zwischen denen silber-durchbrochene Blumen- und Rankenmotive angebracht sind. Die Delphine tragen einen mit Blattwerk und Muscheln punzierten ovalen Korb. Über ihnen erheben sich vier große, C-förmige rankenartige Halteklammern, von denen seitlich vier vegetabilische Äste ausgehen, die die Kerzentüllen mit Tropftellern sowie vier weitere runde Gefäße halten, die mit »Fledermausflügel«-Ornamenten und godronierten Einfassungen versehen sind. Es besteht die Möglichkeit, die Kerzenhalter durch vier weitere kleine flache Schalen auszutauschen. Ein kleiner pagodenartiger Baldachin mit Frucht- und Blattknäufen bekrönt den Tafelaufsatz, unter dem ein Wappen eingraviert ist. Es ist das Wappen der Familien Grenville und Nugent, in diesem Fall das des George Nugent-Temple-Grenville, first Marquess of Buckingham, der im Jahr 1775 Mary Elizabeth, Tochter von Robert, Earl Nugent, heiratete. Grenville war 1784 vom Rang des Grafen zum Marquis erhoben und 1801 zum Ritter des Hosenbandordens ernannt worden. Da das Motto des Hosenbandordens *Honi soit qui mal y pense* im Wappen erscheint, datiert es den Aufsatz zwischen 1801 und 1813. Der Marquis erbte Stowe in Buckinghamshire, eines der bedeutendsten klassizistischen Gebäude in England, ebenso wie eine wichtige Kunstsammlung, die er zeitlebens erweiterte und die dann 1848 bei Christie's auktioniert wurde.

Der englische Tafelaufsatz oder *epergne* entwickelte sich seit dem frühen 18. Jahrhundert aus dem französischen *surtout de table*. Zu dieser Zeit hatten sich seine Form und Funktion jedoch bereits stark verändert und um 1780 geriet er gänzlich aus der Mode. Mitte des 18. Jahrhunderts wurde der *epergne* meist beim Dessert verwendet, das oft in anderen Räumlichkeiten als der Hauptgang eingenommen wurde. Der zentral montierte Korb barg Früchte oder Blumen, die kleinen Schalen Nüsse oder Konfekt. *Epergnes* sollten vielfältig verwendbar sein. Bei dem hier vorgestellten Beispiel haben die kleinen Schälchen eigene Füße: Sie können somit herausgenommen und separat verwendet werden. Während des Tages lassen sich die Kerzenarme gänzlich entfernen und können durch die Schalen, die anstelle der Kerzen angeschraubt werden, ersetzt werden. Der Tafelaufsatz aus Buckingham ist höchst ungewöhnlich. Stilistisch steht er zwischen dem Rokoko und dem chinesischen Pagodenstil, der in den 1760er Jahren populär wurde.

Thomas Heming war einer der interessantesten Londoner Goldschmiede während der Übergangsphase vom Rokoko zum

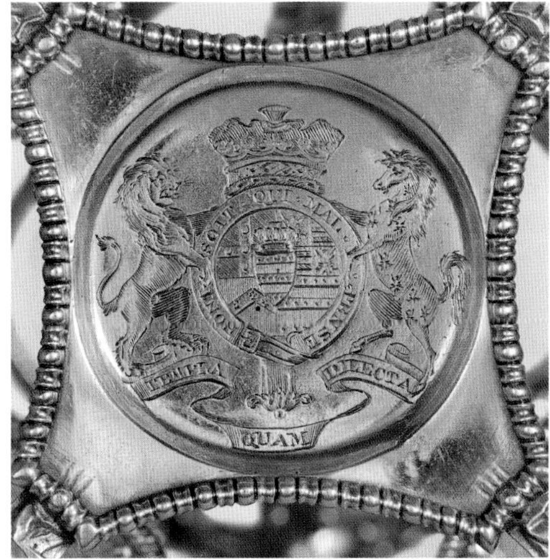

Neoklassizismus. Obgleich viele seiner Entwürfe vom zeitgenössischen französischen Silber beeinflußt waren, sind zahlreiche seiner Arbeiten originell und unverwechselbar. Der experimentelle Entwurf dieser *epergne* ist charakteristisch für Heming, und die abstrakte Punzierarbeit ist ein Motiv, das sich auf zahlreichen Objekten mit dieser Markierung findet. Geschäftlich war er so erfolgreich, daß er sich einen vornehmen Landsitz in Uxbridge bei London kaufen konnte. Im Jahr 1760 wurde Thomas Heming zum Hofgoldschmied ernannt. Er war indes auch umstritten: 1782 wurde ihm das königliche Privileg entzogen, da man Untersuchungen wegen des Vorwurfs überhöhter Preise gegen ihn führte.

Die Stowe-Auktion war eine der großen Versteigerungen des 19. Jahrhunderts. Sie umfaßte mehr als 3000 Lose und dauerte 40 Tage. Am Ende wurden mehr als £ 75 000 eingenommen. Der hier gezeigte Tafelaufsatz wurde in dieser spektakulären Auktion für £ 174 0s 9d verkauft. Er war im Katalog wie folgt beschrieben: »A beautiful epergne, with centre baskets [sic] and four small stands supported on the tails of dolphins, with four branches for lights, and four extra stands – of fine old design. 386 oz 15 dwt« (entspricht ca. 12 kg). TS

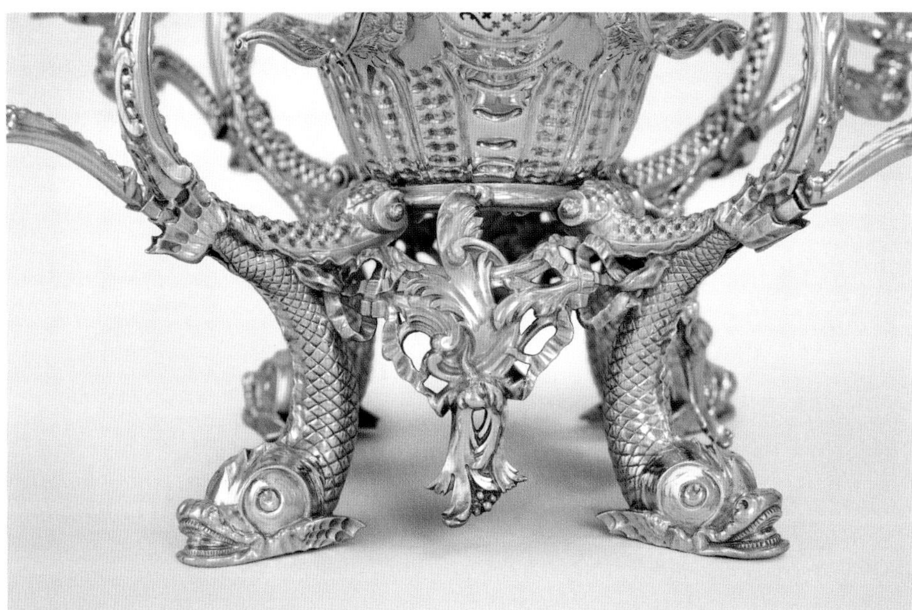

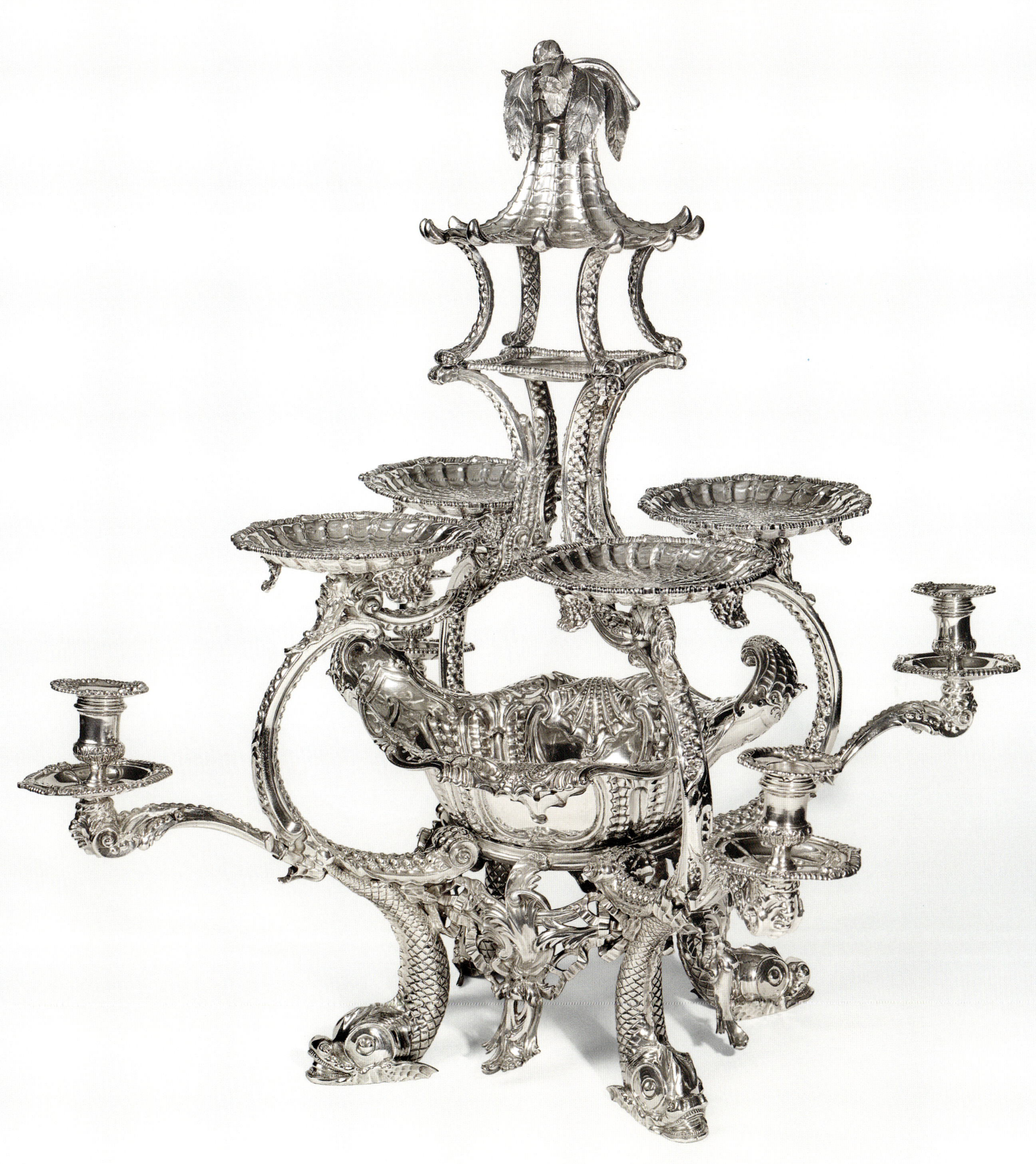

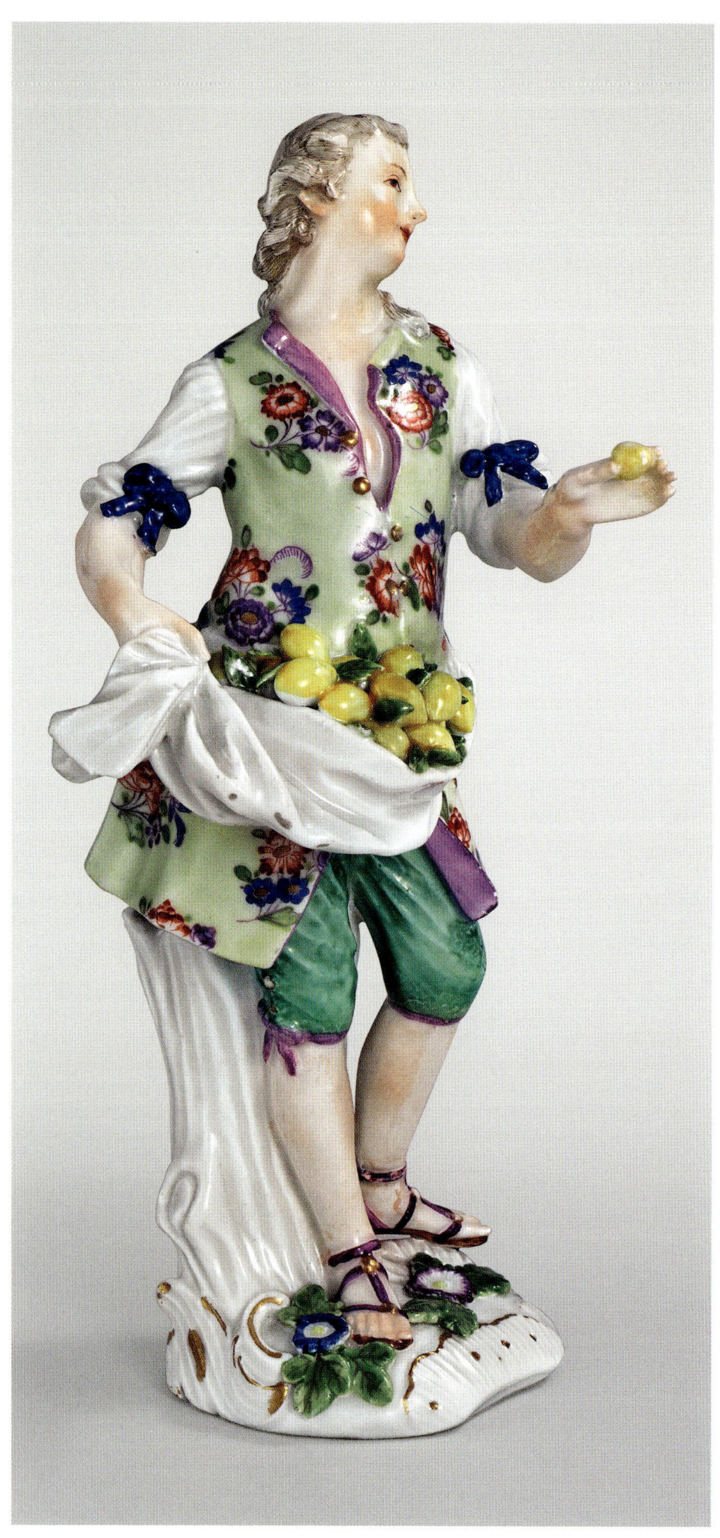

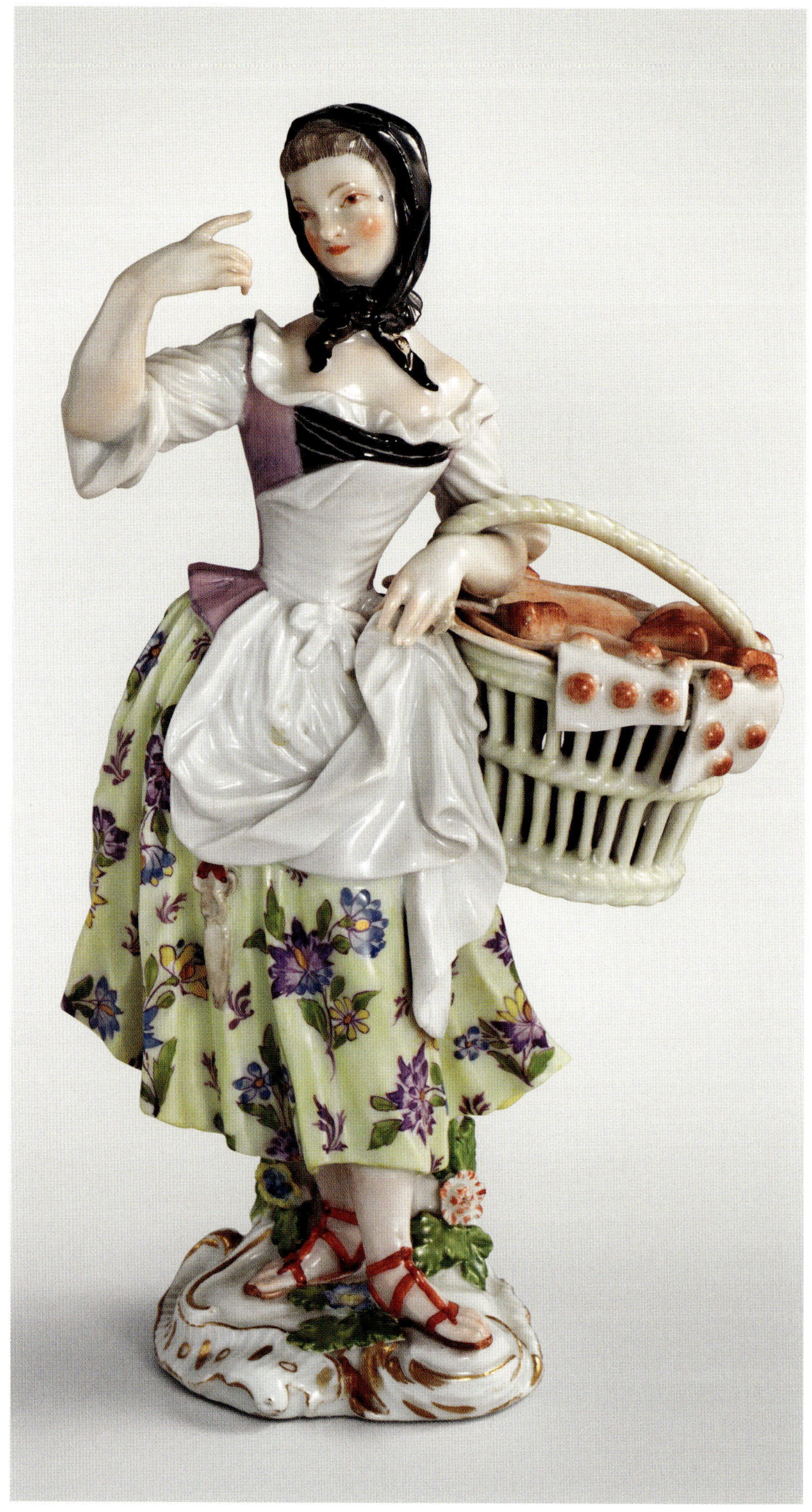

28/29 **Zitronenverkäufer und Gebäckhändlerin**

Friedrich Elias Meyer
Meissen, um 1755

Marke: gekreuzte Schwerter unterglasurblau

Zitronenverkäufer: H. 19,8 cm
Gebäckhändlerin: H. 20,5 cm

Provenienz: Kunsthandel

Literatur: unpubliziert

Dieses elegante Figurenpaar wurde bisher meist einer Meissener Figurenserie zugeschrieben, die in der Mitte der 1750er Jahre entstand und Pariser Ausrufer, die *Cris de Paris*, darstellt.[1] Mehrere Gründe sprechen aber dagegen. So gibt es nur dieses Paar in zwei verschiedenen Größen und die Figuren tragen Sandalen statt grober Holzschuhe. Zudem sind sie nicht durch Vorlagen überliefert, denn obwohl es für die Pariser Ausrufer – im Gegensatz zu den Londoner und St. Petersburger Ausruferserien – keine Stichvorlagen gibt, haben sich im Archiv der Manufaktur Zeichnungen des 18. Jahrhunderts erhalten, die die Mehrzahl der Modelle zeigen und dadurch die Gruppe fassbar machen.[2] Und schließlich gibt es zwei andere Versionen einer Gebäck- und einer Orangenhändlerin, die beide durch Zeichnungen für die Folge belegt sind und dieses Thema innerhalb der *Cris de Paris* vertreten.[3] Ob Friedrich Elias Meyer eine weitere Folge plante oder für welchen Zusammenhang er das Händlerpaar modellierte, kann nicht mehr mit Sicherheit gesagt werden.

Während Zitronen, die zum Würzen von Speisen oder für Limonaden verwendet wurden, auch noch im 18. Jahrhundert zu den teuersten Früchten gehörten, war »Brioche« ein Nahrungsmittel für breite Bevölkerungsschichten.[4] Mit der Schere, die an ihrem Gürtel hängt und unter der hochgehaltenen Schürze hervorschaut, konnte die Händlerin die gewünschte Menge der Kuchen abschneiden, die mit Zuckerguß in Portionen auf Papier geklebt aus ihrem Korb hängen. Der Zitronenverkäufer scheint jedoch an ihren Waren weniger Interesse zu haben und bietet ihr eine Zitrone an, was sie mit freundlicher Zuwendung in einer anmutigen Bewegung zu begrüßen scheint: Die Sprache der Gesten und Hände wurde im 18. Jahrhundert viel aufmerksamer verfolgt und gezielter eingesetzt als heute. Bücher gaben über ihre Bedeutung Auskunft. Die Gebäckverkäuferin, die mit ihrer Rechten dabei ist, ihre Stirn anzutippen, drückt demnach ein Geständnis aus, das in der damaligen Literatur mit »mollitiem prodo« betitelt wurde und etwa »ich verrate meine Schwäche« bedeutet, wie Katharina Hantschmann in einer Studie zur Nymphenburger Commedia-Gruppe herausfand, in der die Figur des *Dottore* die gleiche Bewegung macht.[5] SW

1 Zur Folge der Pariser Ausrufer und der fälschlichen Zuschreibung des Paares vgl. Leipzig 2001.
2 Ebd.
3 Ebd., Kat. Nr. 40, S. 108 f. und Kat. Nr. 47, S. 122 f.
4 Ebd., S. 17.
5 Hantschmann 2004, S. 37–52, hier bes. S. 41–43 und ebd. S. 259.

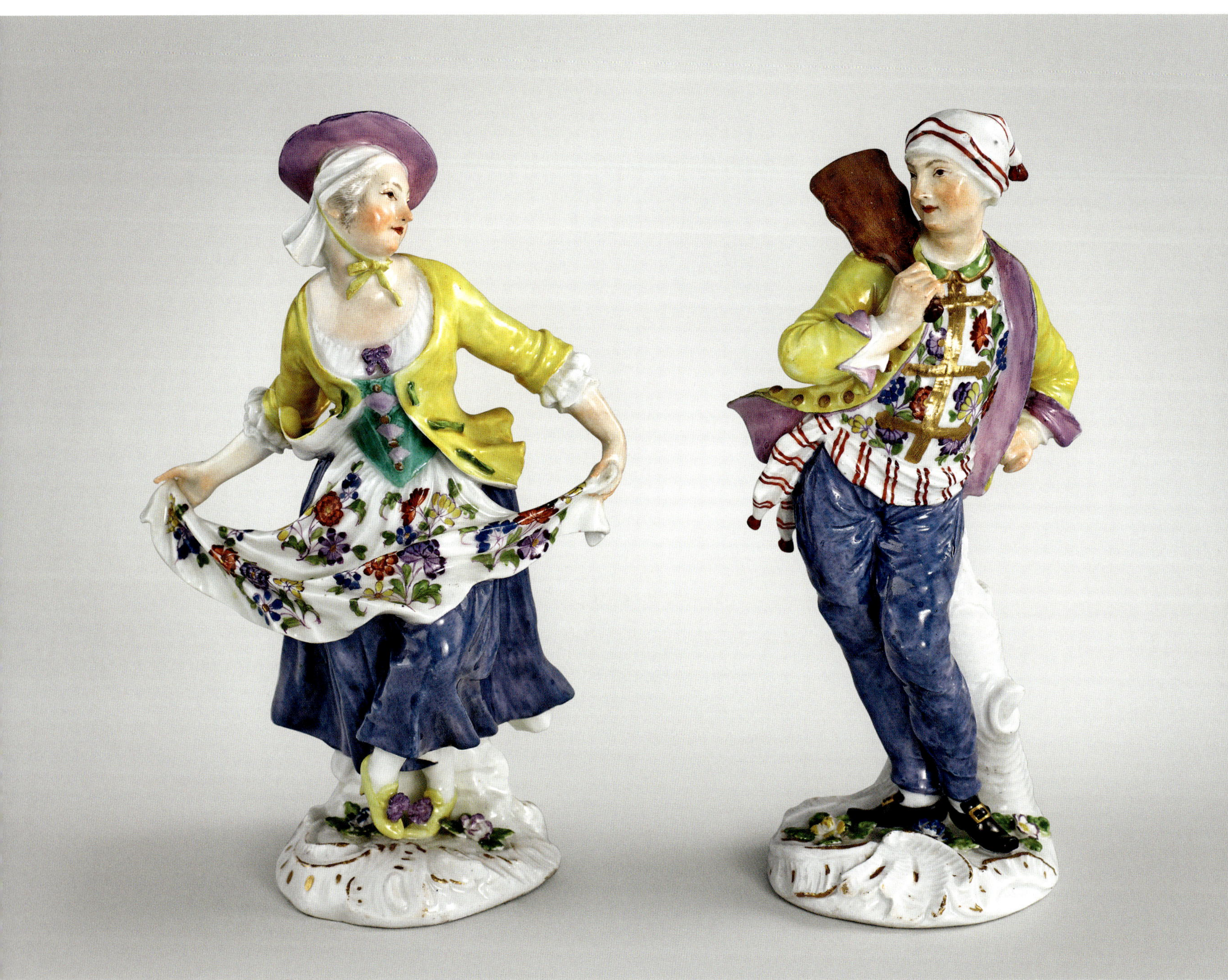

30/31 **Matrose und tanzende Matrosenfrau**

wohl Friedrich Elias Meyer
Meissen, um 1755

Marke: gekreuzte Schwerter unterglasurblau

Matrosenfrau: H. 19,4 cm
Matrose: H. 18,5 cm

Provenienz: Kunsthandel

Literatur: unpubliziert

Figurenpaare sind in der Porzellanplastik des 18. Jahrhunderts nichts Seltenes. Dennoch ist es eher eine Ausnahme, wenn Gegenstücke im Laufe der Zeit nicht getrennt wurden, sondern zusammenblieben, wie dies hier der Fall ist. Nahezu jedes Element bzw. jede Farbe der einen Figur wird in der Staffierung der anderen wiederholt. Nur das seegrüne Mieder der *Matrosenfrau* und die eisenrot gestreifte Bauchbinde und Mütze des *Matrosen* setzen eigene Akzente.

Die männliche Figur wurde in der jüngeren Literatur immer fälschlicherweise als Bäcker bezeichnet und oft den *Cris de Paris* (vgl. Kat. 28/29) zugeordnet. Dabei wurde schon allein nicht beachtet, daß die Pariser Ausrufer alle etwa vier Zentimeter kleiner sind als dieses Paar, und daß ein Bäcker ohne Brot eine doch eher mangelhafte Darstellung des Berufes wäre. In Verkaufsprospekten der Meissener Manufaktur aus der Mitte der 1960er Jahre, denen die älteren Modellbücher zugrunde lagen, sind die beiden Figuren korrekt bezeichnet. Auch in Verzeichnissen des 18. Jahrhunderts war die Berufsdarstellung noch klar, wie das Inventar des reich mit Meissener Figuren ausgestatteten sogenannten Schmuckkabinetts der sächsischen Kronprinzessin Maria Antonia im Taschenbergpalais in Dresden unter Verwendung des französischen Begriffs belegt: »2. dito [= Figuren] als Matelot nebst Frau«.[1] Der *Matrose* trägt ein Steuerruder über der Schulter, wie dieses in der Binnenschiffahrt – zum Beispiel auf der Elbe – verwendet wurde, weshalb man ihn auch als Schiffer bezeichnen könnte.

Beide Modelle können aufgrund stilistischer Merkmale mit großer Wahrscheinlichkeit Friedrich Elias Meyer zugeschrieben werden, der als ausgebildeter Bildhauer und Stukkateur 1748 seine Arbeit in Meißen aufnahm und 1761 nach Berlin wechselte, wo er an der ab 1763 königlichen Porzellan-Manufaktur zu einem Hauptmeister des späten Rokokostils im Porzellan wurde. Charakteristisch für ihn sind sowohl die reich mit Rocaillen eingefassten Sockel – ein Motiv, daß er möglicherweise in Meißen einführte – und die elegant gedrehten, von starkem Kontrapost und Leichtigkeit geprägten Posen.

Die Pose der tanzenden *Matrosenfrau* mit überkreuzten Füßen und die Schürze ausgebreitet haltend folgt einem Typus, der im durch Kupferstiche weit verbreiteten Werk Antoine Watteaus mehrfach vorkommt, aber auch in Meißen einige Jahre zuvor als tanzende Tirolerin schon seinen Niederschlag gefunden hatte.[2] SW

1 Das Inventar ist publiziert in: Kunze-Köllensperger 1997, S. 37–43, der Eintrag zum Matrosenpaar S. 39. In der Publikation ist der Zusammenhang nicht erkannt und der Matrose als Bäcker bezeichnet.
2 Die von Johann Joachim Kaendler um 1740 modellierte tanzende Tirolerin ist z. B. abgebildet in: Menzhausen 1993, S. 104.

32 Pfeife rauchender Türke

Höchst, um 1755

Marke: Rad
aufglasurrot

H. 22 cm

Provenienz: Kunsthandel

Literatur: unpubliziert

Von dieser kleinen Figur ist eine weitere Modellversion bekannt, in der der exotisch gekleidete Mann mit Mütze mit der Linken eine Tasse zum Mund führt und an Stelle des durchbrochen gearbeiteten Tischchens ein geschlossenes Postament auf einem Sockel ohne Rocaillen steht.[1] Sie wird im Bestandskatalog des Mittelrheinischen Landesmuseums als *Tee trinkender Chinese* betitelt. Obwohl die Manufaktur Höchst mehrere Chinesenfiguren im Sortiment führte, fehlen bei diesem Modell die eindeutigen und in der Zeit üblichen Merkmale zur Identifizierung als Ostasiate. Die hohen Stiefel, der weite, ungegürtete Mantel und die Mütze sprechen eher dagegen. Ein berühmtes Portrait des Kurfürsten Clemens August in Schloß Falkenlust bei Brühl zeigt diesen ziemlich ähnlich mit offenem Hausmantel und Hausmütze sowie eine Tasse haltend. So könnte man zunächst bei der Figur ganz allgemein von einem Privatmann sprechen, wobei die Form der Hosen nicht zu Mitteleuropa passen will. Ein weiteres Exemplar der Figur, vom gleichen Modell wie die hier ausgestellte, jedoch ohne Baum, befindet sich in Frankfurt.[2] Dort ziert das Gesicht des Mannes aber ein Schnurrbart in einer Form, der ihn eindeutig als Türken ausweist.

Für die Höchster Manufaktur ist dies insofern bezeichnend, als daß von ihr zwei großformatige und vielfigurige Hauptgruppen bekannt sind, die im einen Fall als der »türkische« und im andern als der »chinesische Kaiser« historisch betitelt sind. Der Schöpfer der ersten ist nicht bekannt, man schreibt aber das Modell derselben Hand zu, wie den *Pfeife rauchenden Türken*. Der Kaiser von China stammt dagegen von Johann Peter Melchior. Dennoch sind beide Modelle stark von exotischer Phantasie getragen und nicht als ethnologische Studien zu bewerten, wie es in der ganzen dekorativen Kunst des 18. Jahrhunderts üblich war. So befinden sich beim »türkischen Kaiser« ein Mohr als Diener und zwei Personen mit spitzen, blatt-ähnlichen Tütenhüten, die man eher von Chinoiserien kennt, doch tragen alle Figuren bodenlange Kaftane und teilweise weite Mäntel. Der Chinesische Kaiser streckt dagegen unter seinem Mantel ein Bein hervor, das genau dieselben Hosen und Stiefel bedecken wie die unseres Pfeifenrauchers. Der Manufaktur kam es wohl auch gar nicht auf Eindeutigkeit an, denn ein Modell, das mit Pfeife und entsprechender Staffierung als Türke, mit Tasse aber als Chinese zu verkaufen war, hatte doppelte Chancen, einen Liebhaber zu finden. sw

1 Esser/Reber 1964, S. 42, Kat. Nr. 61, und Bonhams London, Auktion 18. Juni 2014, Lot 154 (aus der Slg. Emma Budge).
2 Frankfurt 1994, S. 253, Kat. Nr. 6.8.9.

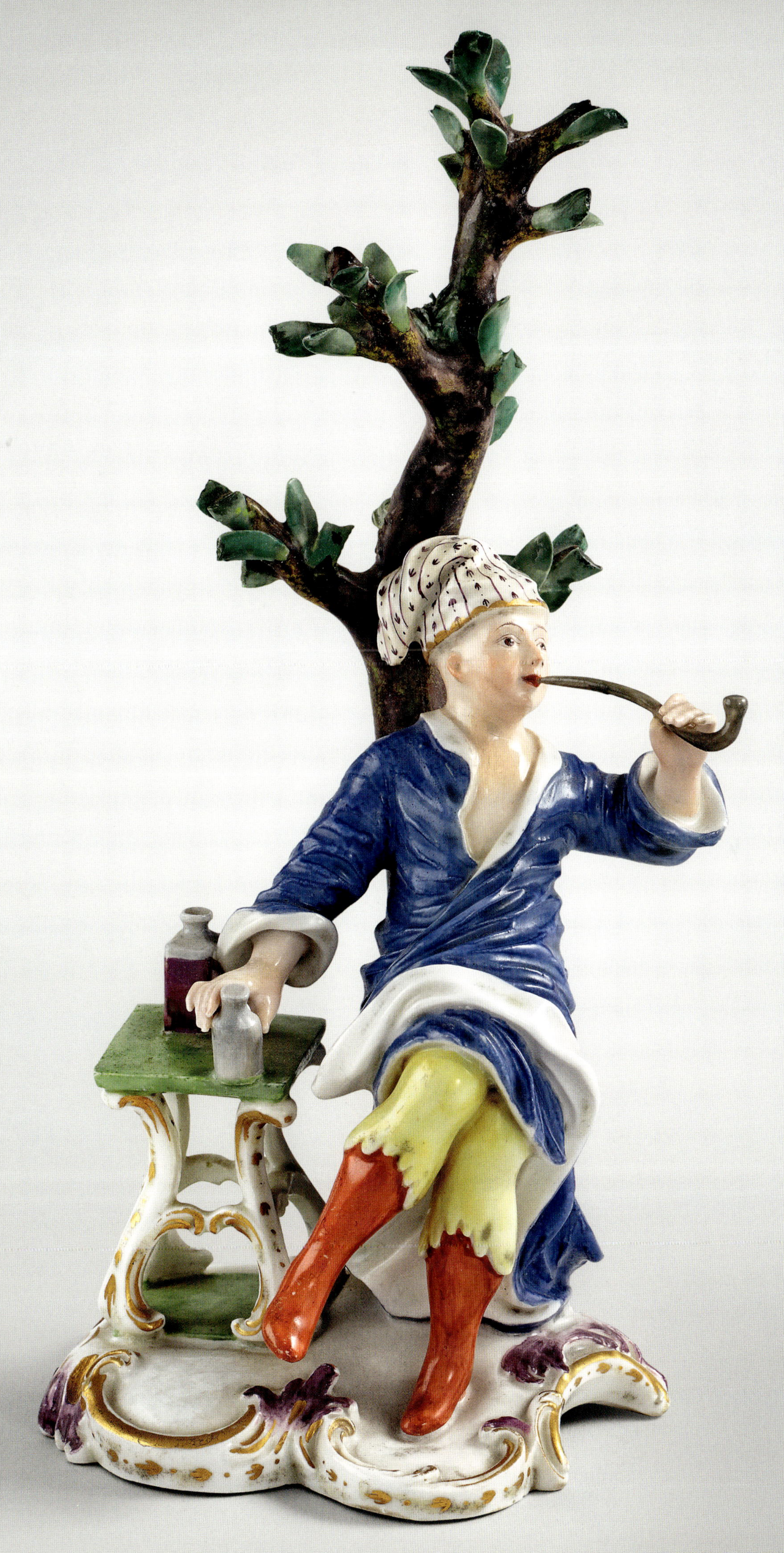

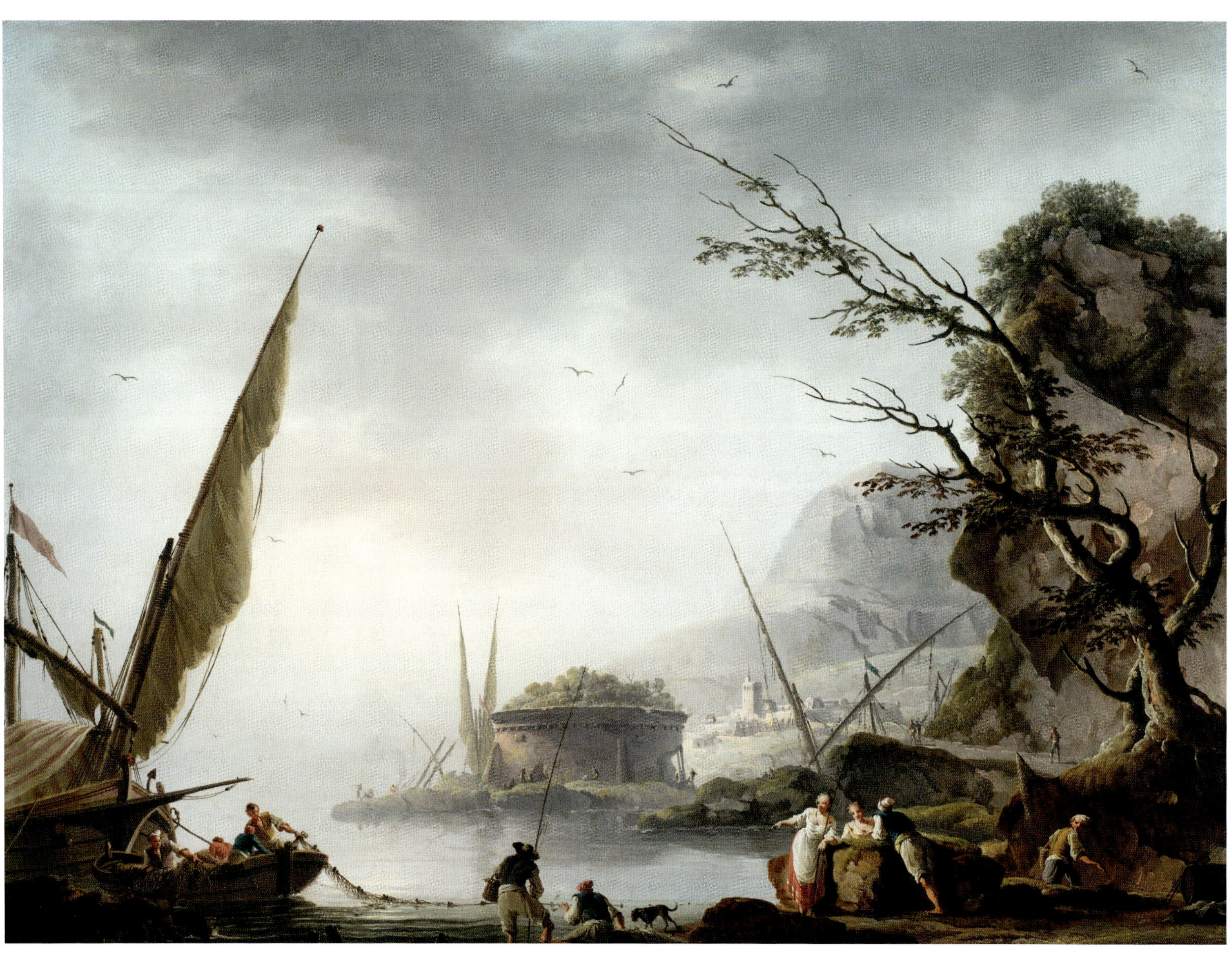

33 Charles-François Grenier de Lacroix

Ansicht eines italienischen Hafens

1755

Öl auf Leinwand

48,4 × 62 cm

Bezeichnet unten rechts: C De LaCroix fct Romae 1755

Provenienz: Kunsthandel

Literatur: unpubliziert

Der viele Jahre in Italien arbeitende französische Maler Charles-François Grenier de Lacroix ist bekannt für seine stimmungsvollen mediterranen Küsten- und Hafenbilder, die sich häufig am Vorbild von Claude Lorrain orientieren. Meist sind sie daher durch eine ausgewogene Komposition, mildes Licht, fein nuancierte Farbigkeit und einen harmonischen Gesamteindruck gekennzeichnet.

Dieses 1755 datierte Gemälde zeigt eine kleine Bucht, in der links ein größeres Segelschiff ankert. Davor sieht man ein Fischerboot mit mehreren Männern. Einer von ihnen zieht gerade ein Netz an Bord. Am Ufer stehen und sitzen weitere Menschen, darunter ein Mann mit Angelrute, ein anderer mit Hund und eine ins Gespräch vertiefte Dreiergruppe aus zwei Frauen und einem Mann. Alle sind volkstümlich gekleidet. Rechts und im Hintergrund erheben sich hohe Felsen und Berge. Das Zentrum der Komposition nimmt aber der auf einer Landzunge im Bildmittelgrund stehende antike Rundbau ein. In seiner Umgebung erkennt man weitere Segelboote und Staffagefiguren sowie eine kleine Stadt. Es scheint sich um eine morgendliche Situation zu handeln, denn die blasse Sonne steht noch nicht hoch über dem Horizont. Dunst und Wolken hindern sie daran, ihre ganze Kraft zu entfalten.

Obwohl das Gemälde, wie aus der Signatur hervorgeht, in Rom entstand, handelt es sich nicht um eine römische Ansicht. Zur Identifizierung des Motivs läßt sich ein Stich von Noël Le Mire nach einem 1757 entstandenen, unserem Bild verwandten Gemälde Lacroix' heranziehen. Er ist folgendermaßen beschriftet: »Vue des Restes d'un Temple de Venus dans l'Isle de Nisida près de Pouzzol au Golfe de Naples.« Allerdings hilft diese Ortsangabe nur bedingt weiter: Auf der kleinen Vulkaninsel Nisida, gelegen im Golf von

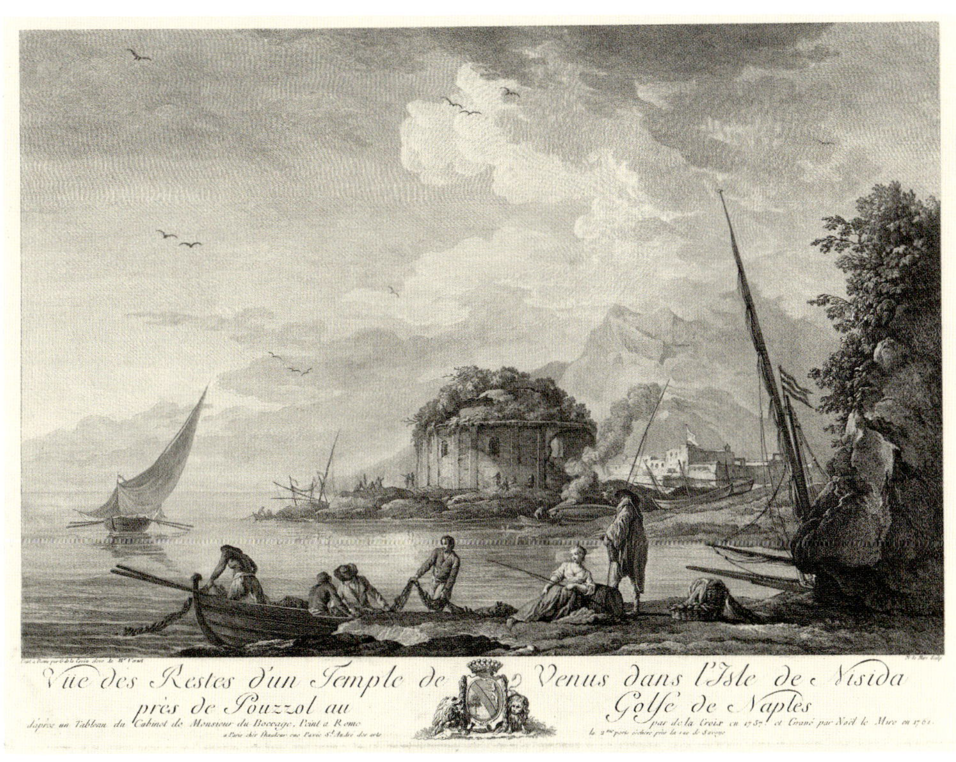

Abb.
Noël Le Mire nach Charles-François Grenier de Lacroix: Ansicht des Venustempels auf der Insel Nisida bei Pozzuoli am Golf von Neapel, Kupferstich von 1761 nach einem Gemälde von 1757, Staatliche Kunsthalle Karlsruhe, Kupferstichkabinett

Pozzuoli bei Neapel, kennt man nämlich keinen Venustempel. Hingegen gibt es ein lange als Venustempel bezeichnetes antikes Gebäude im nahen Baia, das während der römischen Kaiserzeit Baiae hieß und ein beliebter Erholungsort war. Es ist von Malern des 17. und 18. Jahrhunderts, unter ihnen etwa Paul Bril und Jakob Philipp Hackert, immer wieder dargestellt worden.[1] Der Stich von Le Mire gibt den Kuppelbau, der – wie man heute weiß – kein Tempel, sondern Teil einer Thermenanlage war, recht genau wieder: Ein ruinöses, durchfenstertes, außen mit Pilastern geschmücktes Gebäude, dessen Kuppel mit Büschen bewachsen ist. Bei näherer Betrachtung wird jedoch klar, daß Lacroix ein Capriccio geschaffen hat – ein aus Elementen unterschiedlicher Herkunft zusammengefügtes Bild. Das Bauwerk wird in eine neue Umgebung versetzt, um zu einer zwar anschaulich glaubhaften, jedoch idealen Komposition zu gelangen. Vorliegendes Gemälde zeigt dieses Prinzip in gesteigertem Maße, denn der Kuppelbau von Baiae ist mit Charakteristika der römischen Engelsburg amalgamiert: Fenster und Pilaster sind weggefallen, das Abschlußgesims ist verändert.

Lacroix stellt sich mit diesem Werk in die Tradition der Gattung »Ruinenlandschaft«. Zu den Versatzstücken, mit denen er arbeitet, zählen auch das geraffte Segel und der bizarre, nur spärlich belaubte Baum im Vordergrund. Sie neigen sich so einander zu, daß man sie unwillkürlich oben zu einer Spitze, unten zur Grundlinie eines Dreiecks verbindet, das dem ganzen Bildaufbau Struktur gibt. Beide kehren ähnlich auf verschiedenen Werken Lacroix' wieder.

Über das Leben des Malers ist nur wenig bekannt. Bisweilen wurde er »Lacroix de Marseille« genannt, so daß er aus dieser französischen Hafenstadt gestammt haben dürfte. Seine frühesten italienischen Veduten sind 1743 datiert. 1746 ließ ihn der bedeutende, in Rom lebende Landschafts- und Marinemaler Claude-Joseph Vernet Werke eigener Erfindung kopieren. Auf oben erwähntem Stich wird Lacroix »élève de Mr. Vernet« genannt. Sein Geburtsdatum kann man daher eventuell um 1720 ansetzen. Während Vernet Italien 1753 verließ, hat sich sein Schüler deutlich länger dort aufgehalten. Schließlich kehrte aber auch er nach Frankreich zurück, lebte in Nîmes und Paris, wo er im »Salon du Colisée« 1776 eine Ansicht der Engelsburg ausstellte. 1780 warb er in einer Annonce um Schüler und gab als Adresse die Pariser »rue de Vaugirard« beim Palais du Luxembourg an. Pahin de la Blancherie, der Initiator des »Salon de la Correspondance«, auf dem Lacroix 1780 und 1782 ausstellte, berichtet, der Maler sei im November 1782 in Berlin gestorben. HJ-F

1 Goldkuhle 1959, S. 272–280.

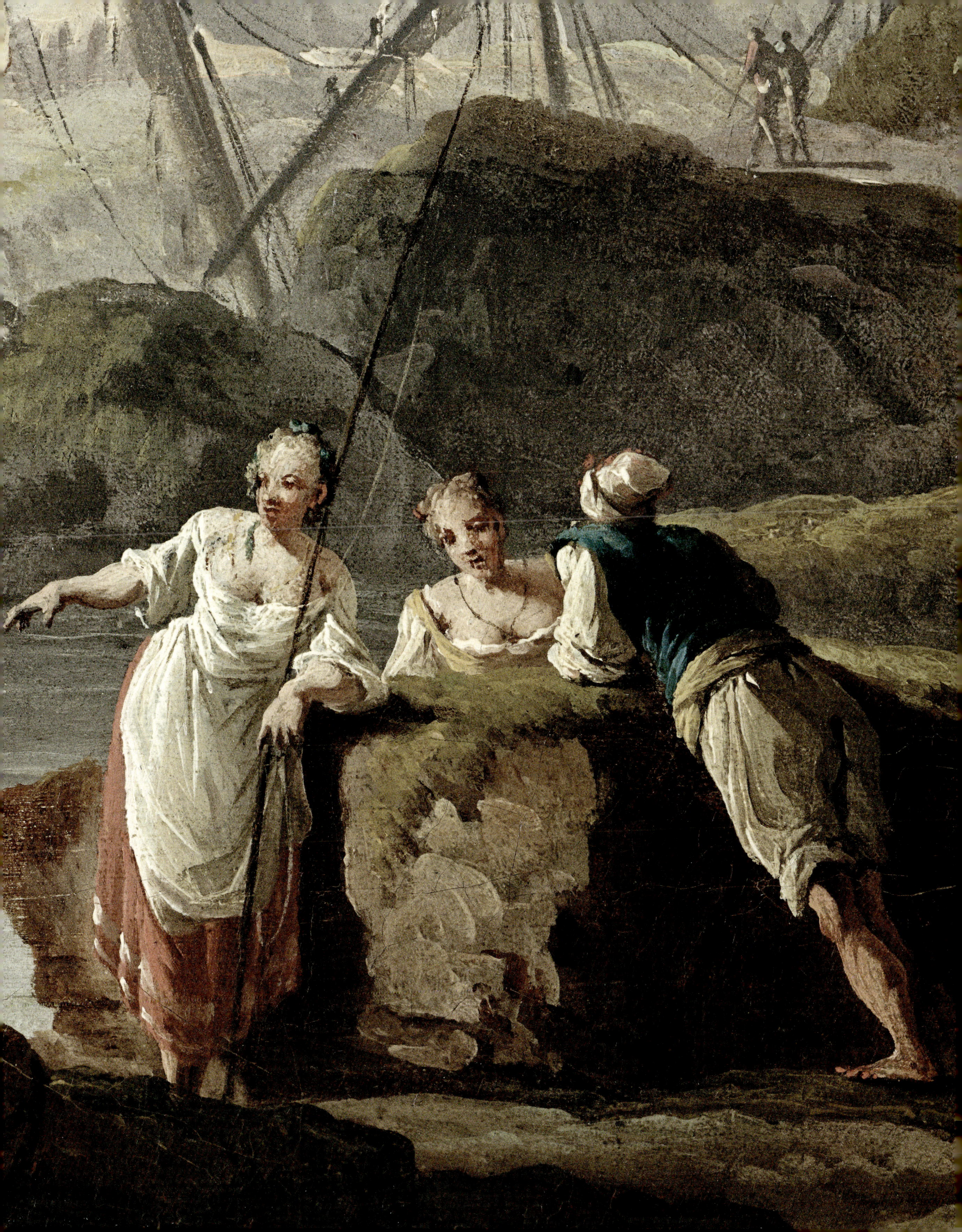

34 Die Haushälterin

Johann Joachim Kaendler
Meissen, um 1755

Marke: gekreuzte Schwerter unterglasurblau

H. 16 cm

Provenienz: Kunsthandel

Literatur: Münster 2003, S. 172 f., Kat. Nr. 109 (Martin Eberle)

Das Archiv der Manufaktur Meissen ist neben demjenigen von Sèvres sicherlich das am vollständigsten erhaltene seiner Art, dennoch gibt es Lücken in den Aktenbeständen, die schmerzlich sind. So haben sich beispielsweise die Arbeitsberichte der Modelleure Kaendler und Reinicke zwischen 1749 und 1764 nicht erhalten.[1] Da in den Berichten oftmals wertvolle Hinweise zu Bestellern oder den historischen Umständen der Modellherstellung dokumentiert sind, ist der Verlust weit größer als nur der für die dadurch erschwerte Datierung der Werke.

So fällt die an einem Tisch sitzende und mit Buchhaltung beschäftigte Haushälterin genau in diese Zeit. 1754 publizierte Jacques Philippe Le Bas einen mit *L'oeconome* betitelten Kupferstich nach einem Gemälde von Jean Siméon Chardin. Wie in anderen Porzellanmanufakturen auch erwarben die Künstler und die Geschäftsleitung in Meissen regelmäßig Druckgraphik als Inspirationsquelle und Vorlage. Kaendler modellierte seine *Haushälterin* detailgetreu nach jenem Stich. Da bereits 1756 mit der preußischen Besetzung Sachsens der Siebenjährige Krieg ausbrach und der Markt für die Manufaktur zunächst so gut wie kollabierte, ist es sehr wahrscheinlich, daß das Modell kurz nach Erscheinen der Vorlage und vor Ausbruch des Krieges entstand.

Der 1757 aus Meißen geflohene Johann Friedrich Lück kopierte dieses Modell um 1762 für die Manufaktur Frankenthal (Kat. 41). Im Gegensatz zu den dort entstandenen Ausformungen, die große Unterschiede bezüglich der beigegebenen Gegenstände aufweisen, folgen die Meissener Exemplare viel enger der Stichvorlage: Neben der Schreibenden steht stets ein Korb mit Flaschen und unter dem Tisch fällt ein großer, eingebundener Zuckerstock zwischen kleineren Paketen auf. In der Ausformung der Pauls-Eisenbeiss-Stiftung listet die Haushälterin verschiedene Weinsorten auf,[2] während sie hier unter »Factura zue Leipzig mich[aelis]« eine Rechnung für Kaffee von der Leipziger Michaelis-Messe überträgt.

Sowohl bei der Meissener als auch bei der Frankenthaler Version steht auf dem Tisch neben anderen Utensilien ein großes Tintenzeug mit Schale, Tintenfaß und Streusandbüchse. Während aber Kaendler der Schreibenden wie auf dem Kupferstich eine geöffnete Tabatière in die linke Hand gab, hat die Kaufmannsfrau bei Lück ihre Prise wohl schon genommen und die Tabaksdose zurück auf den Tisch gestellt. Barbara Beaucamp-Markowsky verdanken wir einen aufschlußreichen Preisvergleich der beiden Modelle: So war die Meissener Version 1765 mit 22 Gulden 12 Groschen relativ teuer, hingegen konnte man 1777 die Frankenthaler Figur bereits für 9 Gulden erwerben.[3]
SW

1 Für Peter Reinicke fehlen auch die Berichte von 1748, für Johann Joachim Kaendler sind einige wenige Berichte für 1748 überliefert.
2 Menzhausen 1993, S. 183.
3 Beaucamp-Markowsky 2008, S. 333.

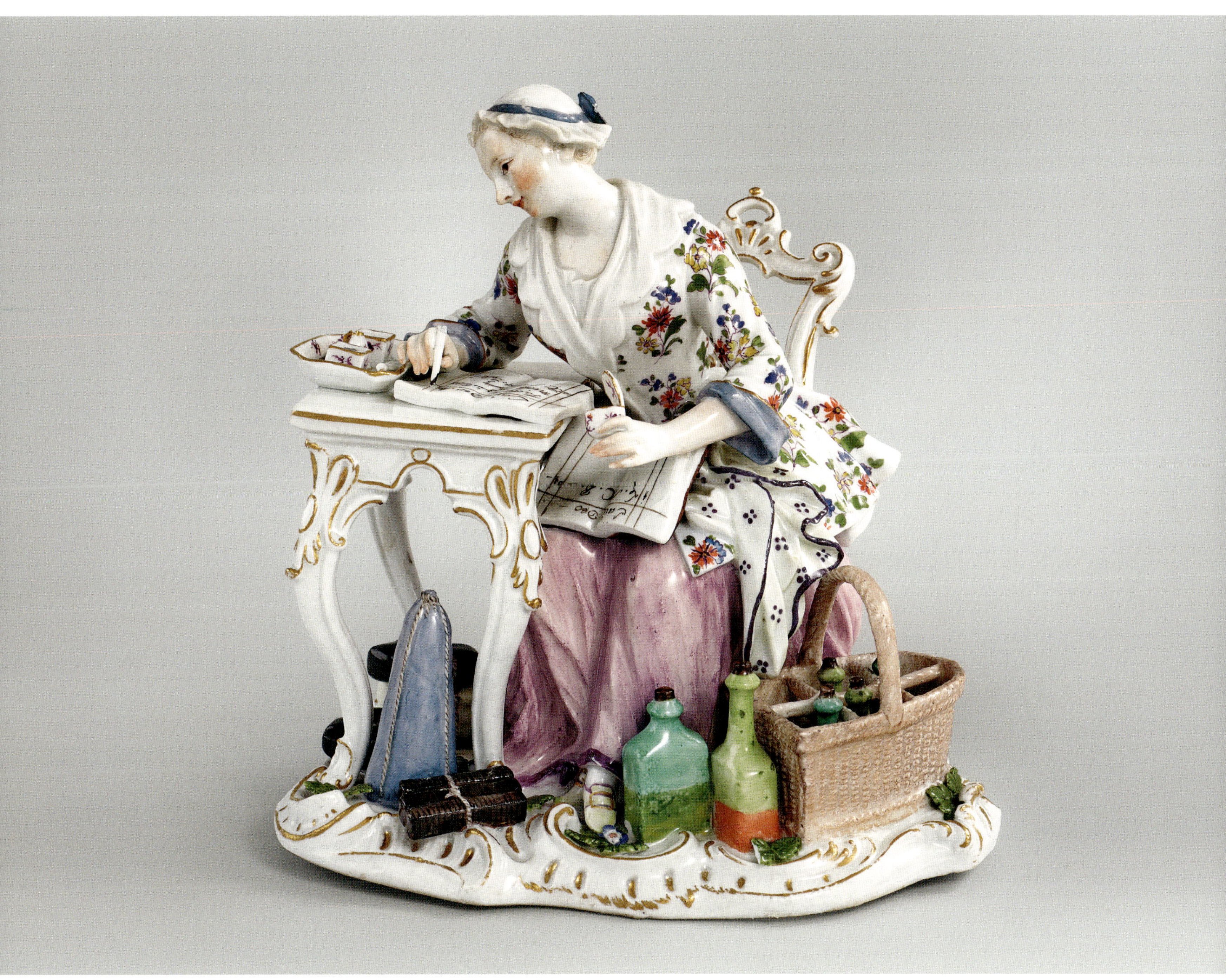

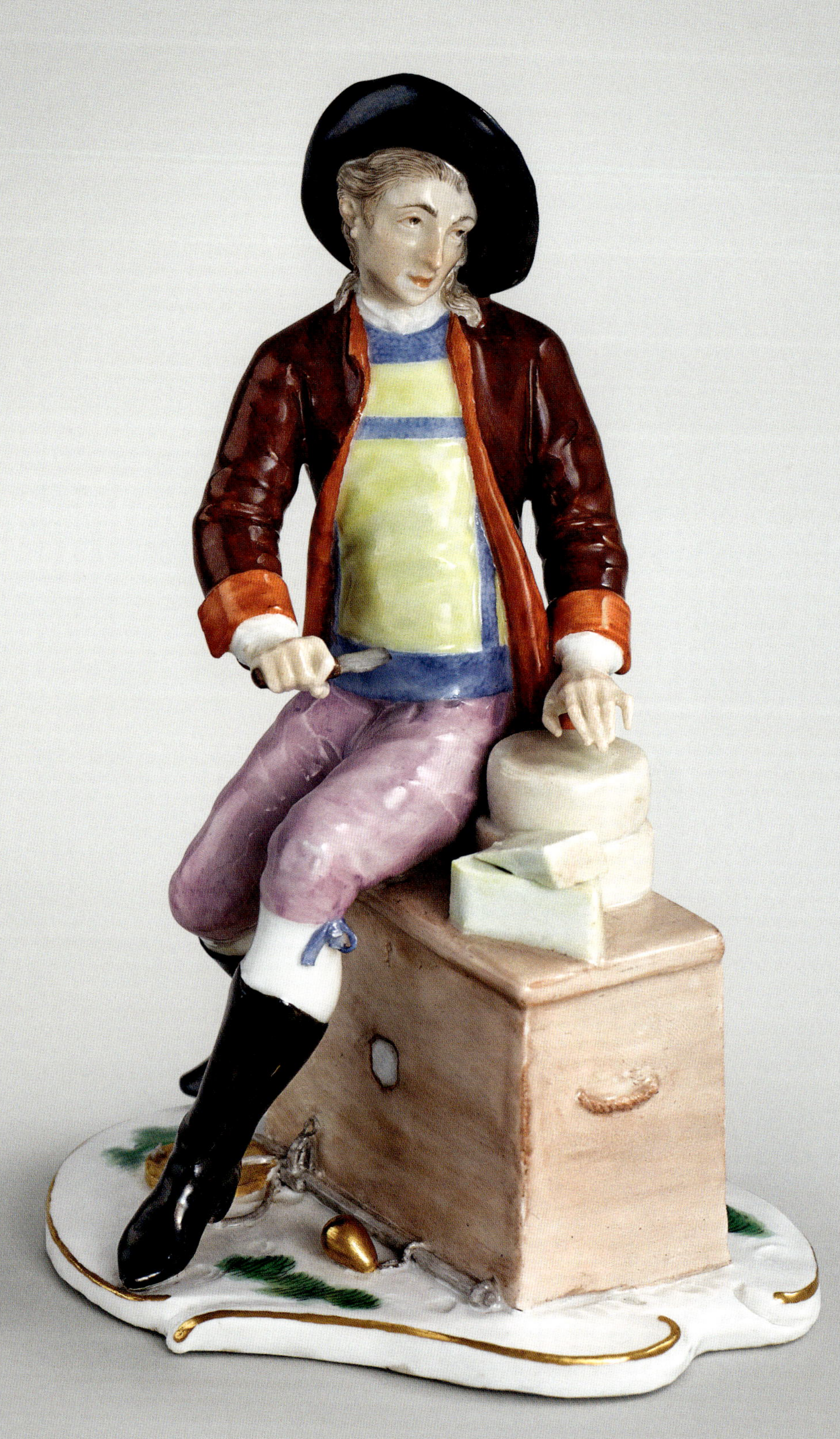

35 **Der Käsehändler**

Franz Anton Bustelli
Nymphenburg, um 1760

Marke: Rautenschild eingepresst

H. 17 cm

Provenienz: ehemals Sammlung Julius Kaumheiner, San Francisco

Literatur: unpubliziert

Um 1755 modellierte Franz Anton Bustelli für die Porzellanmanufaktur Nymphenburg eine Folge von sechs jeweils paarweise gedachten Figuren, die einfache Passanten und Händler darstellen. Das Gegenstück zum *Käsemann* ist die *Eiergretel*, die sich über eine Kiste beugt.[1]

Der Käsemann sitzt auf einer (etwas zu groß geratenen) Holzkiste mit Seilgriffen, in der er seine Ware nicht nur transportiert, sondern auch kühl hält. Auf dem Boden liegt eine Handwaage. Über das aus Bauch- und Schultergürtel mit verbindenden Längs- und Querriemen bestehende blaue Tragegeschirr, mit dem er die Kiste auf dem Rücken festschnallen kann, hat er sich einen schlichten Rock gezogen. Das gelbe Hemd und die rosa Kniehose sind ebenso wie die hohen Stiefel ungewöhnlich eng anliegend. Dies ist nicht etwa Resultat einer modischen Eskapade, sondern charakteristisch für den Stil Bustellis. Der versierte Bildhauer betont bei seinen Schöpfungen stets die Körperlichkeit und wenn sich beim *Käsemann* die Muskeln unter der Kleidung abzuzeichnen scheinen, so sind auch bei den Frauenfiguren trotz ihrer voluminösen Röcke meist die Gliedmaßen gut erkennbar. Dadurch werden die zum Teil heftigen Bewegungen der Akteure verdeutlicht, was selbst einem einfachen Käsehändler eine so grazile Eleganz verleiht, als wäre er Darsteller eines Marktes auf der Ballettbühne.

Die schlichte, musterlose Staffierung der Figur unterstreicht die plastische Wirkung der Komposition, für die sich Bustelli nicht auf eine graphische Vorlage stützt, sondern seine Beobachtungen auf dem Markt direkt in seine virtuose Bildsprache übersetzt. Allein der eingepresste Rautenschild auf der Kiste – die Manufakturmarke Nymphenburgs – wird durch den stolzen Goldrahmen zu einer Verzierung, so wie auch die goldenen C- und S-Linien der Sockelkante Ornamentik andeuten. SW

1 Die Folge ist abgebildet und wird besprochen in: Ziffer 1997, S. 39–42.

36 **Teller mit Blumenmalerei**

Nymphenburg, 1760–1765
Porzellanmaler: Joseph Zächenberger

Marke: ohne
Pressmarke: Nr. 3

Dm. 25,4 cm

Provenienz: Kunsthandel

Literatur: unpubliziert

Bis zur Mitte des 18. Jahrhunderts wurden an den großen deutschen Höfen kaum Porzellanservice benutzt. Lediglich bei Desserts kamen asiatische oder später europäische Porzellanteller zum Einsatz, die anders als die üblichen Silbergeschirre mit Fruchtsäure nicht unangenehm reagierten und durch ihre bunten Dekorationen einen zusätzlichen Effekt zum süßen Höhepunkt eines Essens beisteuerten. Trotz aller Wertschätzung des Porzellans als Material und seiner praktischen Vorzüge dominierten Gold und Silber die fürstlichen Tafeln. Erst in der zweiten Jahrhunderthälfte setzten sich allmählich die kostbaren, aber dennoch preiswerteren Porzellanservice als Alternative durch. Dies mag nicht zuletzt auch mit den zahlreichen Manufakturgründungen jener Zeit und der damit besseren Verfügbarkeit und Nachlieferungsbedingungen zusammenhängen.

Zu den charakteristischen fürstlichen Porzellangeschirren deutscher Höfe gehört das sogenannte »churfürstliche Hofservice« der Manufaktur Nymphenburg. Es entstand in der ersten Hälfte der 1760er Jahre. Die Bestimmung für den Münchner Hof ist allerdings durch keine einzige schriftliche Quelle belegt, doch sprechen andere Zeugnisse dafür, daß es in der Residenz bewahrt und verwendet wurde.[1] Alfred Ziffer gelang es, vier leicht unterschiedliche Versionen der goldenen Randornamente zu unterscheiden, was vermuten läßt, daß sie entweder das Werk vier verschiedener Goldstaffierer oder aber das Resultat (mindestens) drei unfreiwillig nuancierter Nachlieferungen sind.[2] Allen gemeinsam sind aber der charakteristisch kraftvolle Stil der Blumenmalerei und die fein akzentuierende blaue Linie zwischen den Golddekorationen. Letztere war möglicherweise von Geschirren der Manufaktur Sèvres (bis 1756 Vincennes) inspiriert, die solche sogenannten Filets in elegantem Blau erfolgreich anwandte. Die üppigen Blumen und großen Insekten haben dagegen nichts mit französischem Porzellan zu tun. Sie stammen von der Hand des Malers Joseph Zächenberger, der 1760 in die Manufaktur eintrat und zehn Jahre lang die Nymphenburger Blumenmalerei als Fachvorsteher und Lehrer prägte und zudem auch Historien und Landschaften malte. SW

1 Vgl. Ziffer 1997, S. 133–139.
2 Demzufolge handelt es sich bei diesem Teller um die Randbordüre vom Typ C, vgl. ebd. Kat. 318–322, S. 138.

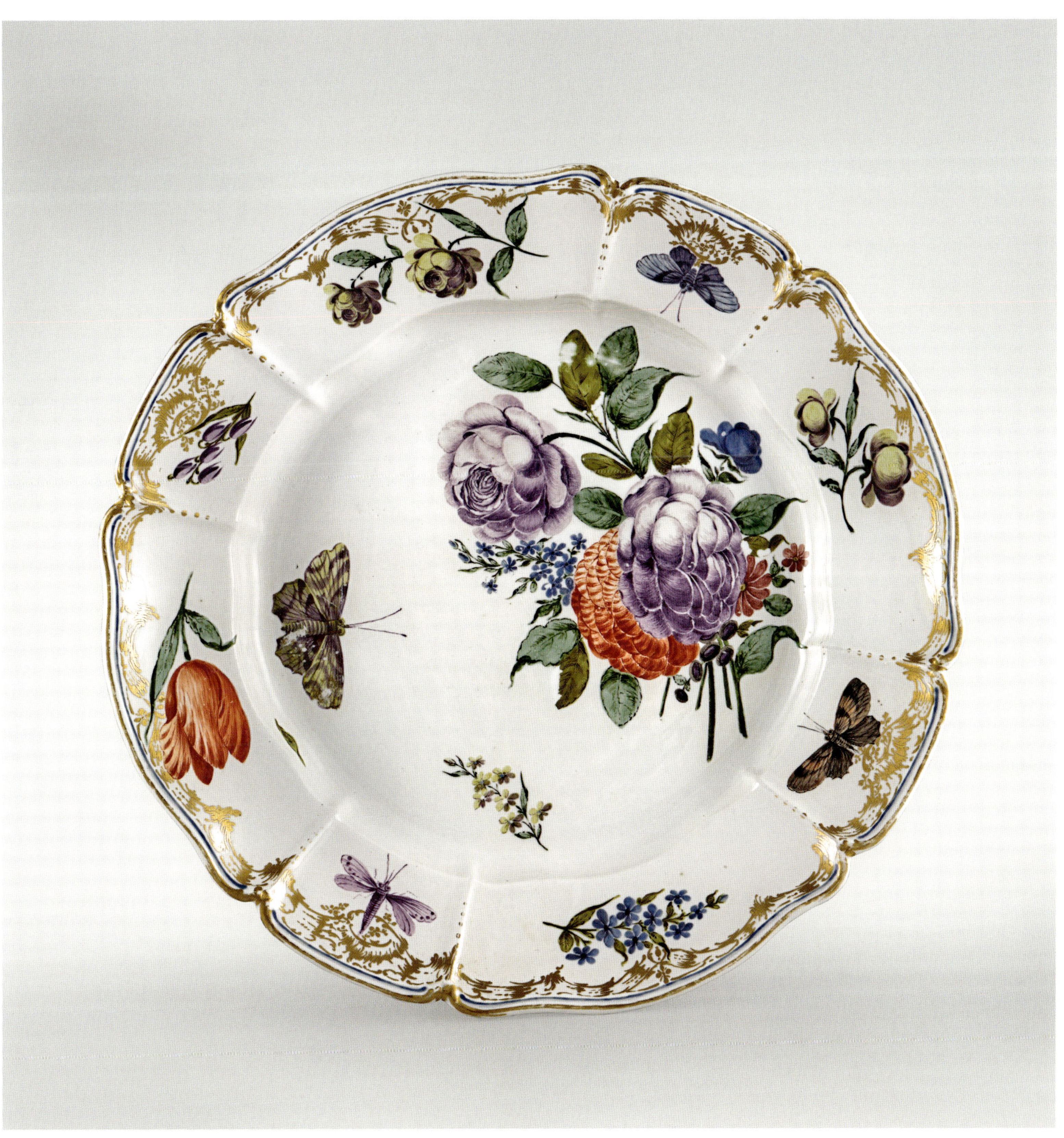

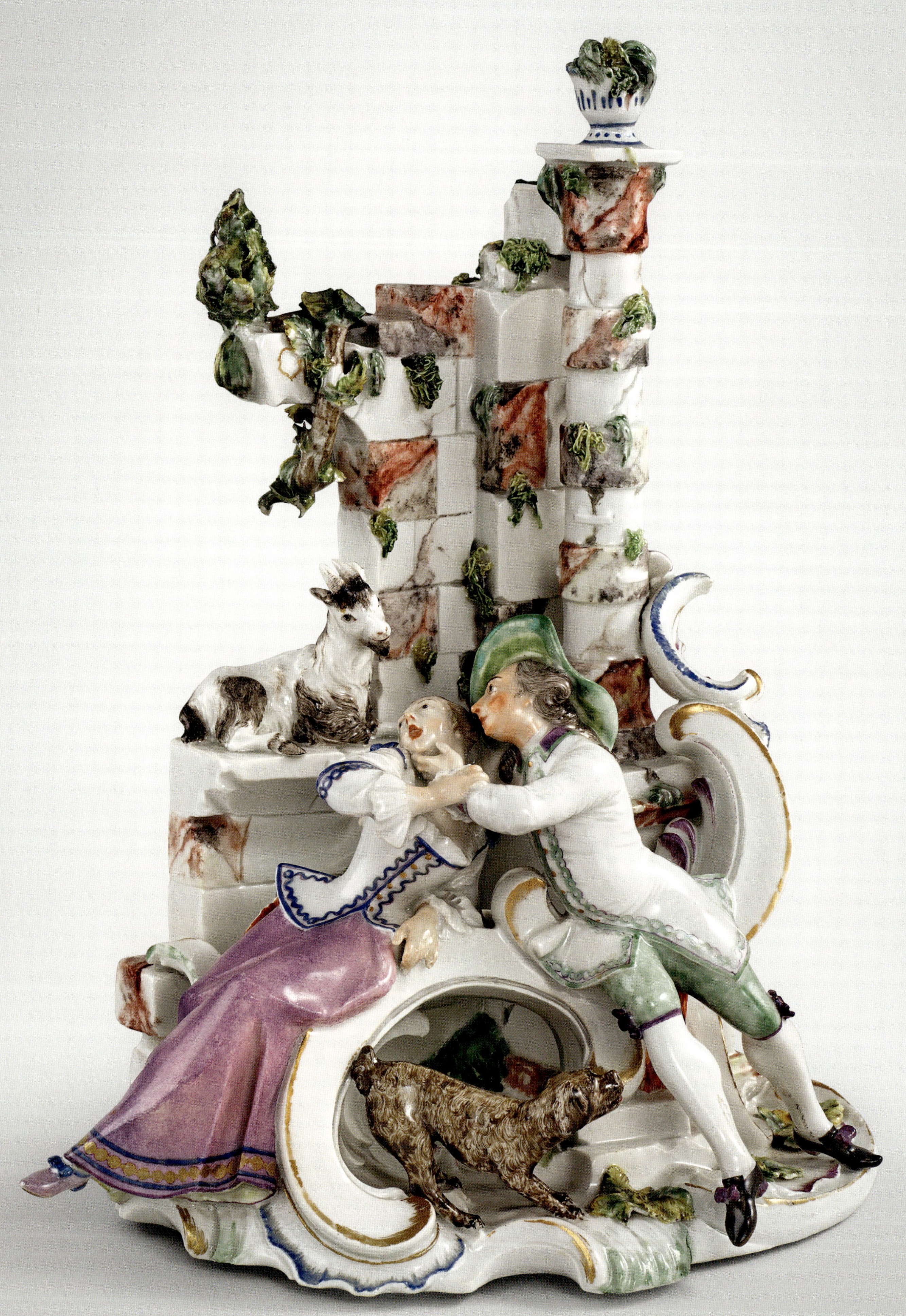

37 Liebespaar in der Ruine

Franz Anton Bustelli
Nymphenburg, um 1760

Marke: Rautenschild eingepresst

H. 26,8 cm, B. 21,5 cm, T. 18 cm

Provenienz: Kunsthandel

Literatur: Münster 2003, S. 180 f., Kat. Nr. 114 (Martin Eberle)

Das Modell zu dieser großen Gruppe entstand um 1756 zusammen mit zwei weiteren, die in ähnlicher Weise Paare in einer ruinösen Architektur oder einer Rocaillen-Kulisse zeigen.[1] Letztere sind als große C-Spangen mit Muschelkamm ausgebildet, so daß sie den Akteuren als Sitzgelegenheit dienen können. Die Meisterschaft Bustellis wird darin augenfällig, wie er dieses aus Graphik und Malerei bekannte Ornament auf so geniale Weise in die dreidimensionale Kleinplastik überführt. Genau wie die phantasievollen Rocaille-Kupferstiche der 1730er und -40er Jahre verbindet er in diesen Gruppen imitierende Landschaftsmotive mit abstrakten Ornamentschwüngen. Daß es dem *style rocaille* darum geht, die Bewegungskräfte der Natur durch energiereiche und schwungvolle, aber an sich unnatürliche Formkonstellationen sichtbar zu machen, läßt sich an dieser Komposition perfekt nachvollziehen. Dem wuchernden Wesen der Natur steht die Ruine als ein Zeugnis der Kultur ziemlich machtlos gegenüber. Ebenso machtlos scheint die Dame der Gruppe den Avancen des Kavaliers ausgeliefert. Während er in einer einzigen, geschraubten Drehbewegung sein Verlangen ausdrückt, wendet sie zwar den Körper ihm zu, den Kopf aber von ihm ab, und ob ihre rechte Hand seinen Arm wegdrückt oder anzieht, läßt sich nicht mit Bestimmtheit sagen: Ein Sinnbild der Ambivalenz zwischen Trieb und Moral, Natur und Kultur. Die beiden symbolisch zu verstehenden Tiere verdeutlichen die Situation, indem der erschrockene Hund die Tugendhaftigkeit seiner Herrin nicht besonders energisch zu verteidigen scheint, während der Ziegenbock – seit jeher Verkörperung der Lüsternheit – gelassen den Fortgang der Szene beobachtet.

Bustellis *Liebespaar in der Ruine* gehört ohne Zweifel nicht nur zu den Höhepunkten der Porzellanplastik des 18. Jahrhunderts, sondern darf auch zu den Meisterwerken des deutschen Rokoko gerechnet werden, in dem Komposition und Darstellung, Form und Inhalt zu einer vollkommenen Einheit verschmelzen. SW

1 Es sind dies *Der stürmische Galan und Der gestörte Schläfer*. Vgl. Ziffer 2004, S. 198–225.

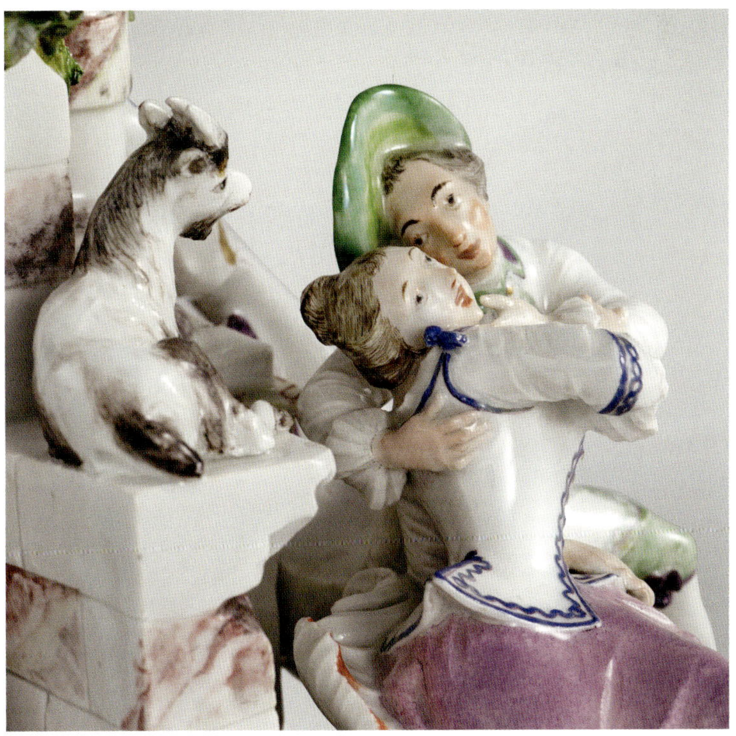

38 François Boucher

Die Mühle

1761

Öl auf Leinwand

44 × 66 cm

Signiert und datiert unten rechts: »F. Boucher / 1761«

Provenienz: Christian IV., Herzog von Zweibrücken († 1775), vor 1778 – Versteigerung des Herzogs von Zweibrücken, Paris, 6. April 1778 ff., lot 79 – Madame de Polès, vor 1927 – Versteigerung Madame de Polès, Galerie Georges Petit, Paris, 22.–24. Juni 1927, lot 13 – ab 1927 Lennie Davis, Hallsborough

Literatur: Ananoff 1976, Bd. 2, S. 213 f., Nr. 547, Abb. 1505 – New York 1986, S. 292–295, Nr. 74 – Münster 2003, S. 108 f., Kat. Nr. 60 (Helge Siefert)

François Boucher ist zuallererst als Historien- und Portraitmaler bekannt, doch schuf er während seiner gesamten Karriere auch eine größere Anzahl von Landschaften. Er wurde früh zum Spezialisten für pittoreske Pastoralen, die er teils in einem italienisch anmutenden Süden, teils in einem französischen Wunschland ansiedelte. Seine Landschaften gehen auf vielfältige Vorbilder zurück, die er sich schon als junger Künstler aneignete: Die Tradition niederländischer Landschaftsmalerei, die Gemälde Giovanni Benedetto Castigliones sowie römische Landschaften, wie Boucher sie selbst während seines Italienaufenthaltes ab 1728 anfertigte. Vergleichbar mit Watteau, dessen Werke Boucher als junger Künstler für Jean de Jullienne stach, waren seine pastoralen Landschaften Schauplatz eines idealisierten ländlichen Friedens.

Die Landschaft der Sammlung Oetker zeigt das typische Vokabular, das Boucher in immer neuer Weise kombinierte: Eine malerisch verfallene Wassermühle an einem Bach – meistens rechts im Bild –, ein Hirte mit seiner Herde, eine junge Frau mit Kind vor dem Mühlengebäude. Eine Frau schaut aus einer seitlichen Tür, Wäsche hängt auf dem Balkon, Tauben umflattern das beschädigte Dach. Das signierte und datierte Gemälde war bis nach 1927 mit einem ebenfalls 1761 datierten Pendant kombiniert, einer Landschaft von fast gleicher Größe (49 × 66 cm), die sich seit 1960 im Indianapolis Museum of Art befindet (Inv. Nr. 60.248) und die eine Herde, eine Anglerin an einem Fluß und antike Ruinen zeigt.

Vegetation und Architektur sprechen dafür, daß hier das Ideal einer idyllischen französischen Landschaft entworfen wird, während das Pendant eine südliche Landschaft zeigt. Die bildhafte Anordnung der einzelnen Elemente ähnelt einem englischen Garten, doch ist der Entstehungszeitpunkt des Werkes zu früh für ein solches Vorbild in Frankreich. Die bildparellele Anordnung der wesentlichen Elemente und die sorgfältige Rahmung der Komposition spiegeln Bouchers Erfahrung mit Bühnenbildern. Eine ländliche Idylle in vergleichbarer Komposition hatte er 1742 als Bühnenbildentwurf für die Oper Issé gemalt, in der ein Dorfplatz die zentrale Position einnimmt.

Die Landschaft der Sammlung Oetker basiert weitgehend auf einer 1750 datierten, 2004 in London versteigerten Landschaft (London, Sotheby's, 7. Juli 2004, lot 52), in der Boucher eine Dorfszene mit einem runden Turm kombiniert hatte. Als er mehr als ein Jahrzehnt später diese Komposition wieder aufnahm und variierte, wählte er nun eine Landschaft italienischen Charakters als Pendant. Eine 1923 mit der Sammlung Masson versteigerte Zeichnung einer Wassermühle hat als Grundlage der Gebäude in beiden Gemälden gedient. Sie ist der 1750 datierten Version deutlich näher. Die Figur eines stehenden Mannes wurde dort verwendet, aber nicht in dem hier gezeigten Gemälde der Sammlung Oetker beibehalten. Boucher bezog sich also wahrscheinlich für das hier besprochene Gemälde nicht direkt auf die Zeichnung, sondern auf die Gemäldeversion, die ihm in der Sammlung seines Mäzens Pierre-Jacques-Onésyme Bergeret weiterhin gut zugänglich war. Das Bildpaar hat sich möglicherweise unter den Einsendungen Bouchers zum Salon von 1761 befunden. CMV

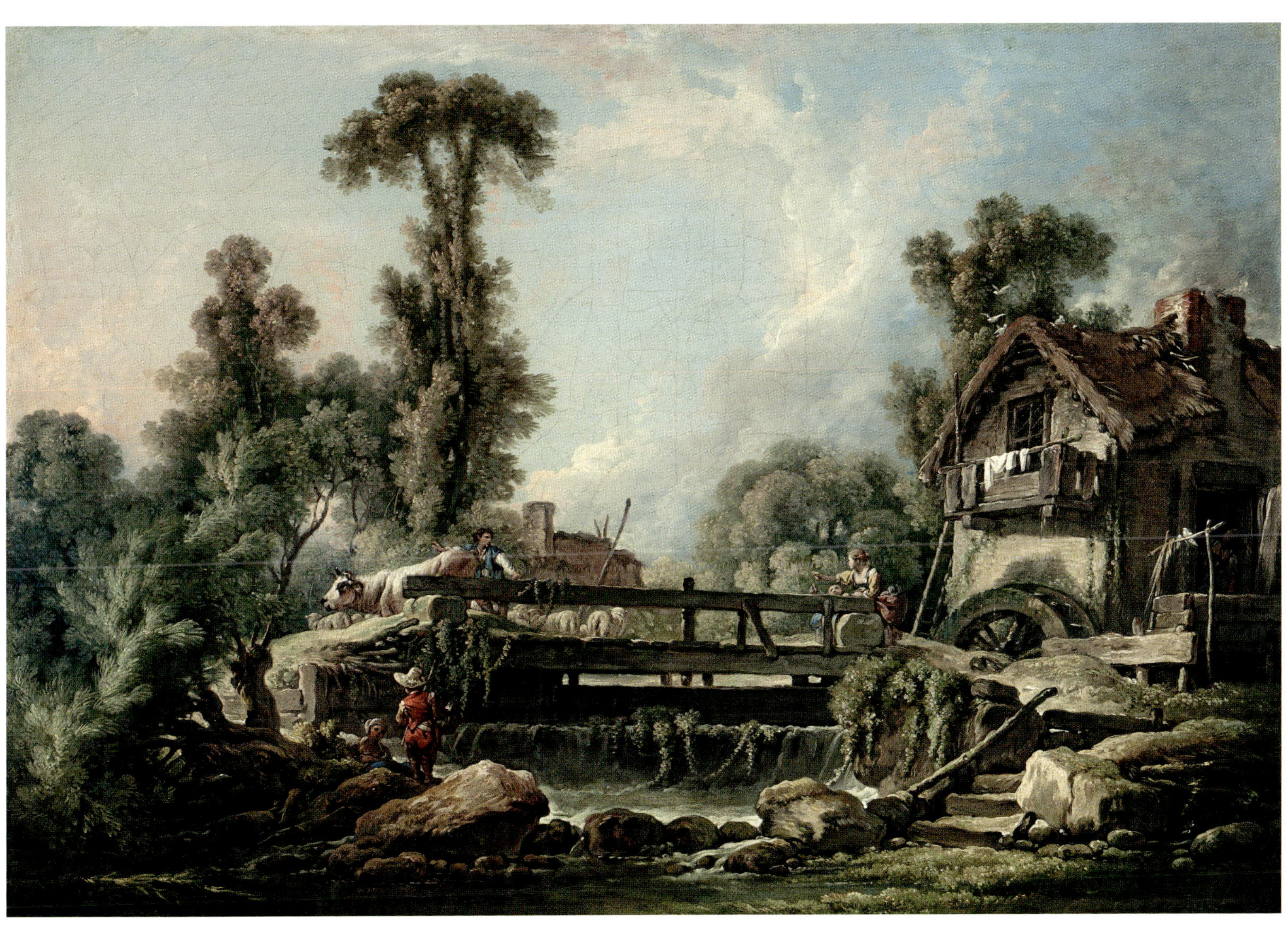

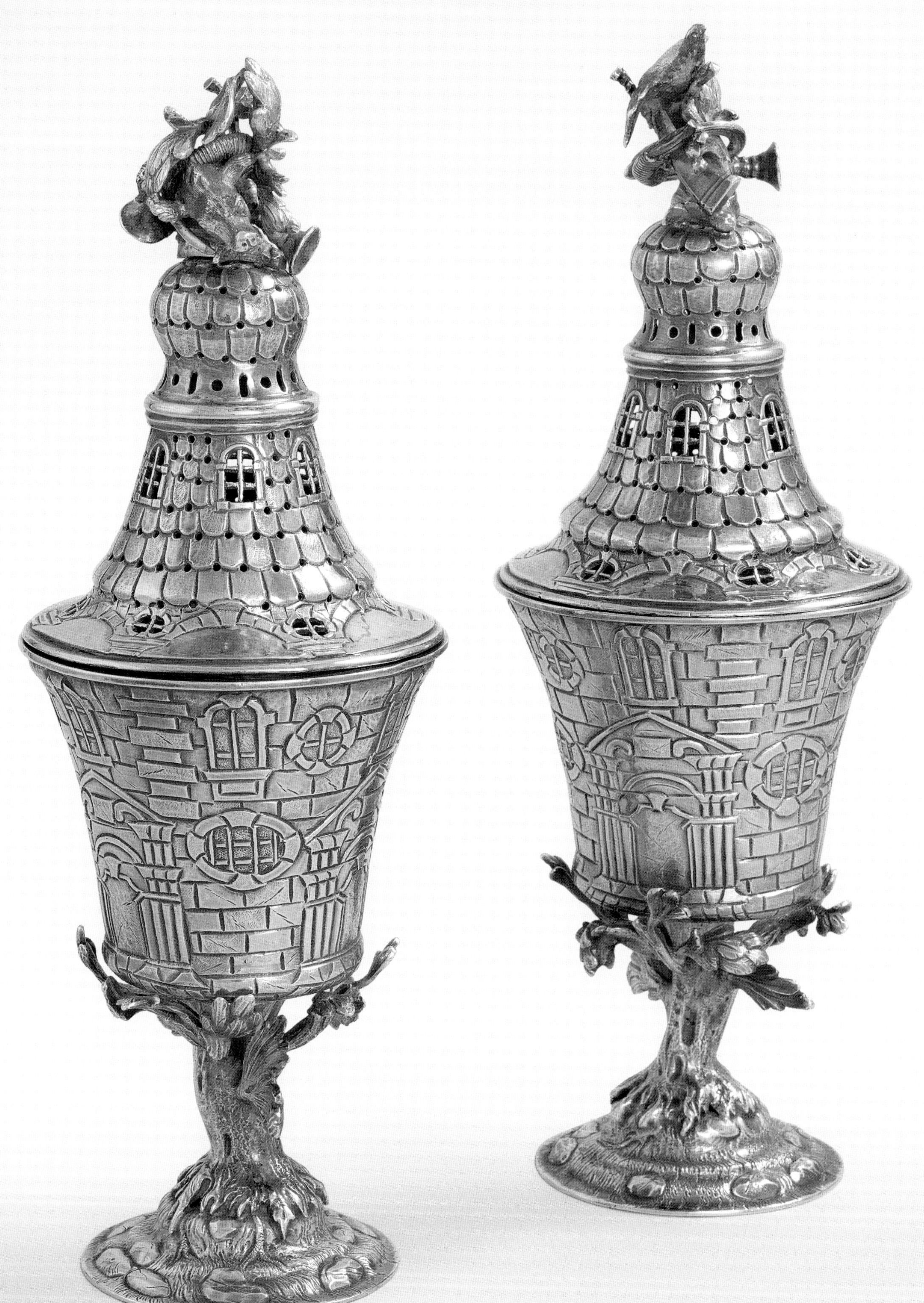

39 Zwei Zuckerstreuer

Bernhard Heinrich Weyhe
Augsburg, um 1761–1763

Silber getrieben, gegossen, punziert, ziseliert, Durchbrucharbeit

Meistermarke: »HBW« im Dreipaß für Bernhard Heinrich Weyhe (Seling 2007, Nr. 2275i)
Beschauzeichen: Pyr für Augsburg (Seling 2007, Nr. 2240)
Repunzen: Französische Einfuhrstempel für die Jahre 1864–1893 (R3, Bd. IV. Nr. 6614)

H. 25,5 cm

Provenienz: ehemals Sammlung F.K.A. Huelsmann, Hamburg

Literatur: Aukt.-Kat. Christie's, Genf, 19. November 1996, Nr. 88 – Lünsmann 2007, S. 166 ff., Nr. 20 (mit Literatur)

Die Form dieser beiden als Paar konzipierten Zuckerstreuer ist ungewöhnlich. Fuß und Schaft sind in Gestalt eines im Erdreich wurzelnden Bäumchens von gedrungenem Wuchs gebildet. Auf den auseinandergebogenen Ästen des Bäumchens ruht der runde Korpus des türmchenförmigen Streugefäßes. Dessen minutiös ziselierte Wandung zeigt eine aus großen Quadern geformte Rustika-Architektur mit drei Giebelportalen sowie Rundbogenfenster und solche mit kreis- oder ovalförmigem Zuschnitt. Der geschweift eingezogene Deckel stellt das mit Ziegeln gedeckte Dach des Gebäudes dar, dessen Fenster – der Funktion als Zuckerstreuer entsprechend – durchbrochen ausgeführt sind; zudem weist der Deckel zahlreiche Durchbohrungen auf. Die Motive der bekrönenden Trophäen spielen auf Reiherbeize und Wildschweinjagd an.

Nach Aussage eines Fotos aus dem Jahr 1928 gehören die beiden Zuckerstreuer vermutlich zu einem um 1761–1763 von Gottfried Bartermann und Bernhard Heinrich Weyhe geschaffenen Jagdservice, das 1957 vom Bayerischen Nationalmuseum erworben wurde. Das aus einer Terrine, zwei fässchenförmigen Senfgefäßen und vier Gewürzdöschen bestehende Ensemble soll sich – einer ungesicherten Überlieferung zufolge – einst im Besitz des Wittelsbachers Karl Theodor befunden haben, der bis 1777 als Kurfürst von der Pfalz in Mannheim und bis zu seinem Tod 1799 als Kurfürst von Pfalz-Bayern in München regierte. Der plastische Dekor aller Serviceteile führt das Thema der Jagd vor Augen, die vor dem 19. Jahrhundert ein Privileg des Adels war. So wurden für den Dekor fürstlicher Service oftmals Jagddarstellungen gewählt. In solchem Zusammenhang können die beiden Zuckerstreuer als Abbreviaturen eines höfischen Bauwerks altertümlichen Charakters verstanden werden.

Bernhard Heinrich Weyhe, in Osnabrück geboren, war ab 1724/25 in Augsburg tätig und erlangte dort 1735 die Meisterwürde. Als einer der führenden Goldschmiede Augsburgs auf dem Gebiet des höfischen Silbers fertigte er vor allem Silbermöbel und Tafelservice im Stil des Rokoko. Mit Weyhes Namen ist insbesondere das heute großenteils im Bayerischen Nationalmuseum befindliche Tafelservice des Hildesheimer Fürstbischofshofs verbunden. Dessen Hauptelemente wurden von Weyhe ausgeführt, auf den wohl auch der 1763 vorgelegte Gesamtentwurf des Services zurückgeht.
LS

40 **Kaffeekanne mit Kurhut-Knauf und sächsischer Tomback-Montierung**

Meissen, 1765

Marke: Schwertermarke mit Stern unterglasurblau

H. 19,5 cm, Dm. 6,5 cm

Provenienz: Kunsthandel

Literatur: unpubliziert

Bis vor kurzem wurde allgemein angenommen, daß es sich bei den Geschirren »mit gelbem Löwen« um ein sächsisches Hofservice handle, das die Manufaktur nicht an Dritte verkaufen durfte, und daß die nach 1741 entstandenen Versionen dieses Musters auf Serviceteilen vom Modell Neubrandenstein exklusiv zu königlichen Geschenkzwecken dienten. Ebenso ging man davon aus, daß der Dekor mit einem um Bambus schleichenden »Löwen« (eigentlich ein Tiger) eine Meissener Erfindung unter Verwendung von Versatzstücken japanischer Porzellane der Kakiemon-Werkstatt und im Auftrag Augusts des Starken 1728 entstanden sei, und es war bekannt, daß es aus den 1730er Jahren Stücke mit Knäufen in Form des Kurhutes gab.[1] Kaum jemand schien sich daran zu stören, daß die Komposition so ganz anders, perfekter asiatisch wirkt, als dies andere, eindeutig europäische Erfindungen im japanischen Stil mit indianischen Blumen tun; oder daran, daß Friedrich August II. nun unmittelbar nach dem Tod seines Vaters 1733 sächsischer Kurfürst war und schon wenige Monate darauf als August III. die polnische Königswürde erhielt.

Die jüngste Forschung zum Thema, die gründliche Arbeit von Julia Weber, bringt nun endlich die Quellen in die richtige Reihenfolge und ermöglicht es, die prachtvolle Kaffeekanne in den richtigen Zusammenhang zu stellen.[2] Der nach einem japanischen Vorbild kopierte Dekor wurde um 1728 auf Wunsch des französischen Händlers Rodolphe Lemaire eingeführt. Erst als nach einem durch die Geschäftspraxis der Manufaktur mit diesem Händler ausgelösten Skandal Friedrich August II. von Sachsen bestimmte, daß sämtliche asiatischen Dekore dem sächsischen Hof vorbehalten sein sollen, kann man von einem Mustermonopol sprechen. Das Service mit gelbem Löwen wurde schließlich in Warschau als königliches Service benutzt und ab 1738 mit Kaffeegeschirr ergänzt, wobei die Deckel korrekterweise Knäufe in Form der Königskrone hatten.[3] Erst nach dem Ende der sächsisch-polnischen Union 1763, als die Service aus Warschau wieder in Dresden waren und dort weiter benutzt wurden, kam es 1765 zu einer weiteren Ergänzung des Bestandes, wozu auch zwei Kaffeekannen nach Barockmodellen mit reicher Tomback-Montierung (kupferhaltige Messinglegierung) und mit Kurhut-Knäufen gehörten, wovon die eine hier ausgestellt ist und die andere sich im Kunstgewerbemuseum Berlin befindet.[4] SW

1 Vgl. z. B. Zimmermann 1926, S. 63.
2 Weber 2013, Bd. II, S. 265–289.
3 Abbildung einer Zuckerdose ebd., S. 271, Abb. 44.
4 Abgebildet ebd., S. 274, Abb. 45 – vgl. Bursche 1980, S. 199ff., Kat. Nr. 172.

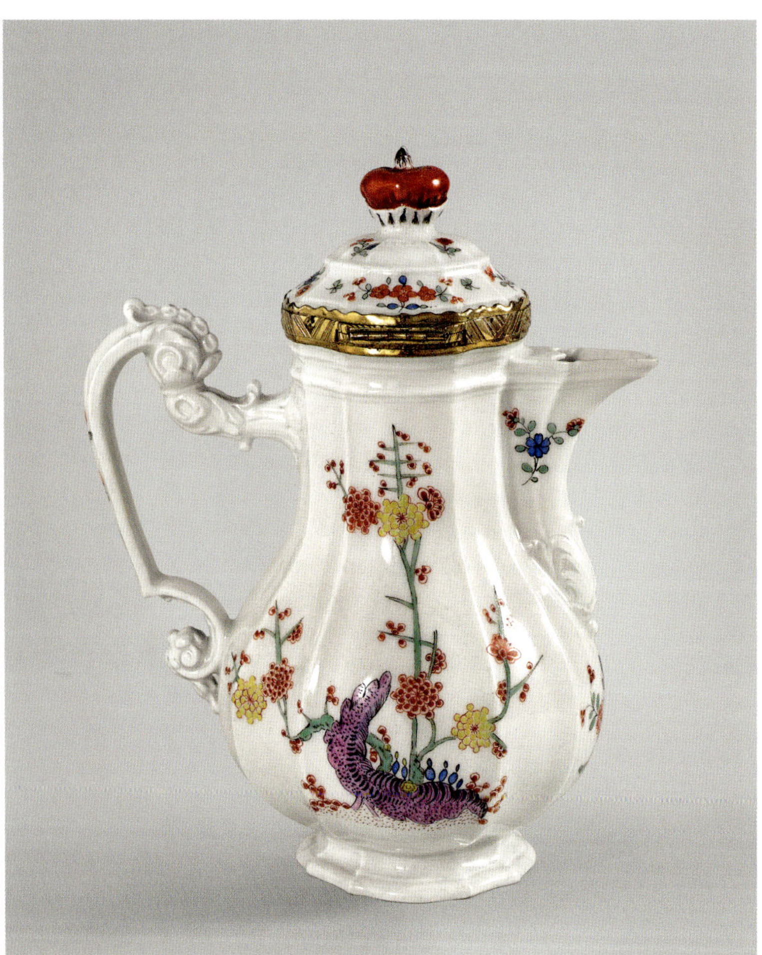

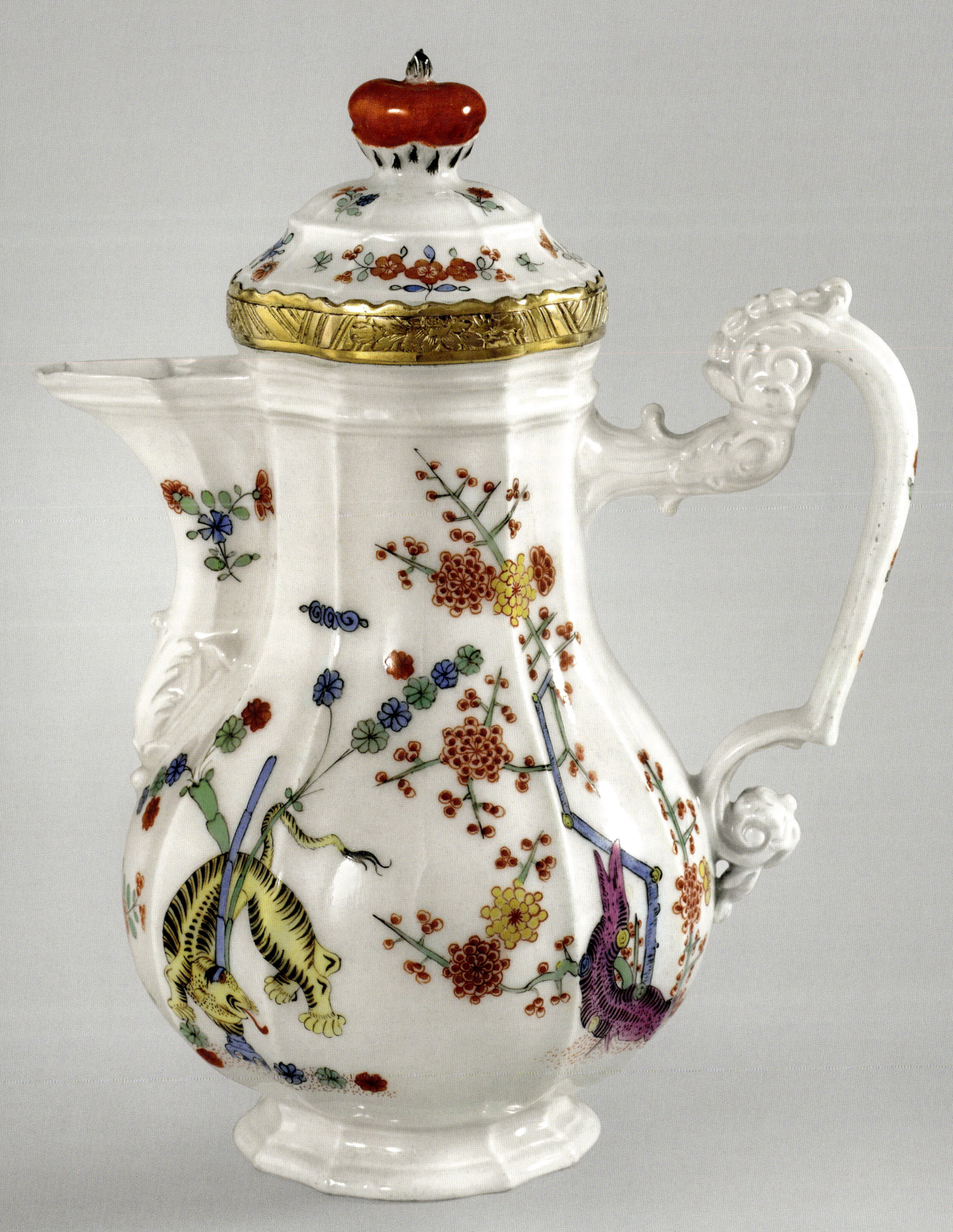

41 **Kaufmann und Kauffrau**

Johann Friedrich Lück
Frankenthal, um 1765–1770

Marken:
Kaufmann: CF ligiert unterglasurblau
Malersignatur GHM, Marke AB
Kauffrau: CFB ligiert und 6 unterglasurblau
Ritz- und Pressmarken: Kauffrau: Ritzmarke 1 (?)

Kaufmann: H. 15,5 cm
Kauffrau: H. 16,0 cm

Provenienz: Kunsthandel

Literatur: unpubliziert

Wie das streitende und das sich liebkosende Ehepaar (Kat. 43/44) gehörten auch *Der Kaufmann* und *Die Kauffrau* zu den beliebtesten Figuren der Manufaktur Frankenthal. Ihre Modelle entstanden um 1762. Beide werden Johann Friedrich Lück, der wie sein Bruder Carl Gottlieb 1757 aus Meißen floh, zugeschrieben. Johann Friedrich ist zwar für Frankenthal durch Archivalien nicht belegt, doch kann man ihm aufgrund stilistischer Merkmale eine kleine Gruppe von Figuren dieser Manufaktur zuschreiben. Er wirkte zumeist in Höchst, bevor er 1764 wieder nach Meißen zurückkehrte, um dort zu avancieren. Von eben daher kannte er das Modell einer schreibenden *Haushälterin* (Kat. 34), das Johann Joachim Kaendler um 1755 modelliert hatte und das Lück als Bossierer wohl mehrfach aus seinen Einzelteilen in Porzellanmasse zusammengesetzt haben könnte. Höchstwahrscheinlich verfügte er zudem über dieselbe Kupferstichvorlage, was die Übereinstimmung von sehr vielen Details seiner Frankenthaler Schöpfung mit der Meissener Version nahelegt. Ohne konkrete Vorlage schuf er hier das besagte männliche Gegenstück. Während sie ganz dem Stich folgend von einem Zuckerstock, einem geschnürten Ballen und einem Korb mit Flaschen umgeben ist, hat er zwei Fässer und einige Bündel Kautabak in flachen Scheiben und langen Stangen zu seinen Füßen.[1] Während kleinere Figuren oder Figurenfolgen an den Höfen Europas in erster Linie als Tafeldekoration benutzt und daher zusammen mit den Porzellanservicen in der Konditorei der Schloßküche oder der Silberkammer verwahrt wurden, waren solche größeren Gruppen und Gegenstücke zur dekorativen Aufstellung im Innenraum bestimmt. 1768, also ungefähr als diese Exemplare des *Kaufmanns* und der *Kauffrau* hergestellt wurden, erkundigte sich die badische Markgräfin Caroline Luise beim Pariser Kunstsammler Jean-Henri Eberts, wie man in der Hauptstadt des Geschmacks Porzellane arrangiere, da sie sich in der Karlsruher Residenz ein Sammlungskabinett einzurichten gedenke.[2] Er schrieb ihr zurück, daß man in Paris Porzellanfiguren nicht konzentriere, sondern gerne gemischt mit schönen Objekten aus anderen Materialien auf Kamine, Konsolen und kleine Möbel stelle, aber so hoch, daß man sie bequem betrachten könne. Beim Kaufmannspaar, soviel steht fest, hätte es viel zu beobachten gegeben. SW

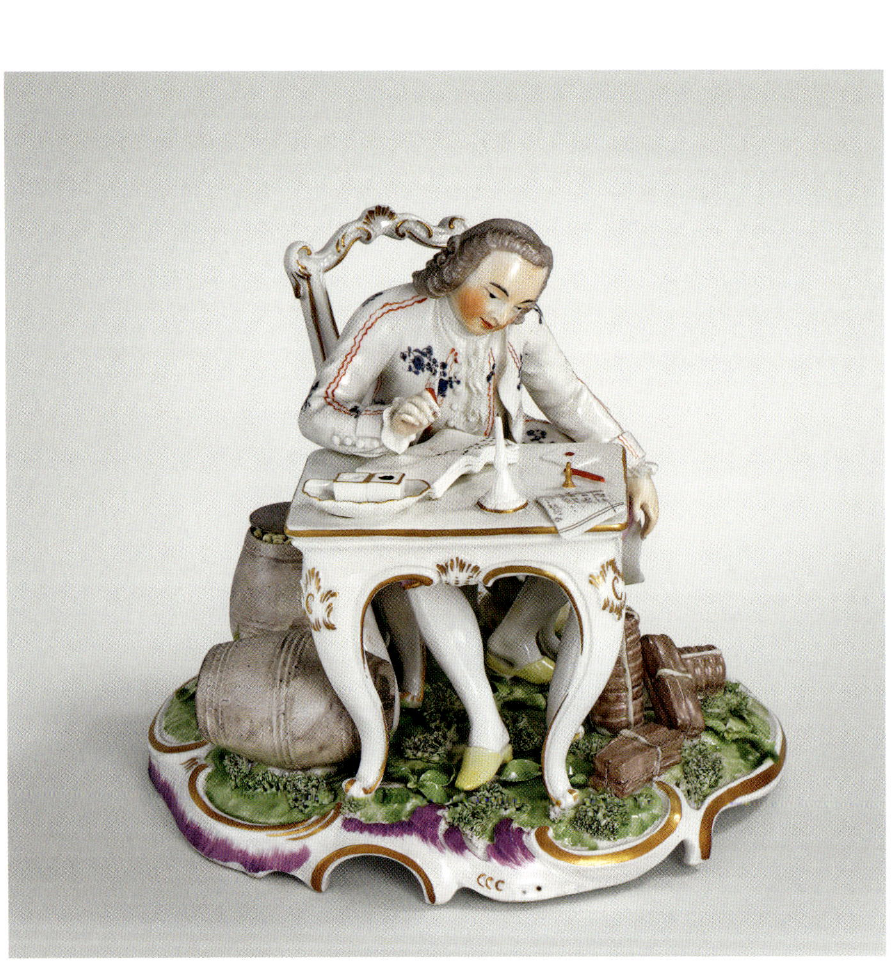

1 Zu den Figuren und der Identifizierung der Gegenstände vgl. Beaucamp-Markowsky 2008, S. 329–333.
2 Der Briefwechsel und die Quellenangaben bei Beaucamp-Markowsky 2008, S. 60.

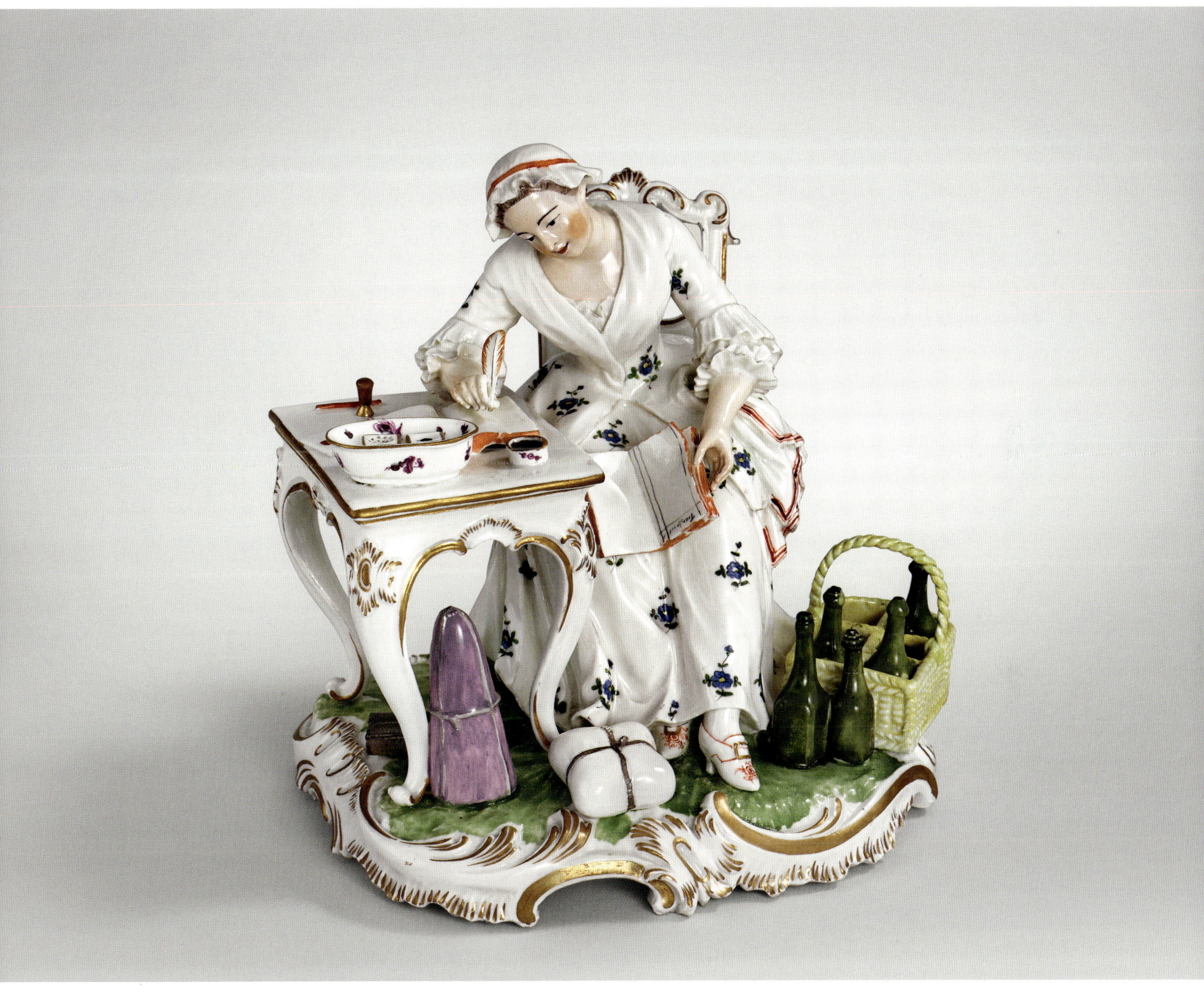

42 Jakob Philipp Hackert

Ideallandschaft mit Wäscherinnen an einer Quelle

um 1767

Gouache, 29 × 21 cm
Unbezeichnet

Provenienz: Kunsthandel

Literatur: Nordhoff/Reimer 1994, Bd. II, S. 193, Nr. 413 – Münster 2003, S. 132 f., Kat. Nr. 78 (Claudia Nordhoff)

Im Jahre 1762 brach Jakob Philipp Hackert nach Rügen auf, wo er für den dort ansässigen Grafen Adolf Friedrich von Olthoff arbeitete. Graf Olthoff ermöglichte dem Künstler ab 1765 auch den ersehnten Aufenthalt in Paris, den Jakob Philipp und der ihm nachgereiste und ebenfalls künstlerisch begabte Bruder Johann Gottlieb Hackert ertragreich im Kreise des deutschen Zeichners und Radierers Johann Georg Wille nutzten. Sie schufen nach dem Geschmack des Pariser Publikums zahlreiche Landschaftsbilder in der Gouache-Manier, eine mit deckenden Wasserfarben ausgeführte Technik, die nach dem Trocknen aufhellen und dann stark leuchten können. Goethe hat ihre Tätigkeit in der Biographie Hackerts beschrieben: »Die Gebrüder Hackert sahen, wie leicht es sei, von diesem leidenschaftlichen allgemeinen Geschmacke des Pariser Publikums durch ihre Talente klugen Vorteil zu ziehen. Sie bereiteten sich daher sogleich Gouache-Farben, und nachdem sie einige kleine Stücke, in dieser Manier gemalt und *Herrn Boucher*[1] gezeigt hatten, nahm dieser die neue Arbeit mit so viel Beifall auf, daß er alle vier Stücke für sich kaufen wollte […] Diese Gemählde vermehrten in kurzer Zeit den Ruf und die Bekanntschaft der beiden Künstler in Paris so sehr, daß sie unausgesetzt gut bezahlte Arbeit hatten und mehr dringende Bestellungen, als sie beide fördern konnten.«[2]

Das vorliegende Blatt ist eine der damals für den Pariser Markt entstandenen, reizvollen Kompositionen. Das elegante Hochformat wird auf der linken Seite von einem schlanken Laubbaum beherrscht, der sich mit Hilfe der direkt vor seinen Wurzeln entspringenden Quelle zwischen großen Felsen seinen Lebensraum erkämpft hat. Am Ufer der Quelle sitzen und stehen in anmutigen Posen und freizügig gekleidet sechs Wäscherinnen mit einem Weidenkorb; sie unterhalten sich lebhaft und ruhen dabei von ihrer eigentlich harten Arbeit aus. Rechts öffnet sich der Blick auf eine Hügellandschaft mit einem Kastell im Mittelgrund. Das Sonnenlicht beleuchtet die gesamte Szene harmonisch von links, den Himmel belebt zartfarbiges Gewölk. Das Bild zeigt keine reale Topographie, etwa eine Landschaft an der Seine, die in dieser Zeit häufig in den Werken Hackerts auftaucht, sondern einen durch Imagination verallgemeinerten, idyllischen Naturausschnitt, in dem ein ländliches Idealbild dem städtischen Alltag der Auftraggeber gegenübergestellt wird.[3] Dieses aristokratische Spiel mit der angeblichen Leichtigkeit des idyllisch-ländlichen Lebens findet sich zeitgleich auch bei vielen französischen Künstler, u. a. bei dem von Goethe erwähnten François Boucher (Kat. 38), der Werke der Hackert-Brüder begeistert erwarb. Claudia Nordhoff datiert die Gouache im Vergleich mit einer ähnlichen Komposition in Budapest auf die Zeit um 1767.[4] AS

1 François Boucher (1703–1770).
2 Goethe 1973, S. 534.
3 Münster 2003, S. 132.
4 Ebd., Anm. 4.

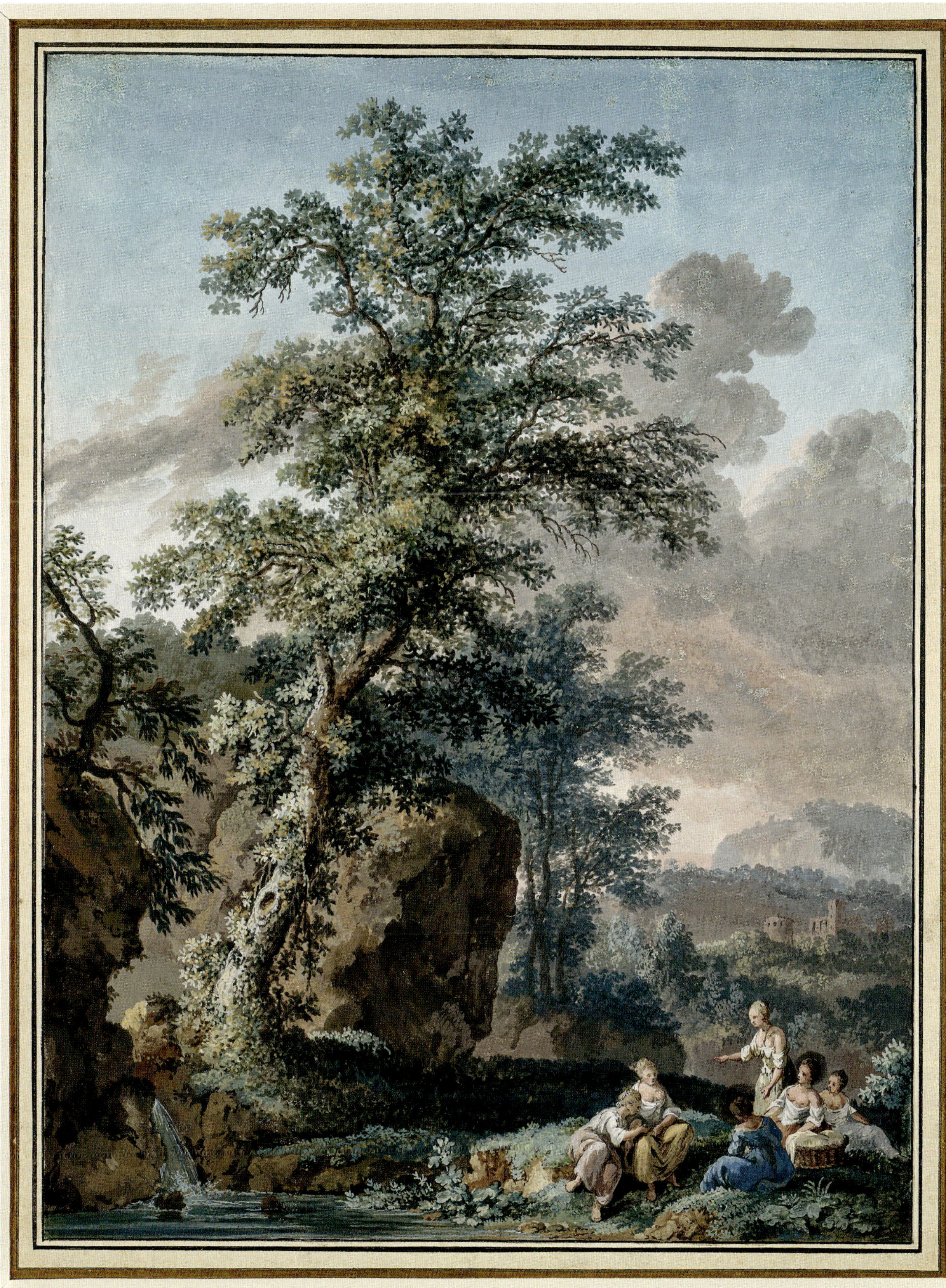

43/44 **Eintracht und Zwietracht in der Ehe**

Carl Gottlieb Lück
Frankenthal, um 1768

Marke: CT mit Kurhut
unterglasurblau
sonstige Zeichen: 6

Eintracht: H. 15,5 cm
Zwietracht: H. 19,0 cm

Provenienz: Kunsthandel

Literatur: Münster 2003, S. 182f., Kat. Nr. 115 (Martin Eberle)

Die beiden 1766 entstandenen Modelle wurden ursprünglich unter den Bezeichnungen *Die Einigkeit* und *Der Weiberzank* geführt, dennoch sind sie ohne Zweifel als Gegenstücke konzipiert. Während sein Bruder Johann Friedrich für die Manufaktur Frankenthal fünf galante Paare als Personifikationen der Sinne modellierte, zeigt Carl Gottlieb Lück auch in diesen beiden Gruppen, wie sehr ihm an der direkten, bisweilen drastischen Wiedergabe des genau beobachteten Umfeldes liegt. Dies kommt ganz besonders bei den Streitenden zum Ausdruck. Die Frau packt den Mann energisch an seiner nachlässig geknöpften Weste und dem Rock, während sie mit der Rechten zum Schlag ausholt. Der Teigroller oder Kochlöffel, der ihr bei anderen Ausformungen als Waffe dient, fehlt (wohl als Folge einer Restaurierung) bei dieser Figur. Dem Mann, der den Schlag abzuwehren versucht und dabei gerade sein Gleichgewicht verliert, ist die Perücke bereits verrutscht, so daß er ziemlich wehrlos wirkt.

Demgegenüber präsentiert sich das vertraute Paar in adretten, einander zugewandten und in sich ruhenden Posen. Nicht die große Geste zählt hier, sondern der Blickkontakt und die sich annähernden Hände. Zum Studium der Darstellung solch galanter und inniger Momente hatte Lück in seiner Zeit als Bossierer in Meißen reichlich Gelegenheit.[1] Auch ein anderes Motiv kannte er bereits aus Sachsen: Das jeweilige Paar liebkost und streitet sich nicht etwa in der guten Stube oder der Küche, sondern offenbar in der freien Natur. Damit folgen die Modelle einem Standard der gesamten deutschen Porzellanplastik des Rokoko, indem die technisch bedingten Sockel des überwiegenden Teils der Figuren Rasenstücke oder zumindest mit plastischen Blumen belegte Plattformen darstellen. Neutrale oder rein ornamentale Sockel sind deutlich seltener (Kat. 16). In manchen Fällen mag das natürliche Umfeld sinnstiftend sein, im Fall eines briefschreibenden Kavaliers (Kat. 17), eines Kaufmanns mit Hausierer (Kat. 47) oder einer besuchempfangenden Dame in Hausrobe (Kat. 15) entbehrt diese Sockelgestaltung als Ortsangabe eigentlich jeglicher Logik. Gerade darin liegt aber ein Reiz dieser Schöpfungen, daß sie nicht einfach als platte Momentaufnahme beispielsweise eine prügelnde Ehefrau zeigen, sondern durch kunstvolle Sockelverzierungen den Akteuren eine eigene Bühne, eine eigene dekorative Welt schaffen. SW

1 So zum Beispiel beim sog. »spanischen Liebespaar«, der Tabatièrengruppe, dem sitzenden Schäferpaar oder der sog. »glücklichen Familie«; vgl. Menzhausen 1993, S. 187, 182, 149 und 108.

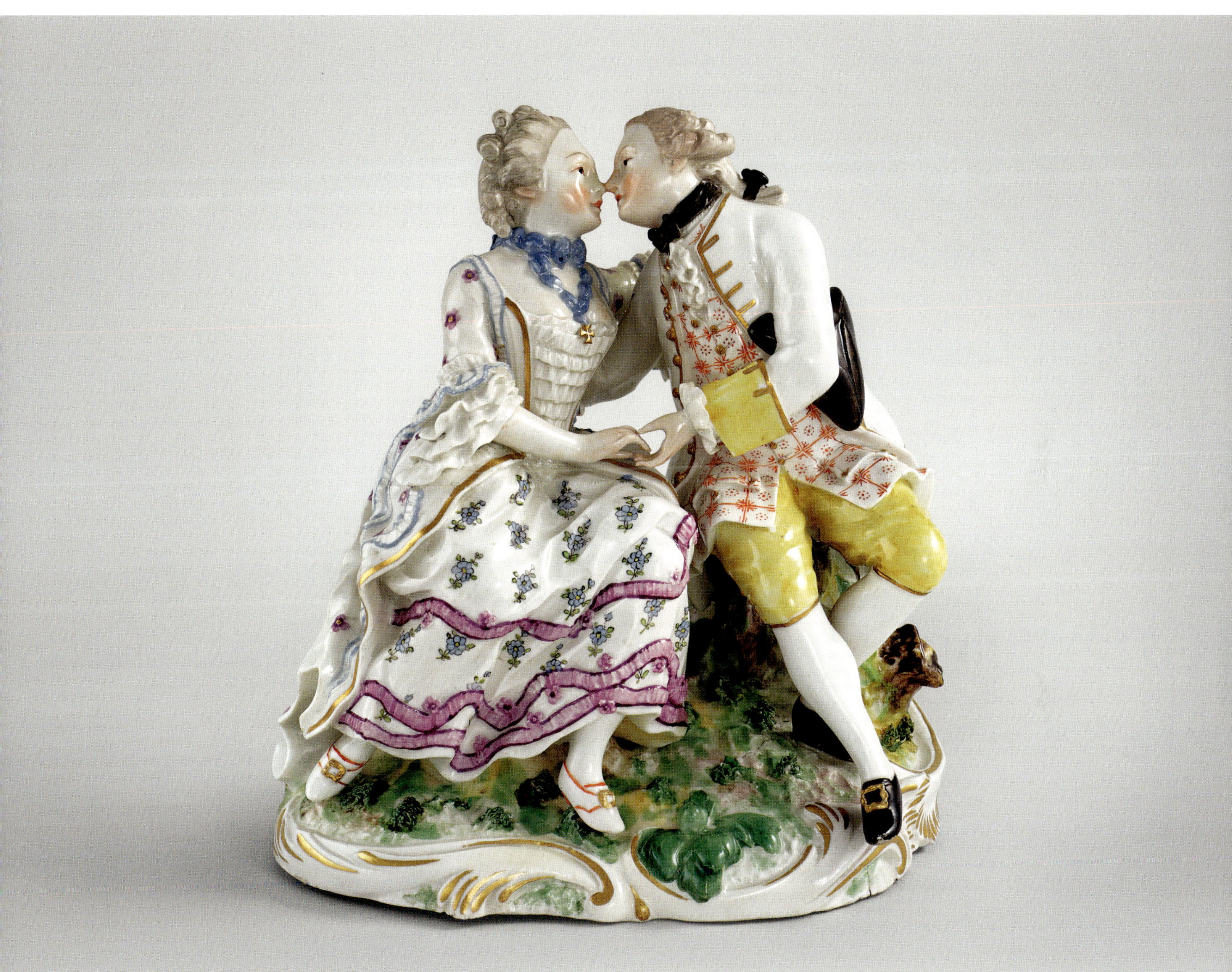

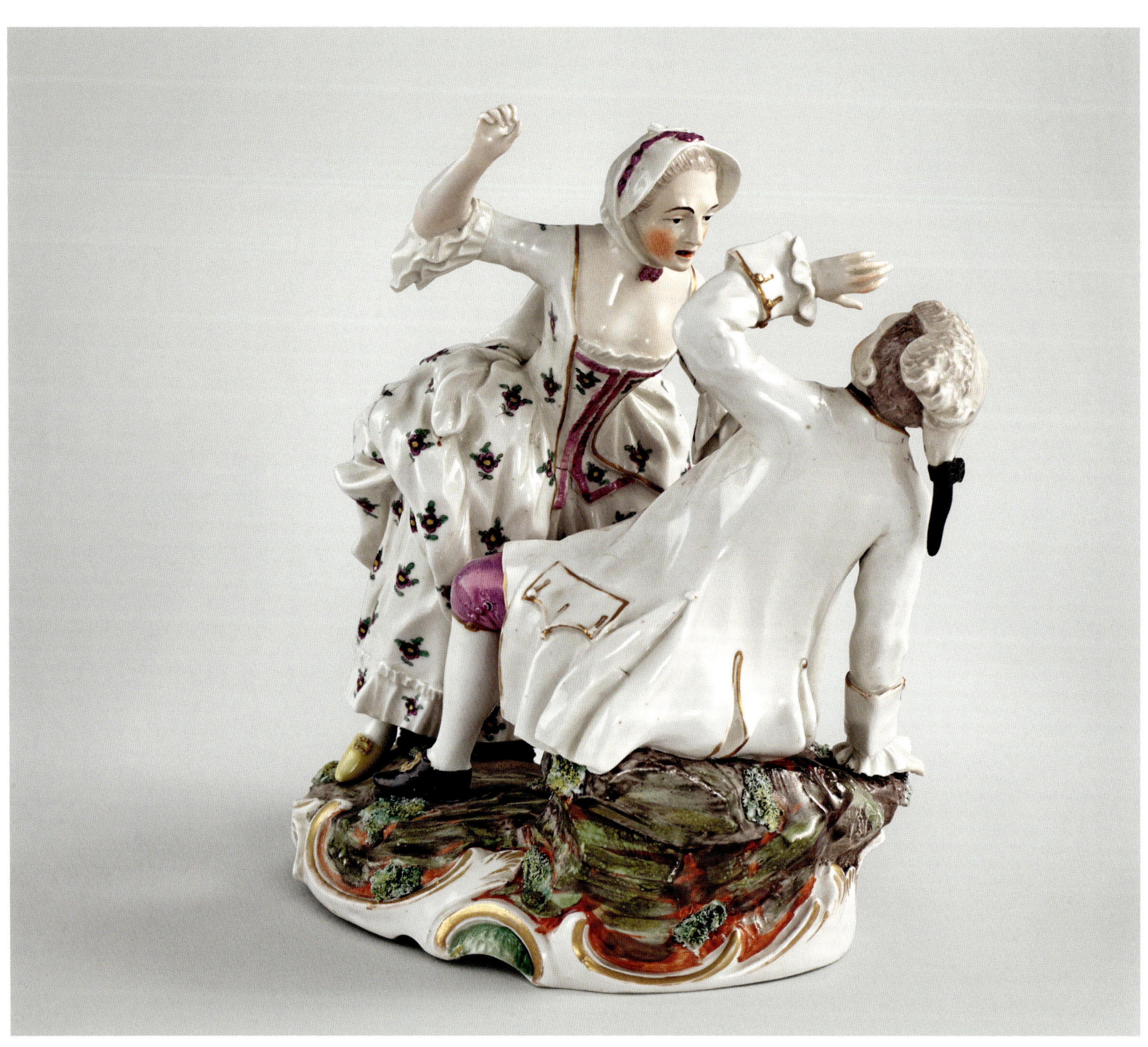

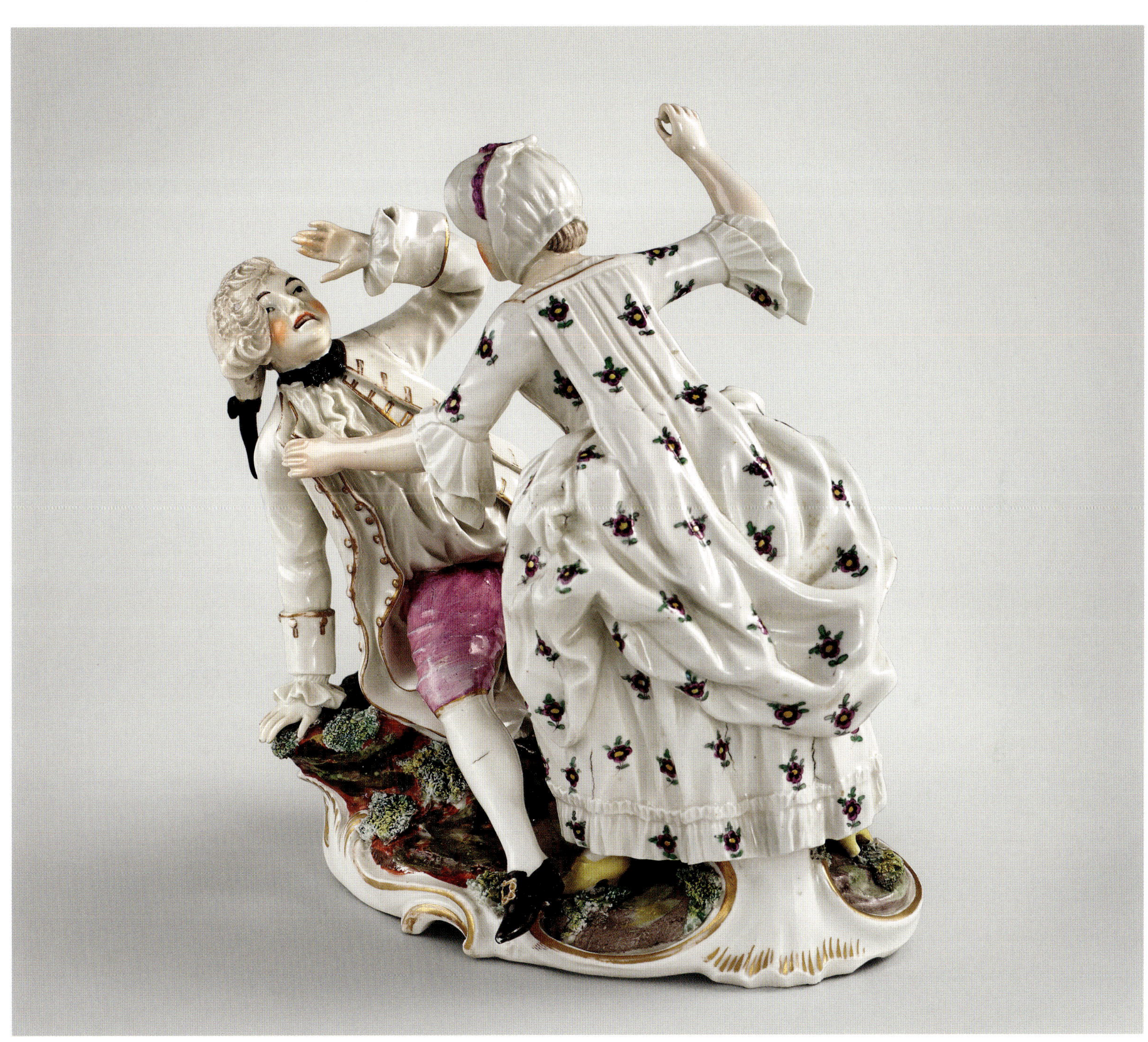

45 Claude-Joseph Vernet

Gebirgige Küste mit Fischern und einem Liebespaar

1767

Öl auf ovaler Leinwand

76,2 × 59,6 cm

Signiert und datiert unten rechts: »J. Vernet f / 1767«

Provenienz: Madame de Montullés (Elisabeth Françoise de Montullé?) gab das Gemälde 1766 für 420 Livres beim Künstler in Auftrag – Versteigerung Baronne de Saint-Port, Paris, 22. Dezember 1783, lot 79 – Versteigerung Paris, 4.–5. Dezember 1826, lot 86 – Galerie Cailleux, Paris, 1930 – Versteigerung Galerie Charpentier, Paris, 15.–16. Dezember 1958, lot 81 –Privatsammlung, USA – Versteigerung Christie's, New York, 21. Mai 1992, lot 91 – Versteigerung Christie's, New York, 12. Januar 1994, lot 111

Literatur: Ingersoll-Smouse 1926, Bd. 2, Nr. 866 , Abb. 218 – Münster 2003, S. 110f., Kat. Nr. 61 (Helge Siefert)

Vernets Gemälde zeigt die weite Bucht einer Meeresküste, die im Hintergrund von Bergen abgeschlossen wird. Hohe und steile Felsformationen begrenzen nach rechts den Blick. In der Ferne steht ein hoher Turm – wohl ein Leuchtturm –, der über einen Viadukt zu erreichen ist. Links verläßt ein Segelschiff das Gestade. Vor diesem bewegten Hintergrund hat sich auf einem niedrigen Felsen am Wasser ein Angler niedergelassen. Von hinten tritt eine Frau an ihn heran, die von einem stehenden Mann umfaßt wird. Eine weitere beschäftigt sich mit Fischernetzen. Weiter rechts schieben Männer ein Ruderboot ins Meer. Ihre Tätigkeit legt nahe, daß das klare Licht der Szene als Morgenbeleuchtung zu verstehen ist. Die Sonne ist von den hohen Felsen rechts verdeckt, doch die Figuren im Vordergrund sind hell beleuchtet.

Vernets Komposition kontrastiert das Horizontale der Küstenlandschaft mit prononcierten Vertikalen. Das Hochoval des Gemäldes unterstreicht den dramatischen Charakter der steilen Felsformationen und des hohen Turmes, während die Fischer, die das Boot zu Wasser bringen, mit dem Horizont und der Küstenlinie im Hintergrund die Horizontale betonen. Gleichzeitig kombiniert der Künstler dadurch die sublime Dramatik der Küstengestalt mit der friedlichen Ruhe der Staffagefiguren im Vordergrund.

Das Gemälde der Sammlung Oetker kombiniert Standardelemente Vernetscher Küstenlandschaften und steigert eine schon deutlich früher vom Künstler entwickelte Komposition. *La Pêche heureuse* von 1758 (2006 in Paris, Galerie Heim) zeigt eine eng vergleichbare Kombination von bergiger Küstenlandschaft, Fischern und stehender Frau im Vordergrund, hohen Felsen mit Turm rechts, doch sind diese Elemente jetzt in neuer Weise in ein Hochoval eingeschrieben, was zur Ausdrucksstärke der Komposition beiträgt. 1766, ein Jahr vor der Ausführung des hier diskutierten Werks, kombinierte Vernet in einem Hochrechteck ähnliche Fischerfiguren wie die des Vordergrunds mit einem hohen Turm und Viadukt auf einem Felsen rechts (Sotheby's, London, 10. Juli 2002, lot 82).

Claude-Joseph Vernet gilt als der größte französische Landschaftsmaler des 18. Jahrhunderts. Er war insbesondere berühmt für seine Küstenlandschaften – ruhige in Morgen- oder Abendlicht und stürmische, oft mit Schiffbruchszenen – malte aber auch zahlreiche Veduten. Sie wurden international gesammelt und von Diderot hymnisch besprochen. Nach einem langen Aufenthalt in Rom arbeitete er ab 1753 in Frankreich in königlichem Auftrag an einer Serie von Veduten der französischen Häfen, für die er sich jeweils dort aufhielt. Erst 1765 ließ er sich fest in Paris nieder. Das Gemälde der Sammlung Oetker ist eines der ersten dieses neuen Lebensabschnittes. Vernets Auftraggeberin für dieses Bild, Madame de Montullé, gehörte zum direkten Umkreis des großen und bekannten Pariser Sammlers Jean de Jullienne, der selber Werke Vernets besaß, und damit zu einer Gruppe herausragender Kenner und Sammler der Epoche. CMV

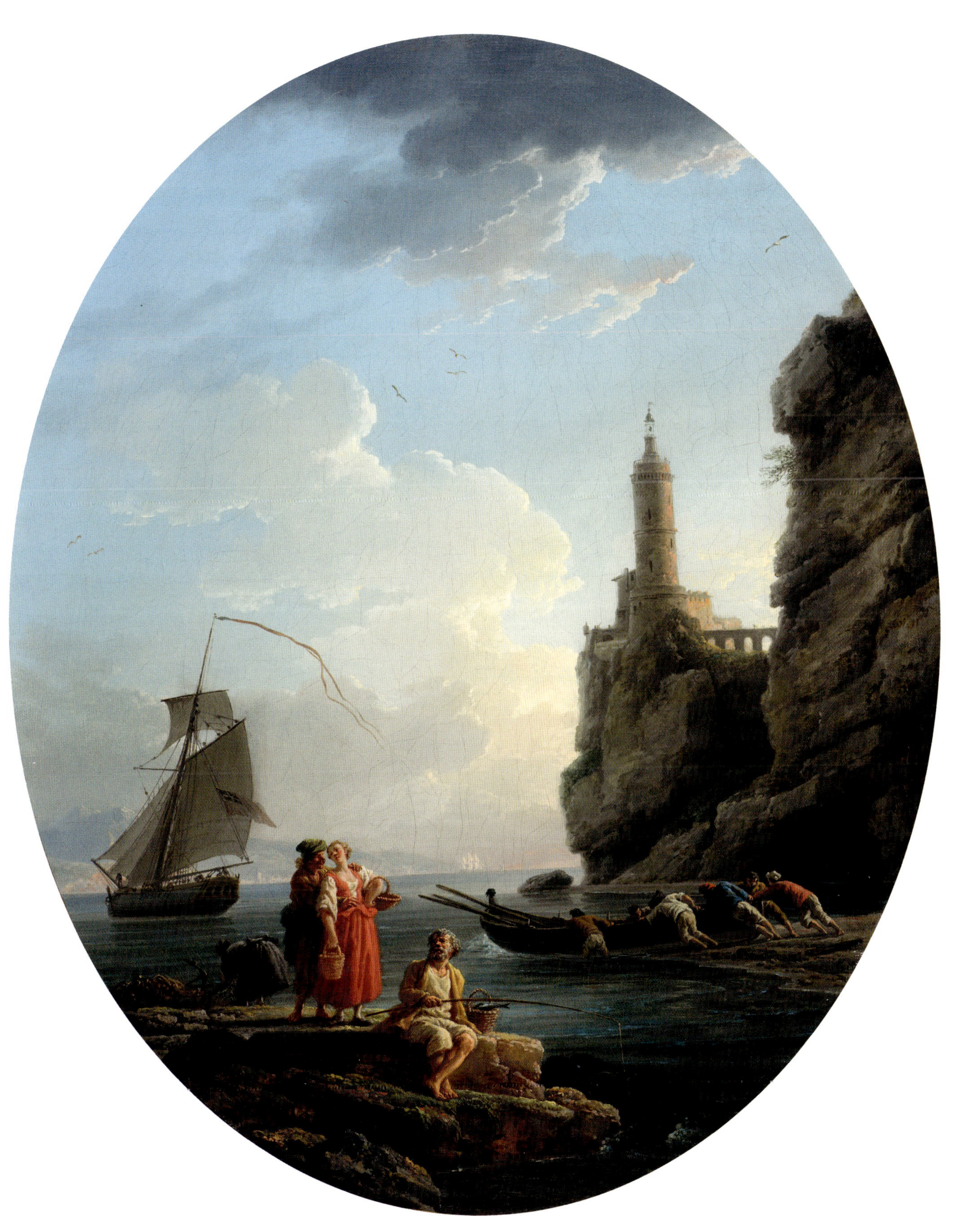

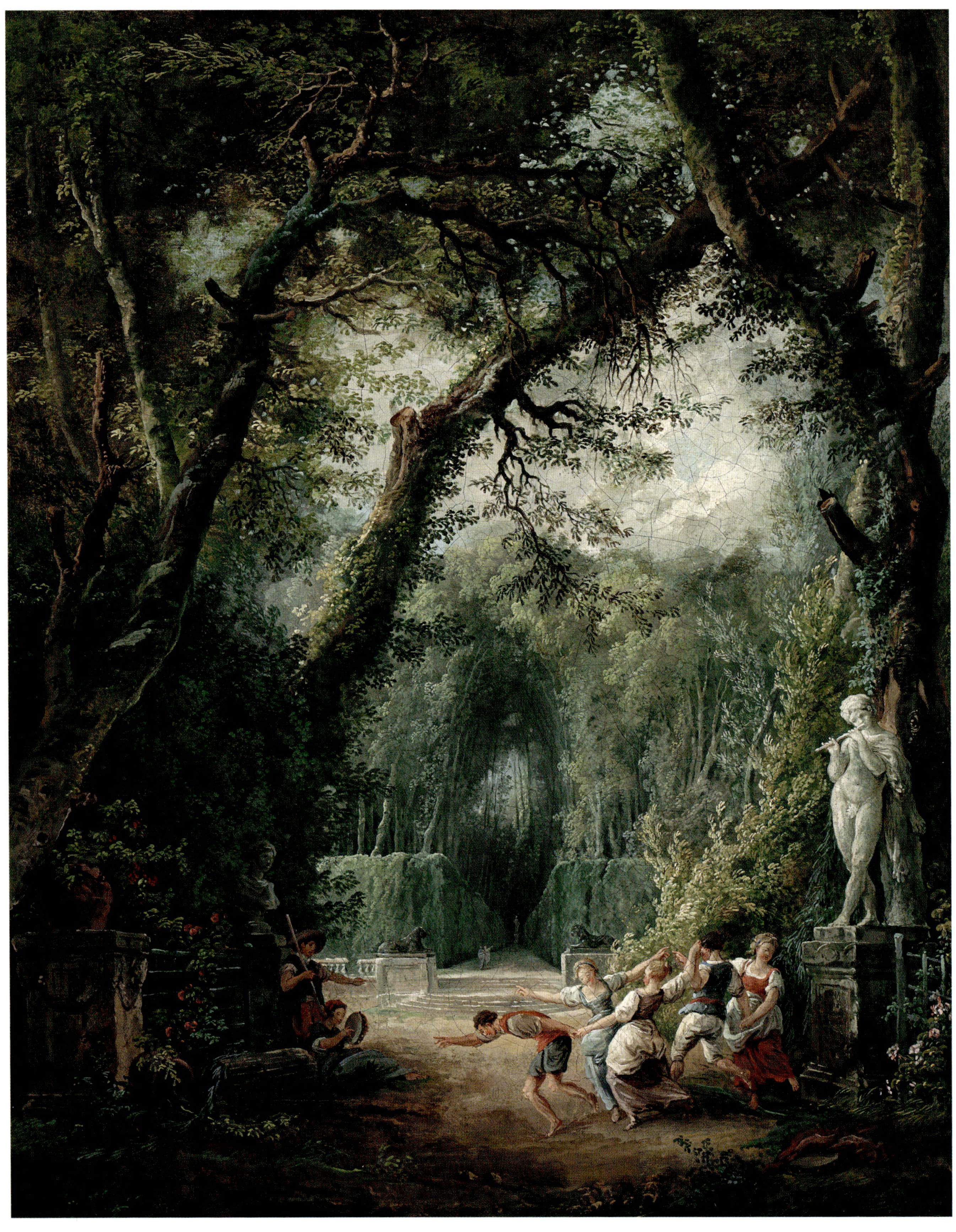

46 Hubert Robert

Reigen im Park

1770

Öl auf Leinwand

56 × 43,5 cm

Signiert und datiert auf dem Podest unten links: »H Robert 1770«

Provenienz: Sammlung Duchesse de Ragusa

Literatur: Münster 2003, S. 110, 112 f., Kat. Nr. 62 (Hermann Arnhold)

Dem französischen Maler Hubert Robert, der für seine Ruinen-, Park- und Landschaftsstücke bekannt ist, gelingt in seinem Bild die stimmungsvolle Wiedergabe eines geselligen Vergnügens im Freien. Fünf Männer und Frauen haben sich zu einem losen Reigen verbunden und tanzen zum Klang eines Tambourins. In ihrer ungezwungenen Heiterkeit, ihren ausgreifenden Bewegungen und ihrer einfachen Kleidung erinnern sie an die bäuerlichen Gestalten der Bilder flämischer Maler des 17. Jahrhunderts wie Peter Paul Rubens oder David Teniers. Die Szene ist eingebettet in eine urwüchsig wirkende Natur mit hoch aufragenden, knorrigen Bäumen, die einen Bogen bilden und die Aussicht auf einen kulissenartig anmutenden Fond freigeben. Der Blick wird über einen von zwei steinernen Löwen flankierten, mit Stufen versehenen Aufgang in die Tiefe einer heckenbegrenzten Allee geführt, in der schemenhaft zwei Spaziergänger und am Ende eine Skulptur zu erkennen sind. Während diese Partie als ein Ort des gepflegten und aufmerksamen Flanierens erscheint, steht die Vegetation im Vordergrund im Einklang mit dem bäuerlich-ländlichen Charakter des Tanzes. Hubert Robert läßt in seinem Bild somit zwei unterschiedliche Aspekte anklingen: Die freie, ungezügelte und die gestaltete, kultivierte Natur.

In das Gemälde fließen verschiedene Erfahrungen des Künstlers ein, der sich nicht nur mit Staffeleibildern einen Namen machte, sondern auch als Dekorations- und Kulissenmaler sowie als Landschaftsgestalter tätig war. 1778, nur wenige Jahre nach der Entstehung des Gemäldes, wurde er zum »Dessinateur des jardins du Roi« ernannt und war in dieser Funktion unter anderem für die Umgestaltung der Gärten von Versailles zuständig. Die Grundlage für seine andauernde Beschäftigung mit der Natur legte sein langjähriger Italienaufenthalt zwischen 1754 und 1765, der ihm vielfach Gelegenheit zum Zeichnen im Freien bot. Darüber hinaus studierte er die Werke der Antike und eignete sich ein Motivrepertoire an, über das er in der Folgezeit frei verfügen konnte. Die Gestalt des überlebensgroßen, Flöte spielenden Satyrn rechts im Bild findet sich bereits in einer 1762 datierten Zeichnung mit Skulpturen aus dem Kapitolinischen Museum in Rom und kehrt in verschiedenen Gemälden des Künstlers wieder.[1] Im Unterschied zu anderen Darstellungen, in denen die Skulptur als Reminiszenz an die Antike eine gewisse Zeitlosigkeit einführt, wird sie hier direkt am Bildgeschehen beteiligt. Der aus Marmor gefertigte Körper wirkt so lebendig und die Flöte ist so dicht an den Mund geführt, daß es den Anschein hat, als spiele der Satyr selbst zum Tanz auf.

Mit großer Leichtigkeit entfaltet Hubert Robert sein Spiel zwischen Realität und Imagination, wobei er unterschiedliche Bildtraditionen miteinander verwebt. In der Landschaftsgestaltung ganz den Vorstellungen seiner Zeit verbunden, knüpft er mit dem heiteren Beisammensein im Freien lose an die *fête galante* von Antoine Watteau an. Doch zeigt er im Unterschied zu diesem keine elegante Gesellschaft, sondern bezieht sich mit den einfach gekleideten Tänzern und dem jugendlichen Satyr auf die ausgelassenen naturmystischen Festlichkeiten im Gefolge des Gottes Dionysos (Bacchanalien), die beispielsweise auch Rubens in seinem *Bauerntanz* anklingen läßt (Abb.). AR

Abb.
Peter Paul Rubens, Bauerntanz, 1630–35, Madrid, Museo Nacional del Prado

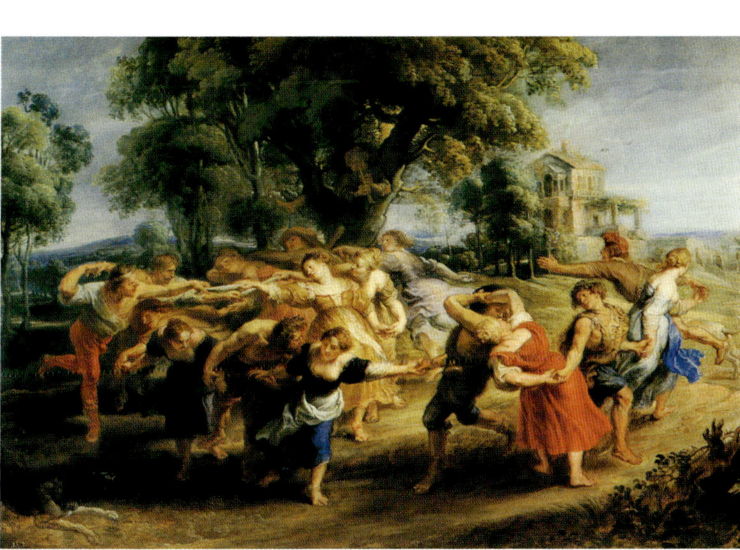

1 Die Antike befindet sich heute in Paris, Musée du Louvre (Inv. Nr. Ma595); vgl. Haskell/Penny 1981, S. 212 f., Kat. Nr. 38. Die Zeichnung *Die Antiken des Kapitolinischen Museums* wird im Musée de Valence aufbewahrt (Inv. Nr. D. 81). Das Landschaftsgemälde *Allee in einem Park* zeigt die Skulptur ebenfalls am rechten Bildrand; Brüssel, Musée royaux des Beaux-Arts (Inv. Nr. 7443).

47 Kaufmann und Hausierer

Carl Gottlieb Lück
Frankenthal, um 1770

Marke: CT mit Kurhut unterglasurblau
Ritzzeichen: »7«
sonstige Zeichen: »Me« in Gold

H. 19 cm

Provenienz: Kunsthandel

Literatur: Münster 2003, S. 182f., Kat. Nr. 116 (Martin Eberle)

Die Frankenthaler Fabrik ist ganz besonders für die große Anzahl figürlicher Werke bekannt. Mehrere Bildhauer und Modelleure, die zu den besten ihres Fachs gehörten, schufen Einzelfiguren und Gruppen, so auch Carl Gottlieb Lück, auf den dieses Modell zurückgeht. Er war in Meißen ausgebildet worden, floh von dort jedoch mit seinem Bruder nach Ausbruch des Siebenjährigen Krieges 1757 und ist danach mit kurzer Unterbrechung in Frankenthal nachweisbar. Ihm verdanken wir eine beachtliche Anzahl von Kleinplastiken, die weniger die großen Themen der Bildhauerei aufnehmen, als vielmehr erzählfreudig und detailreich Situationen des Alltags schildern. Diese Gattung der dreidimensionalen Genreszenen entstand in den 1730er Jahren in Meißen und wurde charakteristisch für die gesamte Porzellanplastik des Rokoko. Die Begegnung eines fahrenden Tuchhändlers, der seinem gut situierten Kunden die Elle präsentiert und auf eine Bestellung hofft, ist ein sehr gutes Bespiel dafür, wie gut diese Figuren Kulturgeschichte zu illustrieren vermögen. Der einfach gekleidete Händler, der an Stelle einer Krawatte ein einfaches Tuch um den Hals geknotet hat, trägt seine Waren zusammengebunden auf dem Rücken über Land. Die feineren Stoffe sind sorgfältig in Tuch eingeschlagen, um sie vor Nässe und Straßenstaub zu schützen, während gröbere Gewebe nur zu Ballen gerollt sind. Zum Schutz seiner eigenen Kleidung trägt er unter dem Knie gebundene Leinengamaschen. Der vornehme Herr dagegen präsentiert seine schönen Beine in teuren Seidenstrümpfen und zeigt auch mit der golddekorierten Weste und dem vollständig gepolsterten Stuhl, daß er von Stoffen etwas zu verstehen scheint. Die Bücher, auf die er seinen Arm und Kopf stützt, sind wohl Geschäftsbücher, die die Figur als Kaufmann ausweisen sollen. In einem Preisverzeichnis von 1777 wird diese Gruppe nicht genannt.[1] Möglicherweise handelt es sich bei diesem eigenwilligen Thema um eine konkrete Auftragsarbeit, weshalb der Modelleur sich auf frühere Arbeiten stützte. In einer anderen Version mit identischem Sockel und am Tisch sitzendem Kavalier ist der Hausierer durch eine Mutter mit zwei kleinen, Geschenke überreichenden Kindern ersetzt.[2] Dieser *Geburtstag des Vaters* dürfte sich beim allgemeinen Publikum der Manufaktur größerer Beliebtheit erfreut haben. sw

1 Vgl. Beaucamp-Markowsky 2010, S. 356–373.
2 Meister 1967, Bd. 2, S. 164f.

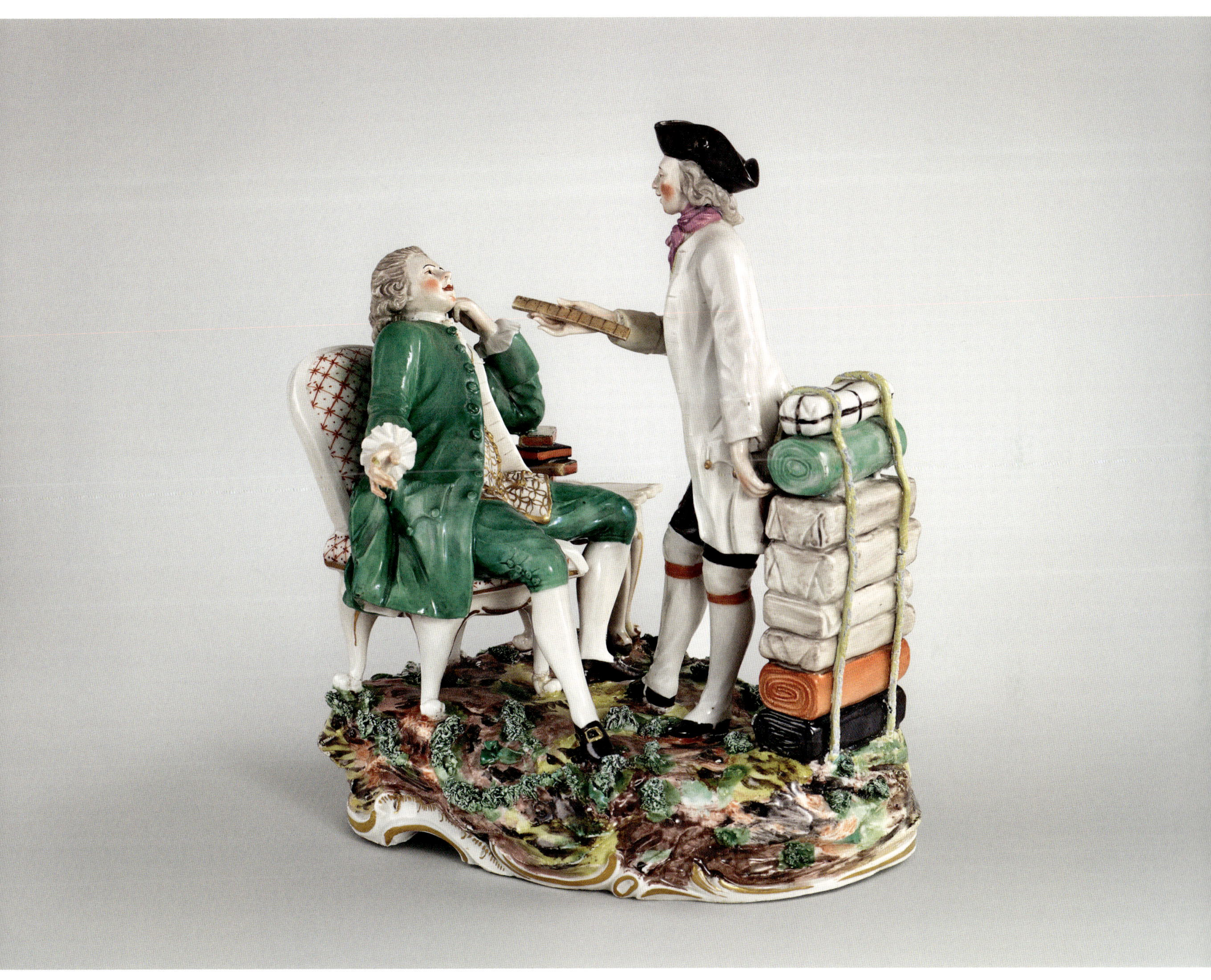

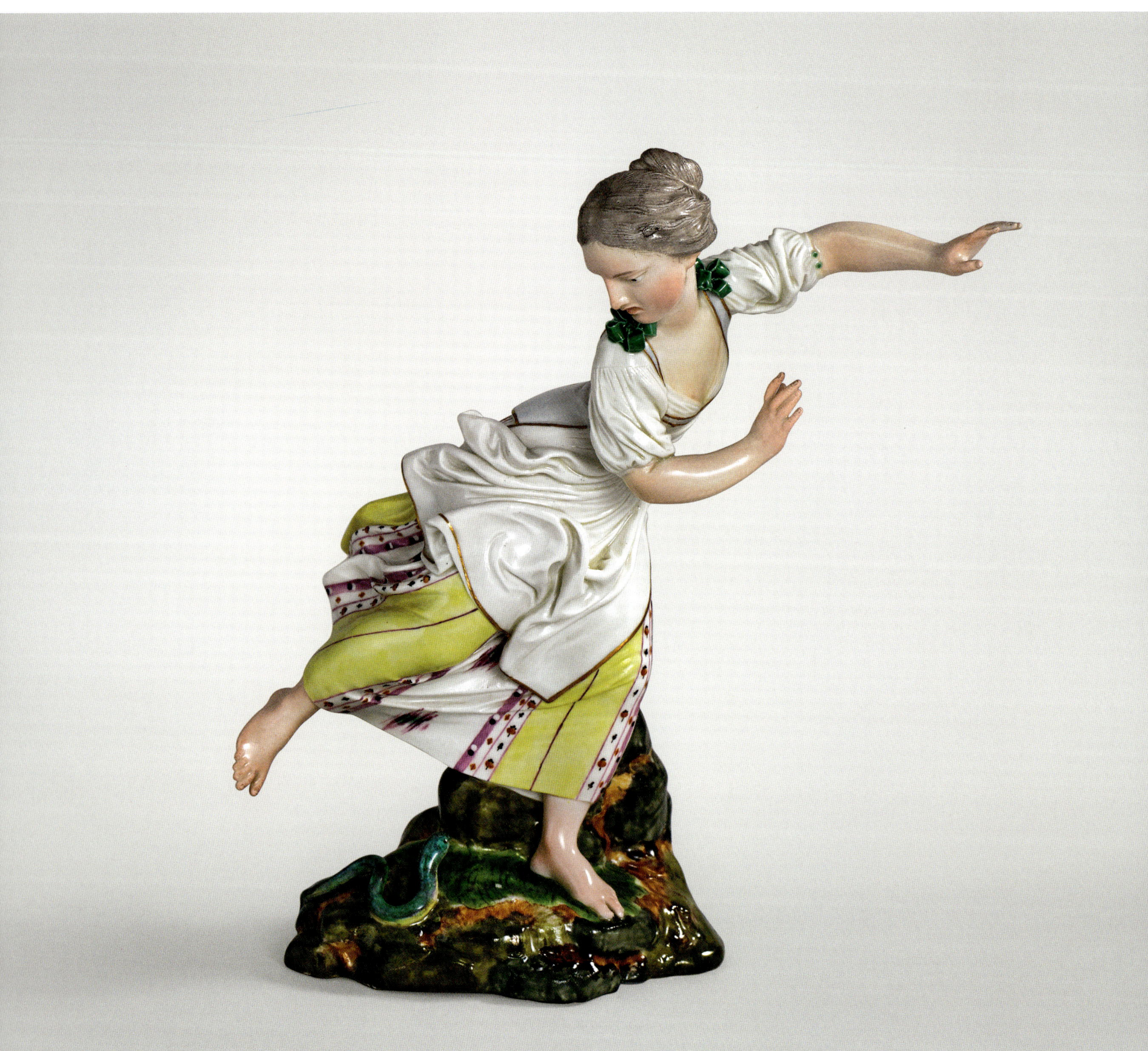

48 **Fliehendes Mädchen**

Johann Peter Melchior
Höchst, um 1770

Marken: Rad
unterglasurblau

H. 19,5 cm

Provenienz: Kunsthandel

Literatur: Münster 2003, S. 184f., Kat. Nr. 117 (Martin Eberle)

Das erschrockene und vor einer Schlange flüchtende Mädchen modellierte Johann Peter Melchior, einer der herausragenden deutschen Porzellangestalter des letzten Viertels des 18. Jahrhunderts. Ab 1765 arbeitete er an der Manufaktur in Höchst und wurde nur zwei Jahre später bereits zum Modellmeister befördert. 1779 wechselte er in gleicher Funktion nach Frankenthal und ab 1797 wirkte er noch über 20 Jahre in Nymphenburg. Seine zahlreichen Modelle spielender Kinder, die er in Höchst schuf, sind außerordentlich reizvoll. Im Unterschied zu Kinderfiguren vieler anderer Manufakturen erinnern diese Schöpfungen weder an Putten noch an kleine, verniedlichte Erwachsene, sondern stellen Kinder so dar, wie sie die aufgeklärte Pädagogik jener Zeit auch vermittelt, nämlich als ernstzunehmende Wesen auf einer eigenen Entwicklungsstufe.

Die simple Szene eines sich erschreckenden Mädchens nutzt der Bildhauer Melchior, um sich mit dem Thema der Balance zu beschäftigen: Die Figur nimmt annähernd die Pose einer »arabesque« des klassischen Balletts ein, eine balancierende Haltung, in der ein spannungsvoller Ruhemoment in einen Bewegungsfluß gebracht wird. Allein durch den dynamisch flatternden, reichen Faltenwurf von Schürze und Kleid sowie durch die Wendung des Kopfs wird suggeriert, daß das Mädchen läuft. Die Darstellung von Geschwindigkeit oder auch einfach nur Bewegung ist eine der großen Herausforderungen an die Skulptur, die an sich statisch ist. Die Aufgabe ist hier genau so brillant gelöst wie beim Gegenstück, das einen Jungen zeigt, der sich eines kläffenden Hündchens wegen erschreckt und verdreht.

Dem Stil Melchiors mit seinen weichen, runden und klaren Formen kommt die Staffierung, die die Höchster Maler bei seinen Modellen anwandten, sehr entgegen. Oft in rosa oder gelb bemalte oder weiß belassene Kleidungsstücke bringen das Licht- und Schattenspiel der Figuren gut zur Geltung und kontrastieren mit den stets satten Grün- und Brauntönen der Sockel. Das Streifenmuster des Rocks dieser Figur mit seinen eingewobenen Bändchenmotiven und der Chiné-Partie (Kettdruck-Technik) auf weißem Grund ist zudem modisch ganz auf der Höhe der Zeit. sw

49 Angelika Kauffmann

Bildnis Rebecca Lady Rushout mit ihrer Tochter Anne

1773

Öl auf Leinwand

127,5 × 101,5 cm

Signiert unten rechts: »Angelica Kauffmann/Pinx«

Provenienz: Sammlung Lord Lurgan – Archibald, 5th Earl of Rosebury († 1929) – Edward, 6th Earl of Rosebury, D.S.O., M.C.

Literatur: London 1773, Nr. 165 – Aukt.-Kat. Phillips, 9.–12. Dezember 1879, lot 830 (850 gns.) – Manners/Williamson 1924, S. 205, Abb. – Aukt.-Kat. Christie's, 5. Mai 1939, lot 65 (840 gns.) – Bregenz 1968 – Aukt.-Kat. Christie's, British and Maritime Pictures, 17. Juli 1992, lot 71 – Brighton 1992, Kat. Nr. 82 – Rosenthal 1992 – Rosenthal 1996 – Düsseldorf 1998, S. 211, Kat. Nr. 95 – Münster 2003, S. 124f., Kat. Nr. 72 (Angelika Lorenz)

Angelika Kauffmann, die zu den allerorten gefeierten Künstlern ihrer Zeit gehört, hat als Portraitmalerin europaweit agiert. Zumal in ihren ganzfigurigen Doppelportraits von Mutter und Kind hat sie dabei zu einem unverwechselbaren Format gefunden. Prominent dafür steht das *Bildnis der Rebecca Lady Rushout mit ihrer Tochter Anne*, das wohl von deren Ehemann, dem ersten Lord Northwick in Auftrag gegeben worden ist. Der Kontakt zu Kauffmann wird über George Bowles vermittelt worden sein, dessen Schwager, der mit Kauffmann in Venedig zusammengetroffen war und zu deren größten Gönnern avancierte. Die Malerin, die seit 1766 in London lebte, zählte im Entstehungsjahr des Gemäldes freilich bereits auch auf der britischen Insel zu den begehrtesten Portraitisten und war Gründungsmitglied der Royal Academy (1768).

Das ovale Bildnis, unten rechts signiert, zeigt die Mutter auf einer Steinbank sitzend vor einem mächtigen Baumstamm, mit dem Gesicht dem Betrachter sich zuwendend, mit ihrer rechten Hand nach dem Arm der sich seitlich an sie lehnenden Tochter fassend. Das wie im tänzelnden Schritt festgehaltene Kind präsentiert verspielt eine Blumengirlande; nach hinten erstreckt sich eine tiefe, bergige Landschaft. Kauffmanns Mutter/Sohn-Darstellungen, etwa jene der *Baronin Krüdener mit Sohn* (Paris, Louvre), sind als allegorische Rollenportraits verstanden worden, in denen die Mutter als Venus, der Sohn in der Rolle Amors posiert. Im vorliegenden Fall, in dem eine Tochter allegorisch unterzubringen war, ist vorgeschlagen worden, ebenfalls ein Rollenstück zu erkennen, nämlich Venus in Begleitung einer jungen Grazie. Vielleicht ist die innige Verschmelzung der beiden Figuren gemeinsam mit dem fruchtbar grünenden Baum ein Symbol des Lebens und der Familie, aber auch und vor allem eine Anspielung auf den Vornamen der Mutter. Rebekka ist eine Figur der jüdischen Tora und des christlichen Alten Testaments. Ihr Name kann, u.a., »die Verbindung Schaffende« bedeuten. Sie zählt zu den Erzmüttern des Volkes Israel und trägt durch resolutes persönliches Einschreiten dafür Sorge, daß Gottes Verheißung über ihre Söhne Esau und Jakob in Erfüllung geht. Es ist also gut möglich, daß Angelika Kauffmann, deren weicher, in Italien geschulter Klassizismus sich harmonisch in die englische Tradition des Portraits vor Landschaftshintergrund fügt, hier weniger allegorisch als vielmehr onomastisch vorgeht, und der besonderen Gattung des Mutter/Kindportraits eine neue und eigene Variante hinzufügt. AB

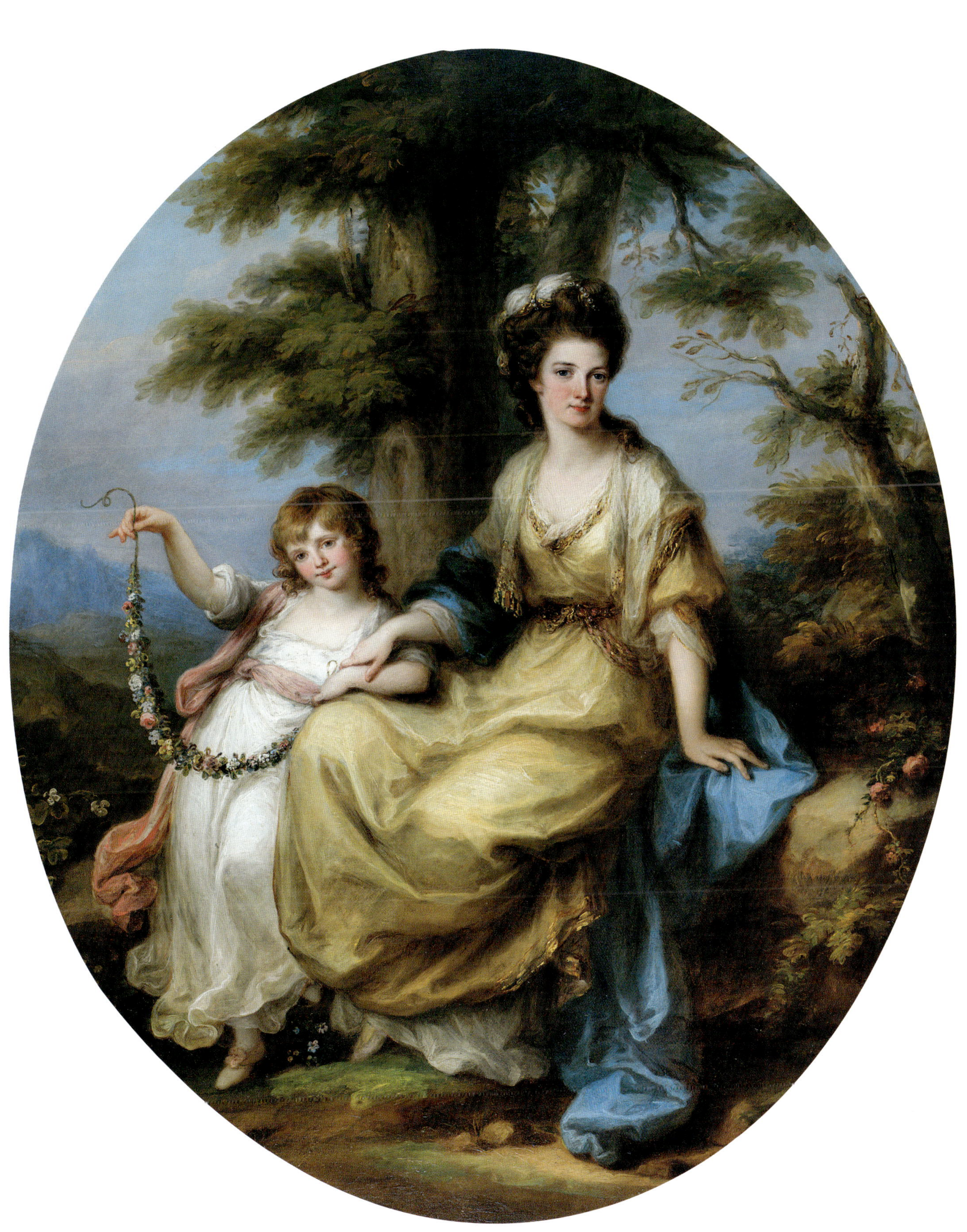

50 Jakob Philipp Hackert

Eichenbaum bei Castellamare di Stabia

1795

Feder und Pinsel in Braun über Bleistift

69,5 × 56 cm

Rechts unten auf dem Stein bezeichnet, signiert und datiert mit Feder in Braun: »Castellamare / di Stabia // Filippo / Hackert f. 1795.«

Provenienz: Privatbesitz, Frankreich

Literatur: Nordhoff/Reimer 1994, Bd. II, S. 359, Nr. 880

Mit großer Leidenschaft widmete sich Jakob Philipp Hackert, der nach Lebensstationen in Berlin und Paris 1768 nach Rom kam und sich schließlich 1786 als Hofmaler in Neapel niederließ, der gemalten und gezeichneten Darstellung von Bäumen.[1] Er selbst schrieb dazu: »Nichts gefällt mehr sowohl in der Natur als in Zeichnungen und Gemälden als ein schöner Baum. Einige Felsen, Steine oder andere Bäume im Mittelgrund und etwas Fernung macht eine schöne Landschaft, wo der Baum am ersten brilliert.«[2] Des Künstlers eigene Beschreibung dieser vielfach als »Baumportraits« empfundenen Landschaftszeichnungen erschließt dem Betrachter auch das vorliegende, repräsentative Blatt eines alten, minutiös geschilderten Eichenbaums in der Gegend von Castellammare di Stabia bei Neapel. Hierhin war Hackert 1795 gereist, wie er in einem Brief vom 5. Mai 1795 an den befreundeten Grafen Bogislaus Dönhoff zu Dönhoffstädt in Berlin erwähnt: »Ich werde eine Mahlerische Reise, hinter *Persano* in *Baselicat* machen, Eine Provinz die ich nur von weiten gesehen habe; wo ich schöne Sachen zu finden Hoffe.«[3] Seine erste Station der Reise wird die Ortschaft Castellammare di Stabia gewesen sein. 1801 radierte Hackert eine Folge von botanisch sehr genau beobachteten acht Bäumen – u. a. ist auch eine Eiche dabei –, die er als unverzichtbar für angehende Landschaftsmaler verstand: »Nach diesen muß der junge Künstler und Liebhaber, wenn er zeichnen lernen will, seine Hand üben.«[4] Hackerts Baumdarstellungen zeigen einen hohen Grad an Vollendung und Ausdrucksfähigkeit, sie scheinen – nach Hermann Mildenberger – mehr Individualität auszustrahlen, als die menschlichen oder tierischen Staffagefiguren seiner gemalten Kompositionen. Doch schon wenig später wurden diese exakten Bäume mit ihrer Pedanterie zum Ziel von Spott und Satire der romantischen Künstler.[5] AS

1 Mildenberger 2008, S. 269; vgl. die abgebildeten Beispiele auf S. 270–283.
2 Goethe 1973, S. 705f.
3 Hackert/Nordhoff 2012, S. 163f., Nr. 93.
4 Goethe 1973, S. 702.
5 Mildenberger 2008, S. 269.

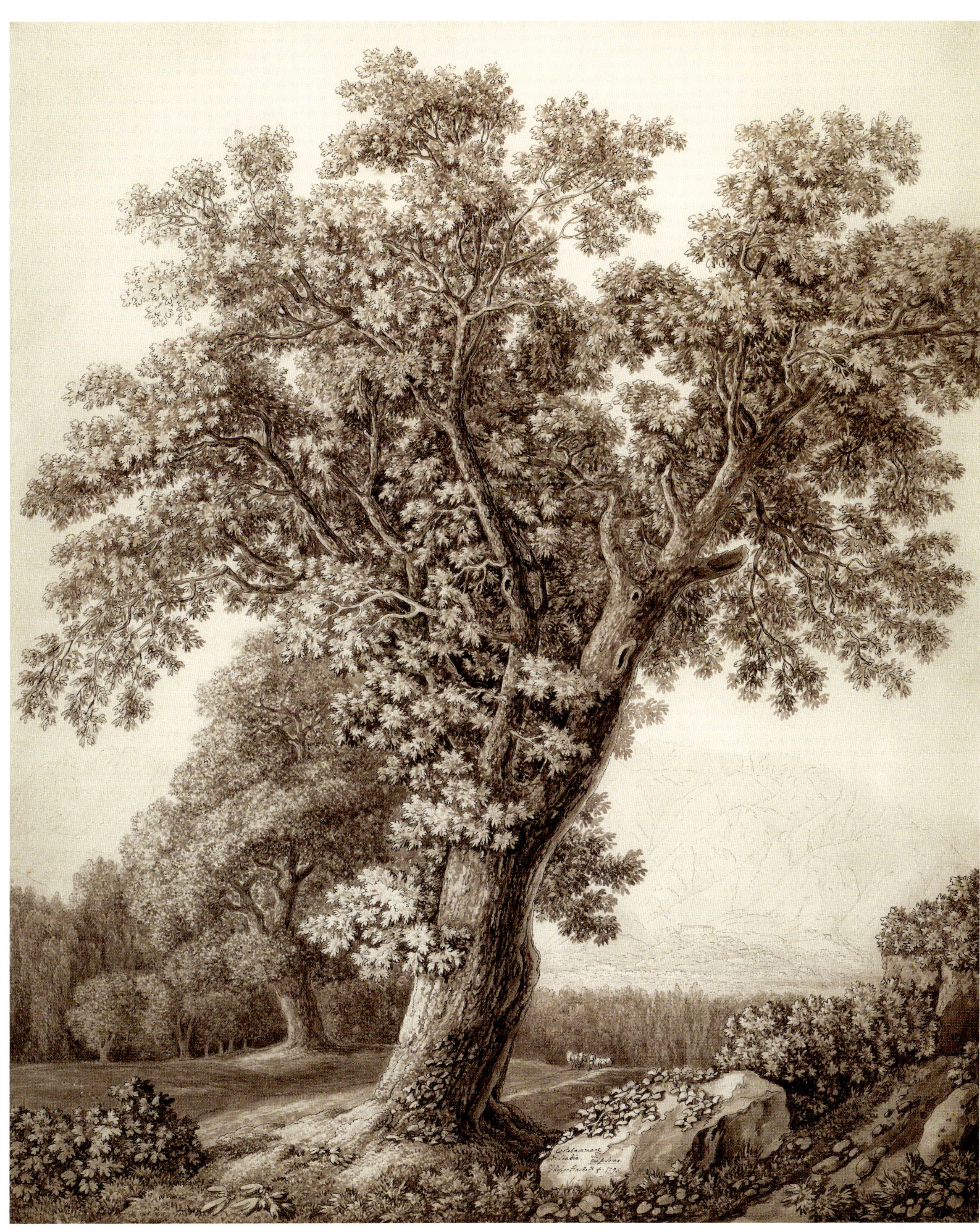
Castelammare
Di Stabia
Quisisana
Filippo Hackert f. 1795

51 Thomas Lawrence

Bildnis der Prinzessin Clementine Metternich als Hebe

um 1818–1820

Öl auf Leinwand

77 × 63,5 cm

Provenienz: Familie Paul von Metternich-Winneburg zu Beilstein – Familie von Galen

Literatur: Lostelot 1893, S. 35 – Gower 1900, S. 150 – Armstrong 1913, S. 152 – Suida 1914, III, XXVI – Garlick 1954, S. 142

Ausstellung: 1892 Paris, École des Beaux-Arts: Cent Chefs d'Œuvre

Thomas Lawrence ist ohne Zweifel der bedeutendste Portraitist der europäischen Restauration. Der früh mit Bildnissen, der erfolgreichsten Gattung der englischen Kunst, zu Ruhm gelangte Lawrence war seit 1792 als Nachfolger von Joshua Reynolds erster Maler von König George III. und hat sein unbestrittenes Talent in der schmeichelnden Wiedergabe seiner Modelle namentlich in den Dienst der politischen Allianz gegen Napoleon gestellt. Im Auftrag des seit 1811 regierenden Prinzregenten schuf er ab 1814 eine Serie der verbündeten Herrscher, die in den 1830er Jahren zum »Waterloo Chamber« in Windsor Castle vereinigt wurden. Das Portrait der Prinzessin Clementine Metternich entstand in diesem Zusammenhang und befreit sich doch zugleich daraus. Lawrence hielt sich 1819 in Wien auf, um ein Bildnis des Fürsten von Metternich zu schaffen, als er, so ist es früh kolportiert worden, dessen damals fünfzehnjähriger Tochter zufällig auf der Straße begegnete. Er folgte ihr bis an die Pforte der Staatskanzlei, erkannte sie so als Tochter des Fürsten und erbat umgehend dessen Erlaubnis, ihr Portrait anfertigen zu dürfen. Das zunächst in Kreide und in nur einer Sitzung, später dann in Öl ausgeführte Bildnis entstand mithin scheinbar ohne Auftrag, aus ganz eigenem Antrieb des Malers, der sich darin dem staatstragenden Comment seiner offiziellen Bildnisserie offenbar zu entziehen sucht.

Die Dargestellte posiert vor einer bewegten, tiefblauen Himmelslandschaft in einem leichten Gazekleid, das die linke Schulter und die Arme unbedeckt läßt, trägt lasziv um den Körper geschlungenen Perlenschmuck und blickt den Betrachter frontal an. Dabei hebt sie, in dynamischer Drehung (wie einst die Figur des *Laokoon*), ihren rechten Arm empor, mit dem sie ein Gefäß (einen Kelch?) zu halten scheint. Der im unteren Bildteil zu erkennende, links sich hochreckende Adler ist es, der die allegorische Figur, in welche Lawrence sein Modell verwandelt, entziffern läßt. Es ist Zeus, der in solcher Verwandlung auftritt, und die Prinzessin wird somit zu Hebe, zur griechischen Göttin der Jugend, die als Mundschenk den Göttern Nektar und Ambrosia kredenzt. Lawrence belebt die seit der Aufklärung in die Krise geratene Allegorie neu und portraitiert die junge Fürstentochter im duftigen Kolorit und sinnlichen – in diesem Fall zunehmend sich befreienden – Pinselstrich des Ancien Régime. Der durchaus sentimentalische Charakter des Bildnisses erhält noch eine sentimentale Note durch die Tatsache, daß die Prinzessin im Folgejahr von einer Lungenkrankheit dahingerafft worden ist. AB

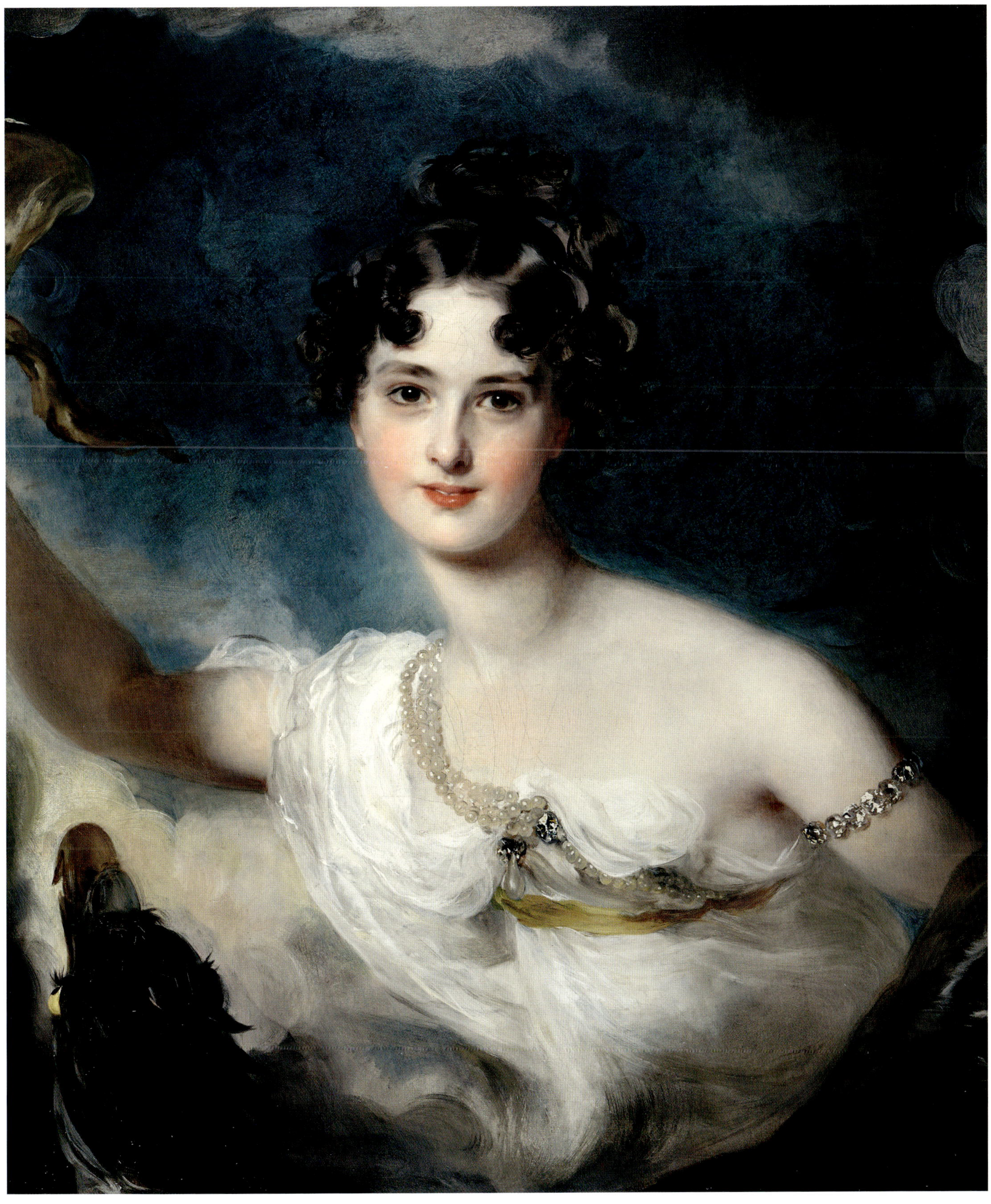

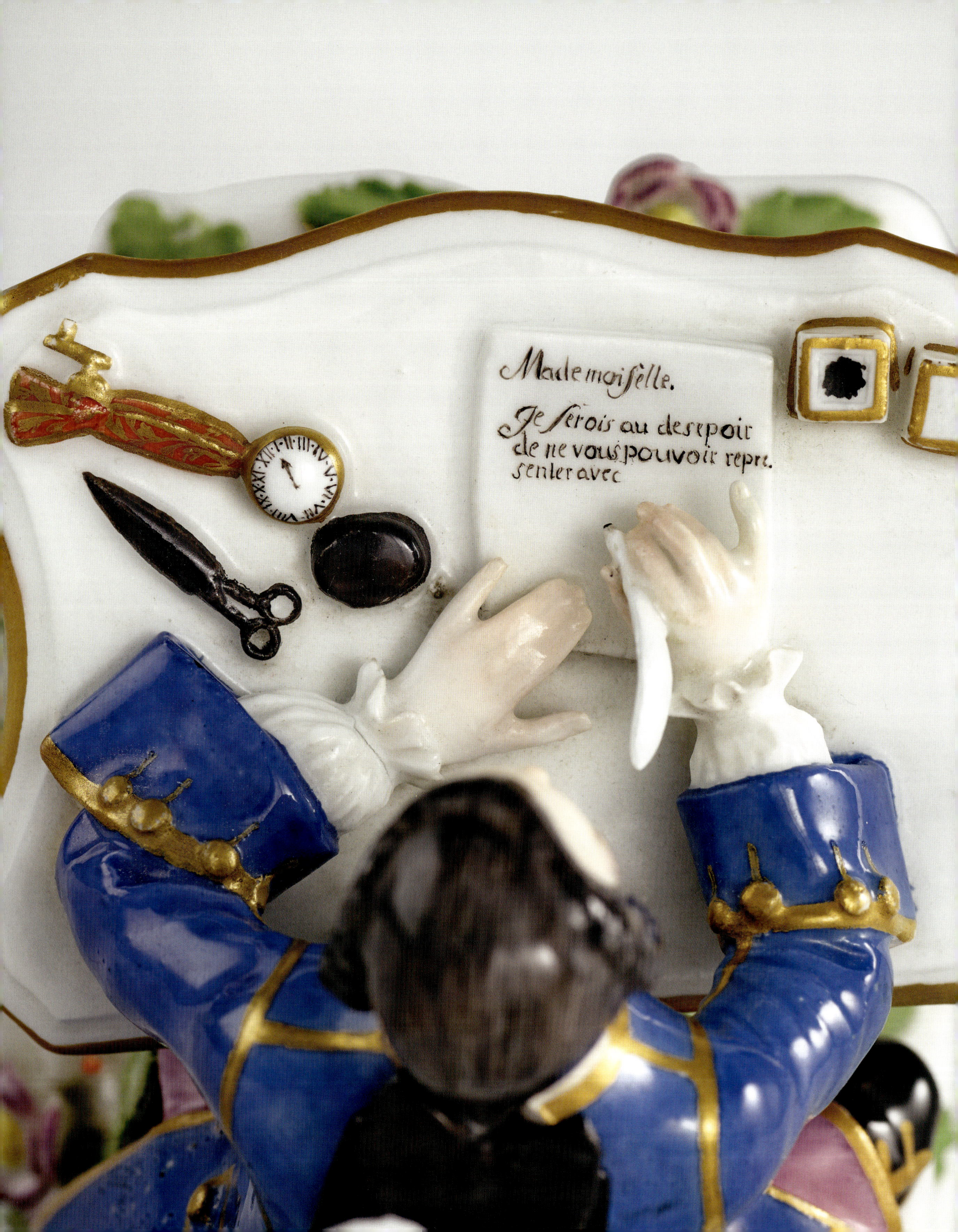
Mademoiſelle.
Je ſerois au desepoir
de ne vous pouvoir repre.
senter avec

Personenverzeichnis

Bibliographie

Ananoff 1976 Alexandre Ananoff, François Boucher, unter Mitarbeit von Daniel Wildenstein, 2 Bde., Paris 1976

Arisi 1986 Ferdinando Arisi, Gian Paolo Panini e i Fasti della Roma del '700, Rom 1986

Armstrong 1913 Walter Armstrong, Lawrence, London 1913

Arnold 1994 Ulli Arnold, Dresdner Hofsilber des 18. Jahrhunderts (Patrimonia, Bd. 74), hrsg. von der Kulturstiftung der Länder, Berlin 1994

Bachtler 1986 Monika Bachtler, Goldschmiedekunst. Westfälische Privatsammlung, Bielefeld 1986

Beaucamp-Markowsky 2008 Barbara Beaucamp-Markowsky, Frankenthaler Porzellan. Die Plastik (Schriftenreihe der Gesellschaft der Keramikfreunde e.V., Bd. II.1 und Publikationen der Reiss-Engelhorn-Museen, Bd. 21), München 2008

Beaucamp-Markowsky 2010 Barbara Beaucamp-Markowsky, Frankenthaler Porzellan. Die Archivalien (Schriftenreihe der Gesellschaft der Keramikfreunde e.V., Bd. II.2 und Publikationen der Reiss-Engelhorn-Museen, Bd. 22), München 2010

Becq 1994 Annie Becq, Genèse de l'esthétique française moderne. De la raison classique à l'imagination créatrice 1680–1814, Paris 1994

Bellaigue 1974 Geoffrey de Bellaigue, The James A. de Rothschild Collection at Waddesdon Manor, Clocks and Gilt Bronzes, London 1974

Bormann 1974 Alexander von Bormann (Hrsg.), Vom Laienurteil zum Kunstgefühl. Texte zur deutschen Geschmacksdebatte im 18. Jahrhundert, Tübingen 1974

Büttner 1999 Frank Büttner, Der Betrachter im Schein des Bildes. Positionen der Wirkungsästhetik im 18. Jahrhundert, in: Frankfurt 1999, S. 341–349

Bursche 1980 Stefan Bursche, Meissen. Steinzeug und Porzellan des 18. Jahrhunderts (Kataloge des Kunstgewerbemuseums Berlin, Bd. 9), hrsg. vom Kunstgewerbemuseum Berlin, Berlin 1980

Busch 2004 Werner Busch, Funktionen der Handzeichnung bei Carstens, Friedrich und Schnorr von Carolsfeld, in: Festgabe für Marianne Küffner zum 3. Oktober 2004, hrsg. von Jutta Kleinknecht und F. Carlo Schmid, Düsseldorf 2004, S. 17–39

Busch 2008 Werner Busch (Hrsg.), Verfeinertes Sehen. Optik und Farbe im 18. und frühen 19. Jahrhundert (Schriften des Historischen Kollegs, Bd. 67), München 2008

Cassirer 1932 (1988) Ernst Cassirer, Die Philosophie der Aufklärung [1932], Hamburg 1988

Clasen 1993 Carl-Wilhelm Clasen, Peter Boy. Rheinischer Goldschmied und Emailmaler der Barockzeit und der Schatzfund von Perscheid, Rheinbach-Merzbach 1993

Crow 1985 Thomas Crow, Painters and Public Life in Eighteenth-Century Paris, New Haven u. a. 1985

Dickie 1996 George Dickie, The Century of Taste. The Philosophical Odyssey of Taste in Eighteenth Century, New York/Oxford 1996

Dirscherl 1994 Klaus Dirscherl, »Von der Herrschaft der Schönheit über unsere Gefühle«. Elemente einer sich formierenden Ästhetik der sensibilité (Fénelon, Crousaz, Dubos), in: Frühaufklärung (Romanistisches Kolloquium, Bd. 6), hrsg. von Sebastian Neumeister, München 1994, S. 383–413

Dresdner 2001 Albert Dresdner, Die Entstehung der Kunstkritik im Zusammenhang der Geschichte des europäischen Kunstlebens [1915] (Fundus-Bücher, Bd. 152), Amsterdam/Dresden 2001

Dumouchel 2012 Daniel Dumouchel, Les voies du sentiment. Du Bos et la naissance de l'esthétique, in: Kunst und Empfindung. Zur Genealogie einer kunsttheoretischen Fragestellung in Deutschland und Frankreich im 18. Jahrhundert (Beihefte zum Euphorion, Bd. 65), hrsg. von Elisabeth Décultot und Gerhard Lauer, Heidelberg 2012, S. 15–35

Esser/Reber 1964 Karl-Heinz Esser und Horst Reber, Höchster Fayencen und Porzellane (Bestandskatalog Mittelrheinisches Landesmuseum Mainz), hrsg. vom Altertumsmuseum und der Gemäldegalerie der Stadt Mainz, Mainz 1964

Fort 1989 Bernadette Fort, Voice of the Public. The Carnivalization of Salon Art in Prerevolutionary Pamphlets, in: Eighteenth-Century Studies 22/3 (1989), S. 368–394

Garlick 1954 Kenneth Garlick, Sir Thomas Lawrence, London 1954

Garstang 1989 Donald Garstang (Hrsg.), Colnaghi: Master Paintings 1350–1800, London 1989

Germer/Kohle 1991 Stefan Germer und Hubertus Kohle, Spontaneität und Rekonstruktion. Zur Rolle, Organisationsform und Leistung der Kunstkritik im Spannungsfeld von Kunsttheorie und Kunstgeschichte, in: Kunst und Kunsttheorie 1400–1900 (Wolfenbütteler Forschungen, Bd. 48), hrsg. von Peter Ganz u. a., Wiesbaden 1991, S. 287–311

Goldkuhle 1959 Fritz Goldkuhle, Die Ruine des »Venustempels« von Baiae als Bildmotiv in der Kunst des 17. und 18. Jahrhunderts, in: Bonner Jahrbücher 159 (1959), S. 272–280

Gower 1900 Ronald Sutherland Gower, Sir Thomas Lawrence, Paris u. a. 1900

Grave 2006 Johannes Grave, Der »ideale Kunstkörper«. Johann Wolfgang Goethe als Sammler von Druckgraphiken und Zeichnungen (Ästhetik um 1800, Bd. 4), Göttingen 2006

Grave/Söntgen 2012 Johannes Grave und Beate Söntgen, Innerer Widerstreit. Kunstkritik, von ihren Anfängen her gesehen, in: Texte zur Kunst 22/87 (2012), S. 62–83

Griener 2010 Pascal Griener, La République de l'œil. L'expérience de l'art au siècle des Lumières, Paris 2010

Guichard 2008 Charlotte Guichard, Les amateurs d'art à Paris au XVIIIe siècle, Seyssel 2008

Guichard 2012 Charlotte Guichard, Taste Communities. The Rise of the Amateur in Eighteenth-Century Paris, in: Eighteenth-Century Studies 45/4 (2012), S. 519–547

Hantschmann 2004 Katharina Hantschmann, Das Œuvre von Franz Anton Bustelli, in: München 2004, S. 37–52

Haskell/Penny 1981 Francis Haskell und Nicholas Penny, Taste and the Antique, New Haven 1981

Heitmann 1979 Bernhard Heitmann, Die deutschen sogenannten Reise-Service und die Toilette-Garnituren von 1680 bis zum Ende des Rokoko und ihre kulturgeschichtliche Bedeutung (Phil. Diss., München 1977), Hamburg 1979

Ingersoll-Smouse 1926 Florence Ingersoll-Smouse, Joseph Vernet peintre de marine. 1714–1789, 2 Bde., Paris 1926

Ingersoll-Smouse 1928 Florence Ingersoll-Smouse, Pater. Biographie et catalogue critiques (L'art français), Paris o. J. [1928]

Irmscher 1984 Günter Irmscher, Kleine Kunstgeschichte des europäischen Ornaments seit der frühen Neuzeit (1400–1900), Darmstadt 1984

Jauß 1964 Hans R. Jauß, Ästhetische Normen und geschichtliche Reflexion in der »Querelle des Anciens et des Modernes«, in: Charles Perrault, Parallèle des anciens et des modernes en ce qui regarde les arts et les sciences (Theorie und Geschichte der Literatur und der schönen Künste, Bd. 2), München 1964, S. 8–64

Jones 1982 Peter Jones, Hume's Sentiments. Their Ciceronian and French Context, Edinburgh 1982

Kernbauer 2011 Eva Kernbauer, Der Platz des Publikums. Modelle für Kunstöffentlichkeit im 18. Jahrhundert (Studien zur Kunst, Bd. 19), Köln/Weimar/Wien 2011

Kerssenbrock-Krosigk 2001 Dedo von Kerssenbrock-Krosigk, Rubinglas des ausgehenden 17. und des 18. Jahrhunderts, Mainz 2001

Kiene 1996 Michael Kiene, Das Architekturcapriccio in Bild und Architekturtheorie, in: Köln 1996, S. 83–93

Kitson 1978 Michael Kitson, Claude Lorrain. Liber Veritatis, London 1978

Klein 1967 Hannelore Klein, There is no Disputing about Taste. Untersuchungen zum englischen Geschmacksbegriff im achtzehnten Jahrhundert (Neue Beiträge zur englischen Philologie, Bd. 7), Münster 1967

Kluge 2009 Dorit Kluge, Kritik als Spiegel der Kunst. Die Kunstreflexionen des La Font de Saint-Yenne im Kontext der Entstehung der Kunstkritik im 18. Jahrhundert (Kunst- und kulturwissenschaftliche Forschungen, Bd. 7), Weimar 2009

Knabe 1972 Peter-Eckhard Knabe, Schlüsselbegriffe des kunsttheoretischen Denkens in Frankreich von der Spätklassik bis zum Ende der Aufklärung, Düsseldorf 1972

Koeppe 1993 Wolfram Koeppe, Blickfang sächsischer Bankette. Tafelleuchter und Girandolen, in: Kunst und Antiquitäten 3 (1993), S. 50–52

Kuhn 1985 Hans Wolfgang Kuhn, Eichung und Gebrauch des Kronengewichtes für verarbeitetes Gold in Frankfurt a. M., in: Archiv für Frankfurts Geschichte und Kunst 59 (1985), S. 211–229

Kuhn 1996 Hans Wolfgang Kuhn, Boy, Peter, in: Allgemeines Künstlerlexikon, Bd. 13, München 1996, S. 448 f.

Kuhn 2009 Halgard Kuhn, Der Frankfurter Goldarbeiter und Emailmaler Peter Boy d. Ä. (um 1650–1727) und sein Hauptauftraggeber Johann Hugo von Orsbeck (1634–1711), Kurfürst-Erzbischof von Trier, in: Kurtrierisches Jahrbuch 49 (2009), S. 251–268

Kunze-Köllensperger 1997 Melitta Kunze-Köllensperger, Meißen. Figuren, Dosen und Tafelgerät aus dem 18. Jahrhundert. Collection Franz E. Burda, St. Ottilien 1997

Lefort 1892 Paul Lefort, Exposition de cent chefs-d'œuvre des écoles françaises et étrangères, in: Gazette des Beaux-Arts 8/3 (1892), S. 45–52

Lombard 1913 Alfred Lombard, L'abbé Du Bos. Un initiateur de la pensée moderne (1670–1742), Paris 1913

Lostalot 1893 Alfred de Lostalot, La Princesse Clementine Metternich peinture de Lawrence, in: Gazette des Beaux-Arts 9/3 (1893), S. 35–38

Lühe 1996 Astrid von der Lühe, David Humes ästhetische Kritik (Studien zum achtzehnten Jahrhundert, Bd. 20), Hamburg 1996

Lünsmann 2007 Anke Lünsmann, Bernhard Heinrich Weyhe (1702–1782). Ein Augsburger Goldschmied des Rokoko (Forschungshefte, Bd. 18, hrsg. vom Bayerischen Nationalmuseum München), München/Berlin 2007

Manners/Williamson 1924 Victoria Manners und George C. Williamson, Angelika Kauffmann, R. A. Her Life and Her Works, London 1924

Markwardt 1958 Bruno Markwardt, Geschmack (literarischer), in: Reallexikon der deutschen Literaturgeschichte, Bd. 1, hrsg. von Werner Kohlschmidt und Wolfgang Mohr, 2. Auflage, Berlin 1958, S. 556–569

Meister 1967 Peter Wilhelm Meister (Hrsg.), Sammlung Pauls, Riehen, Schweiz. Porzellan des 18. Jahrhunderts, 2 Bde., Bd. 1: Meissen, Bd. 2: Höchst, Frankenthal, Ludwigsburg, Frankfurt a. M. 1967

Menzhausen 1993 Ingelore Menzhausen, In Porzellan verzaubert. Die Figuren Johann Joachim Kändlers in Meißen aus der Sammlung Pauls-Eisenbeiss Basel, Basel 1993

Mildenberger 2008 Hermann Mildenberger, Die Baumporträts, in: Weimar 2008, S. 269–283

Nolhac 1910 Pierre de Nolhac, Jean Marc Nattier. Peintre de la Cour de Louis XV., Paris 1910

Nolhac 1925 Pierre de Nolhac, Jean Marc Nattier. Peintre de la Cour de Louis XV., Paris 1925

Nordhoff/Reimer 1994 Claudia Nordhoff und Hans Reimer, Jakob Philipp Hackert 1737–1807. Verzeichnis seiner Werke, 2 Bde., Berlin 1994

O'Byrn 1880 Friedrich August O'Byrn, Die Hof-Silberkammer und Hof-Kellerei zu Dresden, Dresden 1880

Oetker/Thomas 2006 Rudolf-August Oetker und Gina Thomas, Vom Glück verwöhnt. Rudolf-August Oetker erzählt aus seinem Leben – aufgezeichnet auf Wunsch seiner Kinder von Gina Thomas, Bielefeld 2006

Pietsch 2006 Ulrich Pietsch, Die figürliche Meißner Porzellanplastik von Gottlieb Kirchner und Johann Joachim Kaendler. Bestandskatalog der Porzellansammlung Staatliche Kunstsammlungen Dresden, München 2006

Rafael 2009 Johannes Rafael, Zur »Taxa Kaendler« und Transkription der »TAXA derer vom H. Modell-Meister Kaendlern, zur Königl. Porcelaine-Manufactur in Meißen seit ao 1740. gefertigten und gelieferten Neuen Modelle«, in: Keramos 203/204 (2009), S. 25–69

Renner 1991 Klaus Renner, »Echtes Schildpatt« – dies war einmal ein Qualitätsbegriff, in: Syndram 1991a, S. 54–55

Röthlisberger 1961 Marcel Röthlisberger, Claude Lorrain. The Paintings, 2 Bde. (Yale publications in the history of art, Bd. 13), New Haven/London 1961

Rosenthal 1992 Angela Rosenthal, Kauffmann and Portraiture, in: Brighton 1992, S. 96–111

Rosenthal 1996 Angela Rosenthal, Angelika Kauffmann. Bildnismalerei im 18. Jahrhundert (Phil. Diss., Trier 1994), Berlin 1996

Rückert 1998 Rainer Rückert, Der Hofnarr Joseph Fröhlich 1694–1757. Taschenspieler und Spaßmacher am Hofe Augusts des Starken, Offenbach 1998

Sargentson 1996 Carolyn Sargentson, Merchants and Luxury Market. The Marchands Merciers of Eighteenth-Century Paris (Victoria and Albert Museum studies in the history of art and design, Bd. XI), London 1996

Scheffler 1976 Wolfgang Scheffler, Goldschmiede Hessens. Daten, Werke, Zeichen, Berlin/New York 1976

Schuckelt 2000 Holger Schuckelt, »Folget Das Türckische Serail…«. Das Wachsfigurenkabinett Augusts des Starken, Kammertürken und Türkenkammer am Dresdner Hof, in: Dresden 2000, S. 69–84

Schuckelt 2010 Holger Schuckelt, Türckische Cammer. Orientalische Pracht in der Rüstkammer Dresden, Katalog der Staatlichen Kunstsammlungen Dresden, hrsg. von den Staatlichen Kunstsammlungen Dresden, Berlin/München 2010

Schütte 1997 Rudolf-Alexander Schütte, Die Kostbarkeiten der Renaissance und des Barock. »Pretiosa und allerley Kunstsachen« aus den Kunst- und Raritätenkammern der Herzöge von Braunschweig-Lüneburg aus dem Hause Wolfenbüttel, Katalog des Herzog Anton Ulrich-Museums Braunschweig, Braunschweig 1997

Seling 2007 Helmut Seling, Die Augsburger Gold- und Silberschmiede 1529–1868. Meister, Marken, Werke, unter Mitarbeit von Stephanie Singer, München 2007

Suida 1914 Wilhelm Suida, Österreichische Kunstschätze, III, Wien 1914

Syndram 1990 Dirk Syndram, Kabinett. Kunstgewerbesammlung Stadt Bielefeld, Stiftung Huelsmann. Einblicke in fünfhundert Jahre europäisches Kunsthandwerk (Kataloge der Kunstgewerbesammlung Stiftung Huelsmann, Bd. 2), hrsg. von der Kunstgewerbesammlung der Stadt Bielefeld/Stiftung Huelsmann, Bielefeld 1990

Syndram 1991a Dirk Syndram (Hrsg.), Naturschätze, Kunstschätze. Vom organischen und mineralischen Naturprodukt zum Kunstobjekt (Bild- und Studienheft 1 der Kunstgewerbesammlung der Stadt Bielefeld/Stiftung Huelsmann), Bielefeld 1991

Syndram 1991b Dirk Syndram, »Schildkrot« – der formbare Panzer der Karettschildkröte, in: Syndram 1991a, S. 56–59

Vogtherr 2011 Christoph Martin Vogtherr u. a., Französische Gemälde I: Watteau, Pater, Lancret, Lajoüe (Bestandskataloge der Kunstsammlungen: Gemälde/Stiftung Preussische Schlösser und Gärten Berlin-Brandenburg), Berlin 2011

Weber 2000 Gregor Weber, Alles getürkt. Die lebensgroßen Figurenbilder im Türkischen Palais Dresden, in: Dresden 2000, S. 85–99

Weber 2013 Julia Weber, Meißener Porzellane mit Dekoren nach ostasiatischen Vorbildern. Bestandskataloge zur] Stiftung Ernst Schneider in Lustheim, 2 Bde., hrsg. von Renate Eickelmann, München 2013

Weinhold 2000 Ulrike Weinhold, Emailmalerei an Augsburger Goldschmiedearbeiten von 1650 bis 1750, (Forschungshefte, Bd. 16, hrsg. vom Bayerischen Nationalmuseum München), München/Berlin 2000

Wittwer 2007 Samuel Wittwer, Liaisons Fragiles. Exchanges of Gifts between Saxony and Prussia in the Early Eighteenth Century, in: New York 2007, S. 87–110

Ziffer 1997 Alfred Ziffer, Nymphenburger Porzellan. Sammlung Bäuml, Stuttgart 1997

Ziffer 2004 Alfred Ziffer, »Fürwiz«- und Liebesgruppen, in: München 2004, S. 198–225

Zimmermann 1926 Ernst Zimmermann, Meissner Porzellan, Leipzig 1926

Ausstellungskataloge

Berlin 1936 Drei Jahre nationalsozialistischer Museumsarbeit. Erwerbungen 1933–1935, hrsg. von den Staatlichen Museen zu Berlin, Schloßmuseum Berlin, Berlin 1936

Bregenz 1968 Angelika Kauffmann und ihre Zeitgenossen, Vorarlberger Landesmuseum, Bregenz; Österreichisches Museum für Angewandte Kunst, Wien, Bregenz 1968

Brighton 1992 Angelica Kauffmann. A Continental Artist in Georgian England, hrsg. von Wendy W. Roworth, Royal Pavilion, Art Gallery and Museums, Brighton, London 1992

Corning 2008 Glass of the Alchemists. Lead Crystal-Gold Ruby, 1650–1750, hrsg. von The Corning Museum of Glass, Corning Museum of Glass, Corning 2008

Dresden 2000 Eine gute Figur machen. Kostüm und Fest am Dresdner Hof, hrsg. von Claudia Schnitzer und Petra Hölscher, Kupferstich-Kabinett im Residenzschloß, Dresden, Amsterdam/Dresden 2000

Dresden 2011 Die Faszination des Sammelns. Meisterwerke der Goldschmiedekunst aus der Sammlung Rudolf-August Oetker, hrsg. von Monika Bachtler, Dirk Syndram und Ulrike Weinhold, Residenzschloß, Grünes Gewölbe, Dresden; Bayerisches Nationalmuseum München, München 2011

Düsseldorf 1998 Angelika Kauffmann 1741–1807. Retrospektive, bearb. von Bettina Baumgärtel, Kunstmuseum, Düsseldorf; Haus der Kunst, München; Bündner Kunstmuseum, Chur, Ostfildern 1998

Frankfurt 1994 Patricia Stahl, Höchster Porzellan 1746–1796, Historisches Museum der Stadt Frankfurt am Main, Frankfurt a. M. 1994

Frankfurt 1999 Mehr Licht. Europa um 1770. Die bildende Kunst der Aufklärung, hrsg. von Herbert Beck, Peter C. Bol und Maraike Bückling, Städelsches Kunstinstitut und Liebieghaus Frankfurt am Main, München 1999

Köln 1996 Das Capriccio als Kunstprinzip. Zur Vorgeschichte der Moderne von Arcimboldo und Callot bis Tiepolo und Goya. Malerei, Zeichnung, Graphik, hrsg. von Ekkehard Mai und Bettina Baumgärtel, Wallraf-Richartz-Museum, Köln; Kunsthaus, Zürich; Kunsthistorisches Museum im Palais Harrach, Wien, Mailand 1996

Köln 2010 Meissener Barockes Porzellan, hrsg. von Patricia Brattig, Museum für Angewandte Kunst Köln, Stuttgart 2010

Leipzig 2001 Martin Eberle, Cris de Paris. Meissener Porzellanfiguren des 18. Jahrhunderts, hrsg. vom Freundeskreis »Gohliser Schlösschen e.V.«, Gohliser Schlösschen Leipzig, Leipzig 2001

London 1773 The Exhibition of the Royal Academy, Royal Academy, London, London 1773

München 1994 Silber und Gold. Augsburger Goldschmiedekunst für die Höfe Europas, hrsg. von Reinhold Baumstark und Helmut Seling, Bayerisches Nationalmuseum München, München 1994

München 2004 Franz Anton Bustelli – Nymphenburger Porzellanfiguren des Rokoko. Das Gesamtwerk, hrsg. von Renate Eickelmann, bearb. von Katharina Hantschmann und Alfred Ziffer, Bayerisches Nationalmuseum München, München 2004

Münster 2003 Sammlerlust. Europäische Kunst aus fünf Jahrhunderten. Gemälde, Zeichnungen und Kunsthandwerk aus einer westfälischen Privatsammlung, hrsg. von Monika Bachtler, Westfälisches Landesmuseum für Kunst und Kulturgeschichte Münster, München/Berlin/London/New York 2003

New York 1986 François Boucher, 1703–1770, hrsg. von Philippe de Montebello u. a., The Metropolitan Museum of Art, New York; Detroit Institute of Art, Detroit; Galeries nationales du Grand Palais, Paris, Paris 1986

New York 2007 Fragile Diplomacy. Meissen Porcelain for European Courts 1710–1763, hrsg. von Maureen Cassidy-Geiger, Bard Graduate Center for Studies in the Decorative Arts, Design, and Culture New York, New York/New Haven 2007

Paris 1999 Xavier Salmon, Jean Marc Nattier 1685–1766, Musée National des Châteaux de Versailles et de Trianon, Versailles, Paris 1999

Trier 1984 Schatzkunst Trier, hrsg. vom Bischöflichen Generalvikariat Trier (Treveris Sacra. Kunst und Kultur in der Diözese Trier, Bd. 3, hrsg. von Franz J. Ronig), Trier 1984

Weimar 2008 Jakob Philipp Hackert. Europas Landschaftsmaler der Goethezeit, Klassik Stiftung Weimar; Hamburger Kunsthalle, Ostfildern-Ruit 2008

Weimar 2012 Weimarer Klassik. Kultur des Sinnlichen, hrsg. von Sebastian Böhmer, Christiane Holm, Veronika Spinner und Thorsten Valk, Schiller-Museum Weimar, Berlin 2012

Quellen

Dubos 1719 (1967) Jean-Baptiste Dubos, Réflexions critiques sur la poésie et sur la peinture [1719], Genf 1967 (Nachdruck der 7. Auflage, Paris 1770)

Dubos/Funk 1760 Jean-Baptiste Dubos, Kritische Betrachtungen über die Poesie und Mahlerey, 3 Bde., übers. von Gottfried Benedict Funk, Kopenhagen 1760

Goethe 1973 Johann Wolfgang von Goethe, Philipp Hackert. Biographische Skizze meist nach dessen eigenen Aufsätzen entworfen von Goethe 1811, in: Johann Wolfgang von Goethe, Poetische Werke, Kunsttheoretische Schriften und Übersetzungen, 22 Bde. plus Suppl.-Bd., Berlin/Weimar 1965–1978, Bd. 19: Aufsätze zur bildenden Kunst (1772–1808). Winckelmann und sein Jahrhundert. Philipp Hackert, Berlin 1973, S. 523–721

Goethe 1988 Johann Wolfgang von Goethe, Der Sammler und die Seinigen, in: Johann Wolfgang von Goethe, Sämtliche Werke nach Epochen seines Schaffens, Bd. 6.2: Weimarer Klassik 1798–1806, hrsg. von Victor Lange u. a., München 1988, S. 76–130

Hackert/Nordhoff 2012 Jakob Philipp Hackert. Briefe (1761–1806), hrsg. und kommentiert von Claudia Nordhoff, Göttingen 2012

Hume/Green/Grose 1882a David Hume, Of the Standard of Taste, in: ders., Essays, moral, political and literary, 2 Bde. (The philosophical works, Bd. 3 und 4), Bd. 1, hrsg. von Thomas Hill Green und Thomas Hodge Grose, Neuauflage, London 1882, S. 266–284

Hume/Green/Grose 1882b David Hume, Of the Rise and Progress of the Arts and Sciences, in: ders., Essays, moral, political and literary, 2 Bde. (The philosophical works, Bd. 3 und 4), Bd. 1, hrsg. von Thomas Hill Green und Thomas Hodge Grose, Neuauflage, London 1882, S. 174–197

Hume/Kulenkampff 1990 David Hume, Über den Maßstab des Geschmacks, in: ders., Vom schwachen Trost der Philosophie. Essays, hrsg. und übers. von Jens Kulenkampff, Göttingen 1990, S. 73–103

Kant/Brandt/Stark 1997 Immanuel Kant, Gesammelte Schriften, Bd. 25, Abt. IV: Vorlesungen, Bd. 2: Vorlesungen über Anthropologie, 1. Halbbd., bearb. von Reinhart Brandt und Werner Stark, hrsg. von der Akademie der Wissenschaften zu Göttingen, Berlin 1997

La Font de Saint-Yenne/Jollet 2001 Étienne La Font de Saint-Yenne, Œuvre critique, hrsg. von Étienne Jollet, Paris 2001

Steinbart 1786 Gotthilf Samuel Steinbart, Grundbegriffe zur Philosophie über den Geschmack, Frankfurt a. M./Leipzig 1786

Stendhal 1822 (1857) Stendhal, De l'amour par de Stendhal (Henry Beyle) [1822], seule édition complète, augmentée des préfaces et de fragments entièrement inédits, Paris 1857

Impressum

Dieser Katalog erscheint anlässlich der Ausstellung »Wie es uns gefällt. Kostbarkeiten aus der Sammlung Rudolf-August Oetker im Museum Huelsmann« vom 14. September 2014 bis 18. Januar 2015

Ausstellungskonzeption: Monika Bachtler, Hildegard Wiewelhove
Ausstellungsgestaltung und graphische Gestaltung: Micheal Strobel, Designposition München
Restauratorische Betreuung: Klaus Büchel, München, Johannes Winckelbach, Bielefeld

Katalog

Herausgeber: Monika Bachtler für die Kunstsammlung Rudolf-August Oetker GmbH
Konzeption: Monika Bachtler
Katalogredaktion: Monika Bachtler und Elisabeth Burk
Personenregister und Literaturverzeichnis: Elisabeth Burk
Fotografie: Johannes von Mallinckrodt

Lektorat: Markus Kersting
Satz und Gestaltung und Produktion: Tanja Bokelmann, München
Lithografie: reproline Genceller, München
Druck: Printer Trento, Trento
Papier: GardaMatt 170g

Bibliografische Information der Deutschen Nationalbibliothek
Die Deutsche Nationalbibliothek verzeichnet diese Publikation in der Deutschen Nationalbibliografie; detaillierte bibliografische Daten sind im Internet über »http://www.dnb.de« abrufbar.

ISBN 978-3-7774-2293-0

www.hirmerverlag.de

museum**huelsmann**|bielefeld
KUNST + DESIGN

www.museumhuelsmann.de